学做文献综述：释放研究想象力

(第2版)

Doing a Literature Review: Releasing the Research Imagination

(2nd Edition)

[英]克里斯·哈特（Chris Hart）著
陈 芳 唐萌萌 译

教育科学出版社
·北 京·

目　录

第 3 章 被综述研究的分类与阅读

第 4 章 文献综述的不同类型

第 5 章 论证分析

第 6 章 依据、评价与批判实在论

第 7 章 理解与分析思想的组织方式

第8章 文献思想的绘图与分析

第9章 撰写综述

序　言

为毕业论文或学位论文开展研究是大多数有过研究经历的人永远无法忘怀的事。研究什么题目、如何着手进行研究和完成长篇写作，是研究者普遍焦虑的事。没有人可以替你做研究，这份责任是你的，并且是你一个人的。这经常会造成一种孤独感，有时甚至会令人丧失信心。但是只要做出一点规划、进行细致的思考、采取正确的态度，你就能设定符合现实的目标，发现研究的压力与焦灼是可以管理的，甚至是愉悦的！很少有经历能够媲美完成毕业论文或学位论文所获得的成就感和喜悦感。

本书面向研究生及其导师，也适用于任何希望用研究为干预措施或论证提供依据的读者。

本书不是一本操作手册，也不是一份规定。它是一份关于综述研究文献意味着什么、涉及了什么的介绍。它关注的是解释和描述文献分析方法所基于的思想。

研究的技巧与能力

人们提出了各种各样的框架用以指导各个学科的研究者，帮助他们掌握他们需要学习和展示的复杂的技巧与能力。这些框架背后的主张是，国民经济的发展部分依赖于对世界级优秀研究者的培养。研究被认为会驱动创新、创造财富并且引领所有人走向更好的世界。这些并不是一蹴而就的，点滴累积也能发挥作用。在英国，维泰研究者发展框架（Vitae Researcher

Development Framework，RDF）就是一个例子，它是所有领域——教育、商务、政府和慈善——都会使用的，研究者个人及团队、他们的监管者和雇主都会采用这份指南，而不论其学科或研究目的为何。

xi 维泰研究者发展框架对一系列技巧、知识、能力和活动进行了详细说明，并把它们分为四大领域。从研究者的角度而言，它说明了对研究者的期望，并为你（作为研究者）了解应当做些什么来发展你的能力提供了一个指南。图 0.1 展示了这四个领域及其分支。本书会贯穿始终地指出我们讨论的是这其中的哪个领域以及那些与它相关的核心技能。

维泰研究者发展框架作为一种专业发展工具，可从维泰网下载（www.vitae.ac.uk/rdf）。你可以用它来确定学术训练需求、创建行动计划、记录进展。维泰研究者发展框架不受学科限制，所有学科和研究活动类型都被涵盖其中，包括传统的高等教育学位研究以及职业实践性研究。它的四大领域是：

知识与思维能力。获取知识、认知技能和研究胜任力。

个人效力。发展成为有效研究者的个人品质和态度。

研究管理与组织。理解专业性、学术性研究的标准与要求。

参与与影响。与他人共事、建立联系，分享想法，传播研究。

A 领域“知识与思维能力”与文献检索和文献综述及其涉及的所有方面有关。这一领域以学院、国家、大学图书馆协会（Society of College, National and University Libraries，SCONUL）七大信息素养支柱（SCONUL，2011）为基础。该体系认为公民包括研究者很好地理解信息产生、储存、分类、传播和应用的方式的能力是极度重要的。

> 在 21 世纪，信息素养是每个人的关键特性，无关年龄或经历。……信息素养体现在个体如何理解创造与处理信息和知识的方式上，如何理解信息管理和使用的技能的发展上，以及修正态度、习惯和行为以理解信息素养在学习和研究中的作用等方面。（SCONUL，2011：13）

学院、国家、大学图书馆协会的七大信息素养支柱不仅与技能有关，更

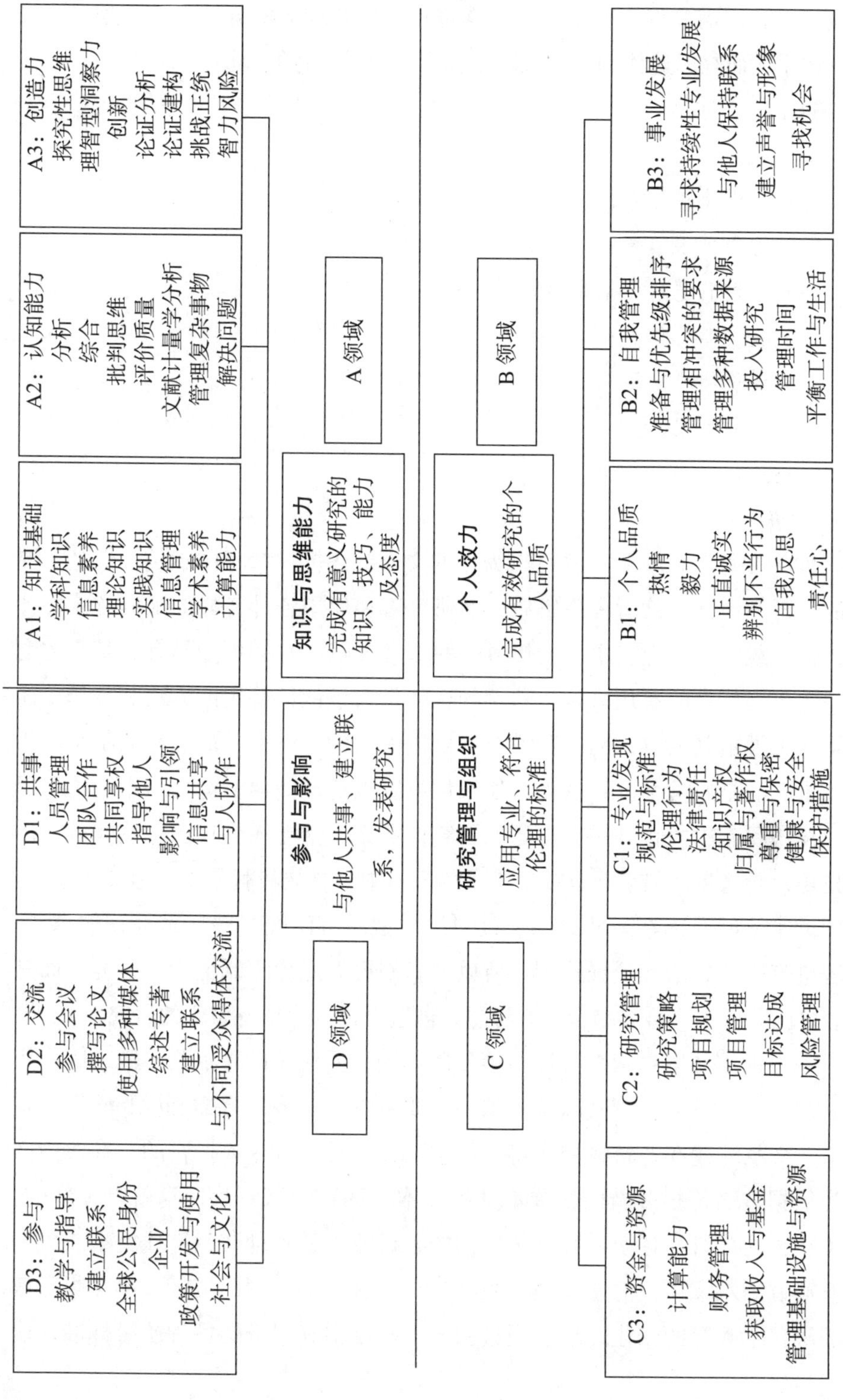

图 0.1 维泰研究者发展框架

强调了：我们需要发展对信息与数据进行评价和理解的方法。这不是一个线性的体系，而是以迭代的方式反映了真实世界研究者的经历。

xiii 这七大支柱是：

- 确定信息需求；
- 检查可用信息；
- 规划有逻辑的信息检索方式；
- 收集相关信息；
- 评价信息来源；
- 管理过程；
- 呈现结果。

你将在每一章看到一些可以为你的文献综述提供参考的示例，但其主要目的是帮助你作为读者去理解做一名研究者和使用各种各样的证据意味着什么。在实践的层面上，本书会提供一些参考文献，它们可能是有关某个主题或问题更多信息的有用来源。示例的选择是为了例证特定的方法和技巧，而不是为了展示其内容，因此我没有提供这些示例和引文中的参考文献，因为它们指向的是原文献。我认为，如果你可以搞清楚如何改造文献中的这些思想、技巧和方法并将其用于自己的研究，那么你就能教会自己一些非常有用的技巧，而这是任何手册也提供不了的。其中一个技巧就是，学习如何学习。在阅读本书时，你在一些篇章会被迫严肃地思考研究当中文献综述的意义、方法论带来的启示和论证作用。所以，我们提倡避免复制他人的研究，而是学会自己分析、评价和综合所有思想，创造出带有你独特烙印的研究。

本书的第2版在很多方面与第1版不同。要注意的重点是，第1版出版之后，出现了很多关于文献综述的书，质量参差不齐。自20世纪90年代末以来，文献综述在各学科中变得更加重要，这是非常令人振奋的。在使用文献为依据方面，很多新的发展都被纳入本书的这一版。第四章就是全新的，它关注了社会科学各学科和基于依据的各行业中的各种文献综述类型。另一全新章节第六章讨论的是用现实主义方法综合不同类型的文献。第2版也考虑了研究生教育的变化，注意到过去五到八年中其引进的各种质量标准，这意味着各研究机构在被评估和评级。这种评估的一部分是关于教学与论文指导质量的，包括对所有研究生的思维与技术技能的考察。

第 2 版在考虑研究生教育的质量评估时融合了维泰研究者发展框架，呈 xiv
现了研究者应具有的思维能力及原因，以及这些能力与研究者的能力是如何关联的（这也涉及就业能力——研究生课程的一个主要衡量标准）。你也许会注意到本书所用的语言是以基于设计的研究这一概念为基础的（Design-Based Research Collective，2003），此类研究使用了不同的交流方法以不同方式讨论了复杂的信息、观点和理论。这样做是为了鼓励读者在理解周遭世界和为干预措施提出建议时，用思辨式方法批判性地评价和思考理论与依据的地位。

如果你看这本书是为了知道“如何用各种简易的步骤做文献综述”，那么本书非你所需。这是因为本书所涉及的技能已超出了技术的层面，它通过实例和进一步的探究，帮助你学习和使用一种关于认识论问题的经典的存在主义态度，即告诉各学科的研究者，他们能够发展一种在智力生活的最高层次上彼此关联的能力。

第1章

研究的想象力

关键问题

- 什么是文献综述？文献综述是什么样子的？
- 文献综述在研究项目中占据什么位置？
- 完成文献综述会让你获得什么技巧和能力？
- 我们说的“研究的想象力”是什么？它为什么重要？
- 做文献综述的基本技能和态度是什么？
- 什么是核心文本？如何找到核心文本？
- 为什么论证和辩论对研究的发展很重要？

核心技能

- 寻找与你的研究主题相关的信息、数据和观点
- 辨别研究发展趋势、研究传统和有趣的观点
- 发展质疑正统思想的方法，以创造新的研究机会
- 采取和应用一种能够发展你的创造力、想象力和解读能力的态度

2 导语

刚刚开始研究之旅的研究生们来询问如何做文献综述，这已经成为一年一度的固定仪式，这些学生通常想知道文献综述是什么样子的、如何去写。也许你就是其中的一员。但问题是，不论是我还是其他人都无法告诉你，为你的研究所写的文献综述应当是什么样的。你的文献综述是独一无二的，这是因为没有一项研究与其他研究相同，而任一研究主题的相关文献都是一个不断发展变化的资源库。

本书的目的

本书不是一部手把手教你写文献综述的实用指南，远不止于此。本书旨在帮助你发展有关批判性思维的技巧和能力，使你能将其应用于学术圈内外的各种辩论、解读及议题中。

本书将介绍一系列技巧，你可以用它们来分析观点、确定不同观点间的联系、理解论证的性质和运用方式。你将看到并需要思考如何解释观点、参与学术讨论、分析他人观点和研究的价值，正是他人的论著构成了你研究主题的知识体系。你的研究要么充实现有知识体系，要么挑战其中的某一方面。

对文献体系进行综述通常被视为轻而易举的事。但在实际中，尽管做研究的学者确实写出了所谓的文献综述，其质量却参差不齐。事实上，很多文献综述只是堪堪伪装为文献综述的注解式文献目录。高质量的文献综述意味着恰当的广度与深度、严谨性与一致性、清晰性与简洁性，以及有效的分析与综合。换言之，文献是一种关键的资源，文献综述能够提供素材来解释我们选择某种研究途径和方法的原因，并显示该研究将有助于我们对这个世界产生新的理解。

文献综述是什么？

在解释什么是文献综述之前，我们可以首先确定，文献综述很重要，因
为没有文献综述你就无法了解你的研究主题，无法知道关于它已做过哪些研 3
究，这些研究是如何开展的，也无法了解需要解决的关键问题有哪些。

你的研究报告应当体现出，你理解这个主题的以往研究，这一领域的主要理论及其应用和发展，这一领域主要的批判性观点，以及相关研究者采用的研究方法。

在你成为一个合格的研究者和研究知识的批判性使用者的道路上，文献综述是你学术专业发展的一部分。然而对于相关文献如何综述、在研究中如何利用文献综述和为什么做文献综述要先于其他研究步骤，普遍的理解却与文献综述本身的重要性不相匹配。

大多数研究的成果都采用某种书面形式呈现，包括期刊论文、研究报告、学位论文或会议论文等。研究发现的传播很重要，这是因为研究的目的就是以某种方式帮助我们理解世界，如果研究发现得不到分享，目的就无法达成。研究的公开性使得研究记录的是重构的“故事”，也就是说，大多数研究中那些巧合的、混沌的、碎片式的、不确定的部分（这正是研究具有挑战性的原因！）并没有被描述在正式的报告中。因此，我们首先需要理解文献综述是什么，以及它在研究项目中处于什么位置。图 1.1 展示了文献检索与文献综述的四个主要步骤。

图 1.1 包含两个阶段、四个步骤。它们不一定要按线性顺序逐一进行，而常常反复迭代。在文献检索步骤（第一阶段）中，首先要力求寻找所有的相关文献，然后聚焦于与你的研究直接相关的文献，包括前人的研究发现、论证、解读以及相关方法论或数据收集方法等。简而言之，你要从对文献做综述逐渐转变为为研究而综述。

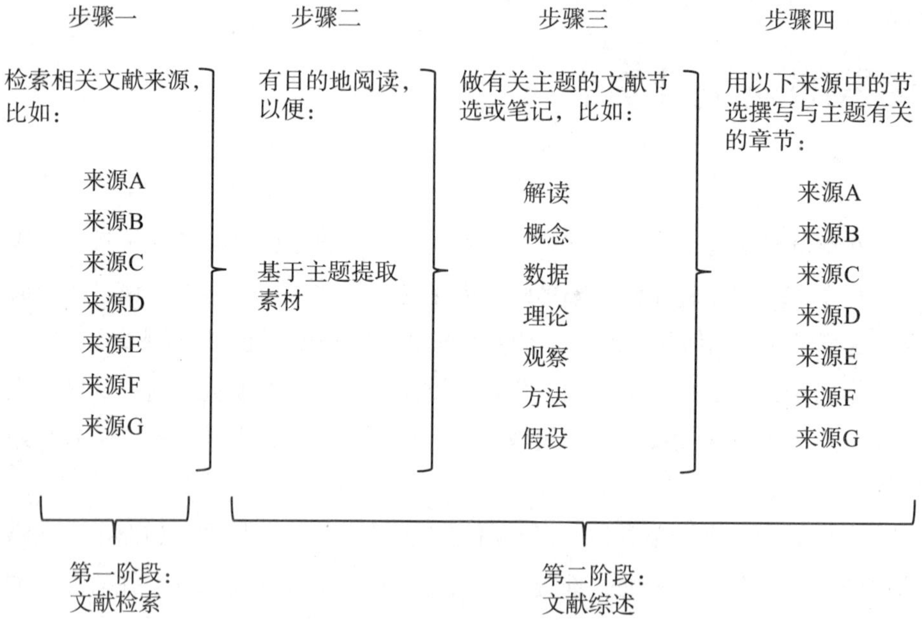

图 1.1　文献综述的四个基本步骤

一些操作性定义

文献检索（图 1.1 中的第一阶段）是对公认的文献来源和资源的系统性搜索。它包括制订清晰的检索计划，找到关于你的研究主题和研究方法的论文及电子资源，这份计划要包含一个合理的专业词汇表，定义你的检索中包括什么、不包括什么。文献检索的过程中你还要建立一个强有力的管理模式，用以管理大量的信息与论文。

文献综述（图 1.1 中的第二阶段）是对你的研究主题或与你要探讨的
4 问题相关的已有知识的分析、批判性评价与综合。分析指的是在与构建你的理论框架和（或）研究方法有关的不同文本、概念、理论、论点和解读中进行选择，将它们归类为不同的体系，使你能够批判性地评价。批判性评价就是对他人（不论其在学术界是何地位）的论著提出疑问，认真审视他人的推理过程以及支持论点的依据。你的目标是追踪影响重大的论著是如何被后续研究者使用的，评价他们对该论著的评估和运用，评价他人如何综合该论著与其他重要学者的理论。这样做是为了找到这些论点、方法和理论中的谬误，或者表明现有理论和（或）研究方法和（或）实践对你的研究问题有什么启示。这是为你的研究“找到缺口”或在文献中找到最佳实践方式的过程。

文献检索和文献综述不是什么？ 5

文献检索和文献综述不是复制粘贴，不是搜索线上或线下商店，也不是一个下午或一个星期就能完成的工作。例如，以下所列的就不是文献综述，只是一部分文献目录。

Beck, U. (1999). ‘Introduction: The cosmopolitan manifesto’, in U. Beck, *World Risk Society*. Cambridge: Polity Press.

Beck, U. (2000a). *What is Globalization?* Cambridge: Polity Press.

Beck, U. (2000b). ‘The cosmopolitan perspective: Sociology of the second age of modernity’. *The British Journal of Sociology*, 151: 79–106.

Beck, U. (2002). ‘The cosmopolitan society and its enemies’, *Theory, Culture and Society*, 19(1–2): 17–44.

Beck, U. (2004). ‘The truth of others: A cosmopolitan approach’, *Common Knowledge*, 10: 430 –449.

Beck, U. and Sznaider, N. (2006). ‘A literature on cosmopolitanism: An overview’, *British Journal of Sociology*, 57(1): 154–164.

Featherstone, M. (2002). ‘Cosmopolis: An introduction’, *Theory, Culture, and Society*, 19(1-2): 1–16.

Fine，R. and Cohen, R. (2002). ‘Four cosmopolitan moments’, in S. Vertovec and R. Cohen (eds), *Conceiving Cosmopolitanism: Theory, Context, and Practice*. Oxford: Oxford University Press：137–164.

文献目录本质上是一个有共同主题的文献清单，这个主题可能是一个研究题目、一种研究方法、一种语言或其他。你需要建立对你的研究有用的文献清单。文献目录即使有少许注解也不能替代对清单上文献内容的恰当综述。但是，文献目录作为查找文献的起点，还是很有用的。

文献综述是什么样子的？

在本书中，你将看到很多文献综述的节选。这里我们将看到两篇文献综述的节选，第一篇会让你看到文献综述可以写成什么样，而第二篇节选较长，展示了文献综述如何从多个主题展开。

节选 1：政治参与度

以下节选来自一篇关于年轻人选举参与度下降问题的文献综述（Catt, 6 2005）。[①] 在这短短的一节中，我们将看到作者海伦娜·卡特（Helena Catt）是如何表现出她对文献的熟稔于心的。这段节选也显示出她是按照几个阶段进行综述的——从检索相关文献、进行目的性阅读、围绕主题提取材料到写作文献综述。

要点	摘录
关于我的研究主题，其他研究者发现了什么？ 有哪些核心概念？	早期行为的顽固性是富兰克林（Franklin, 2004）的研究得出的一个有力的研究发现：第一次获得投票权的人如果参与了投票，那么其将来参与投票的可能性更大；而如果第一次没有参与，则可能以后也不参与。对不投票者的调查表明，这些人很多是惯常性不投票者。在 2002 年新西兰的选举后调查中，三分之一的毛利族不投票者和五分之一的非毛利族不投票者说他们过去从未投过票（Vowles et al., 2004）。一些研究者表示，政治参与度给参与者留下了心理印记（Green & Shachar, 2000）。更实际的问题是，参与过投票的人熟悉投票过程，而没有参与过

① 示例的选择是为了例证特定的方法和技巧，而不是为了展示其内容。因此，在本书的类似示例中，作者没有将其中的参考文献列在书后的参考文献列表中。——译者注

续

要点	摘录
	的人可能对投票一事感到忧虑（Horwitt，1999），也不愿承认自己缺乏投票常识。与内部效能感相同，这种取向关系到一个人在政治环境中的自信程度（Green & Shachar，2000）。与之相反，在投票时表现得熟练会增强自信和内部效能感（Finkel，1985）。重复性行为会产生熟悉度和自信心这一观点不足为奇。
有来自不同国家的研究发现吗？	也有证据表明投票或不投票的行为会代际传承，来自英国和美国的调查（Nestle，2003; Horwitt，1999）发现，不投票者更可能来自不投票的家庭，而在第一次经历选举就投票的人的记忆中，其父母也曾参与投票。
有哪些变量？	家庭政治讨论也会产生影响："经常与父母谈论政治的人中有一半表示他们在1998年参与了投票，相比之下，不经常或从不与父母谈论政治的人只有四分之一参与了投票。"（Horwitt，1999）这项研究得出的结论是：投票是一种习惯。有的年轻人最开始投票可能主要是出于理想化的想法，认为他们的投票能影响政局；经过一两届选举后，他们开始将投票视为义务，这更可能是出于认为投票是他们应做的事，于是"年轻人将参与投票视为个人行为规范"。

卡特的文献综述并非完美，例如，有的引用应当标明页码。

节选2：刻板印象

以下节选来自奥克斯等人（Oakes et al.，1994）的研究，他们在研究刻板印象时用自己的专著（基于他们的研究）中的两章勾勒了刻板印象研究相关 7
文献的性质与范围。奥克斯等人用了整整一章详细描述了关于这一主题的学术研究的起源，解释了"里程碑式"研究中的要点。在第二章中，他们批判性地分析了以往对刻板印象的研究，阐明了自己的研究与前人有何不同。同时，他们力求表明自己的研究进一步发展了人们对刻板印象的理解。在以下一系列节选中，我们能见到很多上述特征。试试看，你能否辨认作者是如何做到以下几点的？

- 将研究主题置于历史性视角下；

- 找到关键的里程碑式研究；
- 选择他们认为关键的文献和作者；
- 为自己的研究兴趣创建背景；
- 辨别已有研究成果，为自己的研究找到空间。

要点	摘录
主要的里程碑式研究。 展现了李普曼对刻板印象研究的影响。	李普曼（Lippmann，1922）在他出版的《民意》（*Public Opinion*）一书中正式开始对刻板印象进行研究。这部著作之所以长期具有吸引力，主要是因为它确定了刻板印象的一些类型和特征，而这些刻板印象及其特征是深入了解民意的基础。
对《民意》的总结。 一些关键概念及短语。 引述以展示核心观点。 核校页码。 李普曼对刻板印象的总结。	在《民意》一书中，所描述的刻板印象是具有选择性、指向自我实现和种族中心主义的，这些观点被总结为：他们（具有刻板印象的人）“形成了一种非常片面和不充分的看待世界的眼光”，其中“片面”这个词在这里传达了不完整和偏见的双重含义（p. 72）。其他刻板印象明显的缺点也在书中被指出。刻板印象被理解为一种抵御行为。它们为个人的立场和盲点辩护，因此不利于客观、平等地思考。它们被认为是死板的，既固执于教育或批评，又对现实中的变化不敏感（p. 65）。它们表现出了对事物的过度类化和夸张，忽视了可变性，否定了个性。

在任何关于刻板印象的研究中，参考李普曼（Lippmann，1922）的观点几乎都是必需的。这是因为是他的研究成果为这一研究课题奠定了基础。奥克斯等人通过描述一些李普曼的主要观点来展示其与李普曼研究的相关性。在文献综述的后半部分，他们从这些观点中选取了一大部分，并展示了不同作者是如何利用这些观点来延伸对该主题的理解的。在接下来的摘录中，我们可以看到奥克斯等人（Oakes et al.，1994）如何将读者引向刻板印象研究的转折点。

8

要点	摘录
按时间发展的框架来展现关于刻板印象的研究，以区分不同观点。参考社会心理学中存在的主要分歧。 展示已有研究对后续研究的重要参考，即由传统假设发展出的批判性立场。	在 20 世纪 50 年代，不难看出在刻板印象研究中存在两种截然不同的流派，每一种都详尽阐述了“真理辩论的内核”（Kernel of Truth Debate）的一个方面（作者在本节摘录前的一个章节中已经提到）。大多数研究人员继续关注刻板印象的缺陷（例如：Bogardus，1950; Hayakawa，1950; Klineberg，1950，1951），而其他人开始质疑支持这一传统立场的假设（例如：Laviolette & Silvert，1951）。
表明了在对刻板印象合理性的理解上发生的转变。 展示了针对李普曼提出的刻板印象的原始观点的反转，并且指出了反转的内涵。	与此相关的观点由菲什曼（Fishman，1956）和维纳克（Vinacke，1956，1957）提出。菲什曼认为刻板印象在一定程度上是合理的，因为它们反映了刻板印象和刻板印象群体之间相互作用的本质（p. 60），而维纳克认为刻板印象是对个体之间真实的高层次概念关系的表征（指向社会群体，p. 329）。所有这些研究说辞背后的根本含义是，刻板印象本质上既不是非理性的，也不是“坏的”。

奥克斯斯等人在此给读者分类展示了一些关于刻板印象的文献。两种流派都有具有代表性并重要的参考书籍，让后来的研究者可以有所参照。在此基础上，与这两种流派相关的观点对后续研究者也都是有指导意义的。例如，奥克斯斯等人引用了菲什曼（Fishman，1956）的著作中的观点。同样，通过按时间顺序对刻板印象的研究发展关键点及具体相关研究的介绍，我们可以看到这个主题的研究发展脉络。我们还可以在本摘录中查找相关著作，并引用相关参考书籍。本部分摘录的最后一句明确了维纳克著作的观点。在接下来的文献综述中，奥克斯斯等人讨论了刻板印象常规研究方式之外的一些特例。讲述这些不仅能提供相关研究的概貌，还能介绍研究发展的关键点和洞见，而这些可以在读者后期进行的综述中被重拾和发展，尤其可以用于为他们自己的研究提供依据（即引用奥克斯斯等人的研究）。

	要点	摘录
9	引入常规之外的特例，并对刻板印象的心理基础提出初步看法。 建立起与此前研究的连续性。 展示了即便是特例中也存在理性与非理性的区别（奥克斯等人的研究基础中一个主要的主张）。 表明了这一主要主张为何迄今为止没有被探索。 传统的研究焦点是个体及其特点。	并不是所有将刻板印象作为偏见的一方面的研究都遵循这条路线。值得注意的是……奥尔波特（Allport，1954）的讨论，他分析了分类过程（即个体将相同的、可互换的内容进行认知分类）涉及偏见的程度。同时，他强调分类对“有序生活”极其重要（特别是其对分组内和分组外的不断变化的定义具有灵活性和响应性），接着，他认为刻板印象是有缺陷的，因为它们夸大了与自身有关的属性与类别，采取了分化的思维模式。此外，在他对这些问题的讨论中，奥尔波特认为，举止宽容的人和带有偏见的人在是否以理性为分类标准上行为明显不同。奥尔波特在理论上迈出了至关重要的一步，他提出，偏见可能是“正常过程”（normal process）的产物。但他的分析包含一个内在的矛盾，那就是，刻板印象涉及的分类过程本质上是理性的（Asch，1952; Vinacke，1957），只是他们的理性仍然取决于其刻板印象的特征（Adorno et al.，1950; Billing，1985）。

最后，在以下这段摘录中，我们可以看到，奥克斯等人从社会心理学的角度构建了该主题的背景和历史，并对相关文献的主要观点进行了总结。这对其之后章节中创建的表格颇有助益。但是，他们这样做的原因是想证明他们的研究与这些研究的相关性，并且自己的研究与之前不同。

要点	摘录
由于排除了早期的人格理论（如阿多尔诺等的研究），研究范围缩小了。奥克斯等人提到的表 1.1 可以在他们的书中看到。	表 1.1（此处不展示）总结了在泰费尔的研究（Tajfel，1981）之前我们所认为的社会刻板印象研究的关键节点。虽然阿多尔诺等人发展的这一类型的人格理论如今已或多或少地从刻板印象的情境中消失了，但对群体间关系（继谢里夫和泰费尔之后）和个体认知（继奥尔波特和泰费尔之后）的研

续

要点	摘录
再度强调了他们认为与该主题相关的内容，并提到与他们的研究相关的既往研究。 强调他们打算采取的研究视角，并指出它与其他人的研究视角不同但与其有关，即提供了他们研究的理论支持。 关注基于信息加工的社会群体之间的认知。 他们认为其研究重点不同于以往基于“个人”的研究，而是更广泛的社会环境背景下的社会心理学研究。	究仍然活跃且重要。该领域里迄今为止仍有截然不同的认知（个体）和集体（社会）研究传统，泰费尔在 1981 年的论文中试图通过将自己紧密地融入二者对其进行调和。在某些方面，这本书可以看作他这种努力的延续。 往广了说，我们的目的就是阐述这样一个论点：为了理解群体现象（如刻板印象）的心理学内核，有必要探讨认知如何被个体组成的群体成员和社会关系调解并对其进行调解（Tajfel，1979，1981; Turner & Oakes，1986）。在这些术语中，知觉和认知过程是社会心理学范畴的，这不仅因为它们涉及对人的信息的处理，还因为它们是心灵和社会相互作用的心理产物。……我们把这些观点集中在刻板印象的问题上，这样做的目的是更好地理解这一有趣的过程在个人适应社会环境中的作用。

10

对既定的课题，不同的学科往往用不同的方式来制定研究方法。有些学科有自身特有的研究问题和争论。在上面给出的例子中，我们可以看到社会心理学的研究方法，以及对社会心理学家所关心的一个重要领域的阐释。

研究者只有通过调查研究和分析阅读文献，才能充分熟悉学科存在的争论和研究视角。对某学科或研究问题特有的视角的了解，是为了明确研究这一论题的价值。这样便于从最相关学科的学术传统为该论题提供支撑。

因此，熟悉学科知识有助于发现以往研究的空白和不当之处。这样可以提出有意义的问题，并将其转化为一个可行的研究课题。因此，文献是一种极其重要的资源——它可以帮助我们找到一个合适且有效的论题。同样的材料在确定变量、维度和研究范围时往往也十分奏效。

通过阅读这两篇文献综述的摘录，我们可以看到图 1.1 中所描述的过程。一旦搜索和遴选了文献，其中的思想、概念、论点和发现将被提取和分类。研究者们正是用它们形成了自己的文献综述。文献引用之处会说明出处，而这些引用的分类显示了对这些类别的使用。图 1.1 中的步骤一和步骤二步主要是技术性的，而步骤三和步骤四则是解释性的。

研究项目中的文献综述

大多数正式的研究报告都有易于辨认的标准化结构。研究报告中的很多
章节也同样会出现在开题报告或项目申报书当中，表 1.1 就展示了一般情况
下二者共有的部分。在这种结构中，作者通常会采用一系列体裁惯例来表明
11 研究的“权威性”和“合规性”，尽量显示自己作为研究者有能力严谨地完
成研究。

表 1.1　开题报告的部分章节

章节	目的
前言	表明研究的目的、对象、范畴、缘由和结构特点。研究缘由常通过引用其他文献来支撑，并且，这些文献也确定了该研究问题的大体性质。
文献综述	展现写作者文献检索的技能，以及其对主题领域的掌握和对研究问题的理解；为研究主题、研究设计与研究方法提供合理解释。
研究方法	展示数据收集方法与研究方法的恰当性。写作者经常会引用相关文献表示其对数据收集方法和研究方法的内容有所了解，并证明选择这些方法而非其他替代性方法的合理性。
在学位论文或研究报告中，还需要包括：	
研究发现	体现研究发现在整体和特定领域研究——即你在研究之初检索和评价的研究——中所处的位置（及所做的贡献）。

因此，对相关文献的综述是研究过程和研究报告中至关重要的部分，而不仅仅只是一个要完成的阶段或要越过的障碍。

文献综述写得如何是学术型研究和应用型研究成功与否的要素之一。一篇全面的文献综述所带来的益处也是该文献综述所应实现的目的，其中之一是在研究开始之前保证主题的可研究性。初做研究的人太容易将研究的广度等同于价值，最初的热情与这种普遍的思想误区常常导致其开题报告只是泛泛而谈却又雄心万丈。正是通过综述文献逐步聚焦主题这一过程，大部分研

究才能符合实际。

聚焦研究主题也许很困难，需要几周甚至几个月的时间，但这是让研究更可能成功完成的必经之路，也有助于发展你的思考能力和实践技能。因为它能培养一种研究态度，鼓励你在现有时间之内严谨地思考研究主题和你能 12
对这个主题做什么样的研究。在这个阶段认真投入的时间和努力能让你在后续阶段节省大量的精力，减少盲目的寻找。因此，我们有两个任务，一是寻找相关文献来源，二是批判性地评价这些找到的文献。

努力和思考从不可少

如果这一切看起来就像是很繁重的工作，那么它也确实如此。但据很多研究者所说，这也是做研究最愉快的过程之一。在这个过程中，最主要的是将文献检索和综述视作一系列阶段，每个阶段都逐一建立在之前阶段的基础之上，以最终构建论文的文献综述。

阅读建议：文献检索指南

如需开展文献检索的指南，请参考哈特（Hart，2001）的《如何做文献检索》（*Doing a Literature Search*），本书的姊妹篇。

大多数研究的文献检索与综述分为两类：初期（或指示性）文献检索与综述，以及全面文献检索与综述。初期检索就像在文献中探测地形，你希望的是了解已有的、便于获取的文献是什么样的，存在何种数据库，以及在哪儿、如何获取它们。在这个阶段，学术图书管理员也许是一个不可或缺的信息和指导来源，与他们一起讨论你的研究对你而言十分有价值。你可以从便于获得的文献中构建出一篇简短的综述，“指示”出更大范围文献中的关键思想、概念、作者、著作和论点。在这个阶段，互联网、图书馆目录和在线书本供应商会很有帮助——但也只是为你指明主题。指示性文献综述常用于研究的开题阶段，如果你将指示性文献综述完成得很好，那么你从中获得的技能和知识就能得到迅速发展。依据所选择的数据库、在图书馆以外订购的论文和专著，以及更多的“挖掘”文献的时间，你可以规划出更为全面的文献检索方案。

研究学徒期

维泰研究者发展框架和学院、国家、大学图书馆协会的七大信息素养支柱等框架营造了研究者在职业发展不同阶段的两种形象，第一种就是新手或职业早期研究者的形象，即研究学徒。

13 **广泛阅读的责任**

作为研究者，你有责任尽可能广泛地阅读众多学科的文献以获得宽广的知识面，包括熟悉自然科学、社会科学、人文科学和艺术类议题。

第二种形象针对的是有经验的研究者，这些框架会给他们的持续职业发展以及对学生的指导设定一套参考标准。这里存在一个概念，即跨学科性。

跨学科性

高等教育和研究领域有个趋势是向其他学科学习，即跨学科学习和研究。很多学生现在都有机会学习其他学科的内容，此外，双学位也受到越来越多人的青睐。其结果就是，学生和研究者需要对知识持有更灵活的态度。为此，他们需要更为广博的技能和知识基础，以充分利用可获得的资源。

理解如何做研究以及如何创建与传播数据，是信息素养的重要组成部分。图 1.2 对这些领域进行了概述，展示了知识的主要来源以及组织和提取数据的工具。

本科生、研究生和实践者的研究为个体迁移性知识的学习和发展提供了理想的机会。检索和综述文献涉及前文所述的全部七个支柱。核心技能的学习必须是有目的的。在研究报告中展示一个合格的研究者应有的技巧与能力不仅仅是一个形式。

14

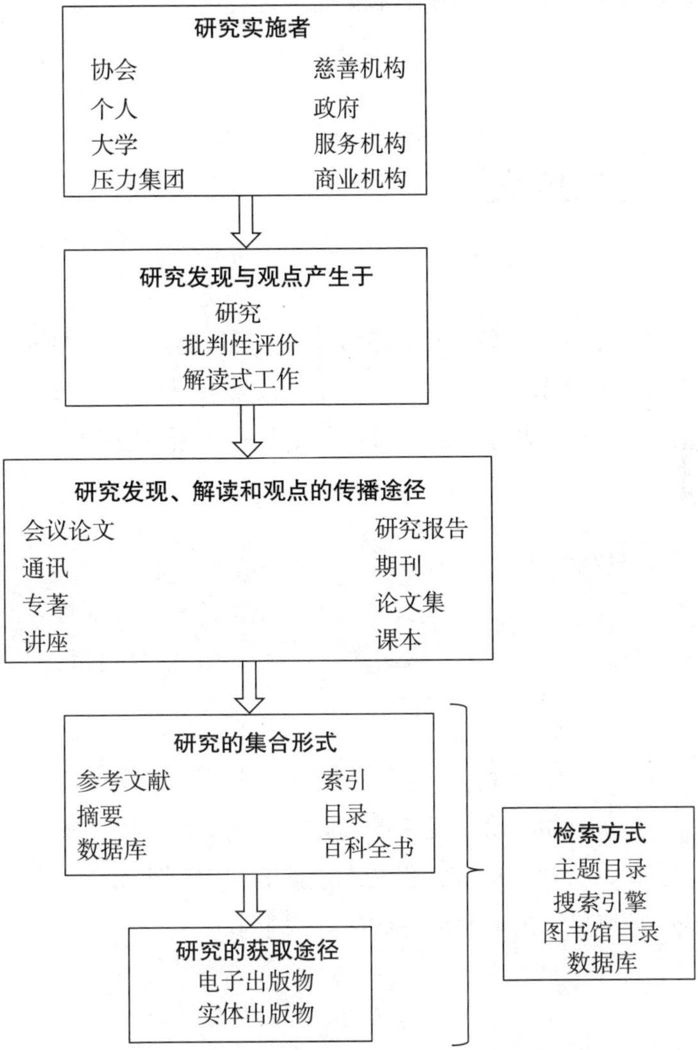

图 1.2　研究知识与信息的产生与传播

尽管这些通用的技能很重要，它们却不是跨人文学科课程的核心组成部分。并不少见的是，对研究的一般本质和特点的教育凌驾于，甚至经常取代了对技能的学习。大多数学科会让学生接受和适应那些为本学科知识赋予框架和特点的理论与历史传统。但在此过程中，方法论偏见、学科壁垒及对其他学科的误解也会持续下去。这常常会对跨学科研究造成障碍，导致对研究与理解世界的其他方法缺乏欣赏。本书意在指出可以克服这种障碍的方法。首先需要提醒大家的是，请重视学术实践。

指向知识的技艺

从技术上而言，大多数人都有能力进行研究，但这种能力是需要学习的。
15 你不能只是像写购物清单一样编一套问卷。你需要具备充足的关于整个研究过程的知识，需要理解数据收集如何嵌入你研究的整体构图中。

学术实践是一项活动

学术实践是一项活动，是大多数人都能做的事。它不需要你从属于某个社会阶级、性别、民族，或者跨越什么正式的教育门槛。

这意味着你要知道如何陈述研究的目的与目标，定义主要概念和方法论假设，选择适当的数据收集方法来操作化这些定义与假设，核查你的研究结果，等等。因此，合格的研究需要技术层面的知识。然而，完成一项合格的研究和完成一项能显示出学术性的研究是不同的。

思维技艺与学术实践

主要问题在于，什么是学术实践？这个问题很难回答，因为不同学者、学科和大学对于什么能被称为学术都有不同的观点。本书对这些辩论不做总结，而是想补充一些关于学术实践的论述。

首先，在教学与研究之间、知识与信息之间、理论与实践之间创造简单的二元对立并没有什么用处。学术实践包含以上所有领域，甚至更多。

其次，学术实践就是了解如何做合格的研究，阅读、解读和分析别人的论证，综合他人的观点和建立跨学科的联系，清晰系统地撰写和呈现自己的观点，以及运用自己的想象力。支撑这些实践活动的是对于研究与做研究的一些基本态度，这将在下一节进行讨论。它们合起来就是一种思想态度，即对不同的观点、研究风格与类型都开放包容，对于什么是有用的研究或者哪种人可以做研究不抱偏见。

学术实践与综合

良好学术素养的要素之一就是综合能力。综合就是在思想、理论和经验之间建立联系，将一个领域中的方法或方法论应用于一个新情景当中。因此， 16
综合就是建立联系，将片段置于更大的理论框架之中，从而提供看待现象的新方式。这可能意味着从不同理论中提取元素进行新的结合或提供新的见解，也可能意味着根据新的理论发展重新审视已有的知识体系。

因此学术实践就意味着系统性地思考，它也许意味着在知识结构中或在被视为理所当然的视角中加入新的分类。不论是哪一种，研究者都会尽力去解读和理解。这样做的目的是使他人思考，并且，可能的话，重新评价他们迄今为止认为毫无疑问的那些知识。所以，系统性地质疑与探究及一种审视的态度就是学术实践的特征。

综合与重构

学术实践的目的是系统性地检验他人的知识体系。在硕士论文的层次上，这可能意味着检验某种方法论的应用，或以从前未有的方式应用某种方法论。在博士论文的层次上，这可能意味着尝试对某个难题或问题的传统定义方式进行重构或重新定义。人类学家格尔茨（Geertz，1980：165–166）表示，重构不是在细节上修改我们对周围世界的理解，它不是重新绘制文化地图或改变某些有争议的边界，而是改变我们绘制整个社会地图的原则本身。

从科学发展史来看，尼古拉·哥白尼（1473—1543）重新审视了关于宇宙以及地球在其中的位置的理论。传统理论持有的观点是地球是静止的并且位于宇宙中心，而太阳与其他星球都被认为围绕地球旋转。哥白尼问自己：是否有其他的解释方式？他问：如果太阳是静止的，而地球和其他星球围绕太阳旋转呢？ 1541 年，他概述了自己的观点，并开始对如何看待宇宙进行重构。在近期的社会科学发展史中，哈罗德·加芬克尔（Harold Garfinkel）的研究是重构的经典范例，他重新定义了社会科学尤其是社会学现象（Button，1991）。他对传统社会学理论进行了彻底审视，发现社会科学忽略了真实的人在真实场景中会做什么。他的重新定义非常激进，以至于传统社会科学用了几十年时间才接纳了他的思想。

17 论证的中心地位

学术实践与综合常常包括分析论证，以及为你自己的研究构建论证（缘由）。论证数据的意义以及数据的收集和处理方式关系到一些最为有趣的哲学问题，这包括我们如何得知我们以为自己所知的，我们认为的真实究竟是什么，为什么我们以某种方式做事，等等。社会科学与人文科学的所有领域都建立在论证的基础之上。研究总是从某个立场出发，常常受到范式信念和关于最佳探究方式的假设的影响。论证就是试图说服他人某事很重要的过程。麻腮风疫苗是否真的有风险？社会孤立是否会导致心理健康问题？《神秘博士》是不是最好的电视剧？有的计算机游戏是不是太过暴力？贪婪是不是 2008 年经济衰退的原因？智力是否遗传？这些都是在一些学科领域引起辩论和论证的问题。

作为研究者，我们需要理解，论证与论证性分析是所有研究的核心活动，对文献的综述是一个让我们获得进行论证和评价论证的高级技能与知识的理想机会。

对清晰性的需要

大部分作者都试图使自己的写作清晰、前后一致、有连贯性。但在任何作品中，这些都很难达到，且不论其篇幅或主题如何。尽管如此，清晰性、一致性和连贯性都至关重要，因为没有这些，文本就无法被理解，结果就会被误解、被摒弃或者以作者不希望的方式被使用。更重要的是，其主旨会丢失，而无论其原本多么有趣。

相反，众所周知，作者本人觉得清晰和连贯的文本，对读者而言却可能非常难懂。对文体、格式、结构和语言用法的不熟悉是读者难以理解文本的常见原因。简单的方法就是放弃难读的文本，但这样做不仅承认了自己的失败，而且没有投入脑力研究所必需的努力。

不论是作者还是读者，都需要付出努力。这种努力的基础是认同观点的清晰性、一致性和连贯性并不是只有少数人才能实现的神秘特质。它们可以通过写作中的清楚表达和阅读中的明确投入而达到。然而，学术作者面临着读者分配给阅读的时间和他们愿意为了掌握文本意义而投入的努力程度的挑战。与此相似，一些作者也似乎会忽略潜在读者的需求，最终将一个相对简单的想法表达得令人困惑。

在综述一个由众多期刊论文、会议论文和专著构成的文献体系时，研 18
究者会面临的一个问题是需要阅读的材料非常多样。如果文献来源于多个学科、有多种文体，那么就需要综述者抱有一个灵活、包容的态度。除此以外，很多研究叙述经常缺乏清晰性，也就是说，很少能找到一篇可以系统地呈现研究是如何做的、为什么这样做，并讨论这些选择的各种隐含意义的研究报告。

综述者需要理解这些叙述缺乏清晰性的原因。首先，写作中表达想法需要一定的努力和时间。其次，篇幅或字数的限制经常使得文本的编辑方式不尽如作者本意。最后，清晰的表达也会使研究（及研究者）暴露于批判性的检阅之下。可以想见，很多有能力的研究者并不想大范围发表研究，就是为了避免被批判。

理解中的包容

正如之前所说，学术阅读的能力并不是很容易获得的，这是研究训练和教育的一部分。正因如此，它需要花费时间，还需要愿意面对挑战、能够获得新的理解以及拥有足够开放的思想以欣赏其他世界观。

首先要认识到，综述者进行综述是有目的的，因此作者写作也是有目的的。尽管作者不一定总能清晰、一致、连贯地表达想法，综述者却需要在阅读时锻炼耐性。文章不论多么难读，一定有其学术贡献。这是一个要努力提取所读文本大意的过程，也意味着要努力理解为何你会难以理解这篇文本。不能用对学科的偏见性认识去给文本归类，而要努力将研究置于学科的规范之下，同时不从你最熟悉的学科做法的角度去判断它。

因此，文献综述不是要“克服”的一个障碍，不是研究项目中的一件琐事或仪式，它是一项研究中不可分割的一部分，因为它使研究者跨越学科界限，接触新的思想和文体，以提高自己的研究质量。所以文献综述绝不仅是论文中的一个章节。

这意味着以综述为目的阅读文献就是在多样甚至相反的思想中建立联系。
19 在学位论文研究中，这是其价值的关键评价标准。下一章将从“什么是原创”的角度描述这一活动。这涉及这样一个前提：哪些观点可以互相联系、观点如何被分析和综合并没有定论。分析和综合的技巧是通用的，但如何使用就是综述者自己的决定。

这种态度的部分含意在于所有研究者都需要有理解哲学（或方法论）传统的意愿。选择某个特定的主题，决定用某种特定策略而不是其他策略研究它，决定以某种文体呈现它，这些研究设计上的决定常常基于先前对某种研究观的信奉。因此，在通常意义上，一项研究可以被置于任意一种思维传统之中，例如实证主义或现象学。但综述者需要当心，不要纯粹从一般意义上，尤其不要从一种传统的立场去批判另一种传统的研究。不同的思维传统需要从它们本身的角度去理解、欣赏，而不是从其他传统的立场去看它们缺乏什么。

尽管说得很简略，这些理念却是后续章节的基础，综合起来，它们指的就是，在研究中对学术和行为准则的操作化（付诸实践），也标志着综述者需要了解和能够展示他们对不同文体和不同研究传统的认识。

研究的想象力

在赖特－米尔斯（Wright-Mills，1978[1959]）的《社会学的想象力》一书的末尾，他为研究生提供了如何思考、如何处理大量信息和如何培养有助于研究想象力的态度等方面的指导。他对社会学的想象力的定义给我们提供了一个起点去理解为什么需要研究的想象力。

> 需要提醒你，社会学的想象力在相当大程度上包括从一种视角转换到另一种视角的能力，以及在这个过程中建立对整个社会及其组成部分的正确观点的能力。诚然，正是这种想象力使社会学家区别于普通技师。（Wright-Mills，1978[1959]：211）

因此，研究者需要具有完成合格研究的基本技能，其中有的已经在前文提到，例如使用图书馆的能力等。但赖特－米尔斯所说的是，有效使用这些技能需要发展具有想象力的研究方法。这并不容易。研究的想象力需要时间去培养，是研究学徒期的一部分。对于赖特－米尔斯而言，研究的想象力指 20
的是：对研究主题有广泛的了解；对各种观点开放包容，不论其如何得来或从何处得来；对各种观点、方法、论证进行质疑和审视，不论是谁提出的；推敲不同的观点以寻找它们之间的联系；追踪观点的发展方向；在研究中保持学术性。赖特－米尔斯说：有什么比一些奠基性理论家们的工作更称得上是研究的想象力的范本呢？据他所言，正是马克思（Karl Marx）、韦伯（Max Weber）、斯宾塞（Herbert Spencer）、曼海姆（Karl Mannheim）与涂尔干（Émile Durkheim）这些思想家们为我们演示了研究的想象力可以达到的高度。

> 社会学的想象力使得我们可以掌握历史与传记以及这两者在社会中的关系，这就是它的任务和前景。认识到这个任务和前景就是经典社会分析家的标志。这是语言晦涩、喜用多音节词、阐述全面的赫伯特·斯宾塞的特点，也是优雅、辛辣、正直的爱德华·罗斯（Edward Ross）的特点，也是奥古斯特·孔德（Auguste Comte）与埃米尔·涂尔干的特点，还是复杂、微妙的卡尔·曼海姆的特点；这是卡尔·马克思智慧上的优秀特质，是认识索尔斯坦·凡勃伦（Thorstein Veblen）聪颖、充满反讽的洞察力和约瑟夫·熊彼特（Joseph Schumpeter）对现实的多面构建的线索，是威廉·勒基（William Lecky）广博的心理学研究的基础，同样是马克斯·韦伯的深刻性和清晰性的基础。（Wright-Mills，1978[1959]：12）

这些人及其他社会学理论家也许已经去世，有的早已被遗忘，但赖特－米尔斯强调，阅读他们的著作是有用的。这是因为当代社会是被信息而不是知识支配的，很多学术型图书馆都接受了“及时”（just in time）而不是“以防万一”（just in case）的概念，它们已成为信息获取点。正是因为如此，面对这种压力的研究者更需要获得检索技能来提升技术、发展智力，使自己能在信息迷宫中厘清思绪，并能对世界上所发生的事进行概括。（Wright-Mills，1978[1959]：11）

问题与研究想象力

赖特－米尔斯建议研究者采用一种质疑和批判的态度。图 1.3 列举了在开始一个主题的文献之旅时一些有用的问题，它们能引导研究者回看那些名字和作品已被遗忘或将被遗忘，但为当今的思想、观点和立场奠定了基础的理论家们。

但一个研究者如何使用这样复杂多样、貌似模棱两可的问题呢？此处举个例子或许有帮助。下文关于广告的个案研究就展示了在分析和思考不同假设的方法论启示时所需的一些基本技能。

基础问题 维泰研究者发展框架领域A（A1）：知识基础（科学知识，信息素养，理解信息和数据如何创建与组织，管理检索结果）。

我可以使用哪些数据库检索相关信息？

我的研究主题使用哪些语言（词汇），如何使用？

关于我的研究主题有哪些重要文献来源（书籍、文章、研究报告）？

关于我的主题有哪些研究、方法和理论？

这个领域的主要研究者有哪些？

这个研究主题或问题有怎样的历史或时间发展线？

中级问题 维泰研究者发展框架领域A（A2）：认知能力（分析，评价，批判性思维，思想可视化，文献计量学分析）。

研究主题或问题是如何定义的？

研究和探讨这一主题的参考标准有哪些？

理论与实践或实证研究是如何联系的？

使用了哪些方法论假设和方法？

发现了哪些概念、变量或因素？

关于我的主题有哪些主要的争论内容？

我的研究主题领域存在哪些知识、理论或方法论应用上的空白？

高端问题 维泰研究者发展框架领域A（A3）：创造力（探究性思维，洞察力，发现联系，分析论证，寻找替代方法）。

我和其他研究者对于该研究主题的知识存在哪些不一致、缺陷或矛盾的地方？

缺少哪些依据，或者哪些依据是不确定的、严重不足的？

还有哪些没有使用过的替代性方法可以用来理解这个主题？

图1.3 综述时的问题层级

来源：修改自赖特－米尔斯的著作（Wright-Mills，1978[1959]：13）。

这项研究说明了如何使用文献检索来建构构成主题范式的参数，展示了赖特－米尔斯建议的那些问题可以如何使你从对主题的传统视角转向更具想 22
象力、更能引起关注的视角。你不用关注其中任何技术性的术语或内容，只需关注如何利用文献做到以下几点：

- 构建文献的全貌；

- 展示出对主题领域的熟悉度；
- 获得可以批判性分析前人研究的知识基础；
- 证明在一个陈旧的主题领域使用新方法的合理性；
- 发展信息处理和分类等各项技能；
- 采用无偏向的立场（方法论中立）。

扩展示例：社会科学与广告

下面的案例是一个对全面但费时的与广告相关的文献检索与评价的部分重组，是一个广告学博士研究的一部分（Hart，1993）。该案例从对研究情况的描述开始，继而报告了研究问题被确定、定义以及生成替代方法的过程。这个过程的一个重要部分是信息的分类。关于这一点的重要性可以在第8章的“主题关联树”中看到，赖特－米尔斯虽然没有使用主题关联树这一短语，但他脑海中肯定已经有了类似的模型，譬如他说：

> 当你思考许多一般概念时，你会将其转换为某种类型。采取新的分类方法通常是一个研究能够卓有成效发展的开始。提出不同分类类型，然后寻找对应于每种类型的条件和结果，……这将变成一个自动的程序，且不会局限于现有的分类。……要寻找它们的共同点，以及它们内部和互相之间的区别。要做到这一点，你必须养成交叉分类的习惯。（Wright-Mills，1978[1959]：213）

选择研究问题是研究生都会面临的：确定研究主题的具体方面，用清晰的术语定义要调查的问题。此处选择的主题是广告。这项研究的出发点是对已经完成的工作进行检索和分析。做这些有很多原因。没有对文献的全面、仔细和批判性的分析，对研究的主题和相关问题的定义就不会清晰，并且作为严肃的社会学研究，也不会有明确的研究理由和理论基础。文献综述为具体的研究提供了一个焦点，就满足论文独特性和创造性的标准而言，这是十分有用的。

找到过多文献

23

这项研究先对文献检索进行规划，使用硬拷贝（hardcopy）和电子数据库找到了过去和当前的广告文献信息。对数据库的全面扫描可以产生数以千计的记录或链接。这里的问题在于数据量太大，也就是说在有限时间和馆际借阅的成本下，有太多的记录需要查看。赖特－米尔斯的建议是，“知道什么时候该读，什么时候不该读”（Wright-Mills, 1978[1959]：214）。研究者要找出被社会团体认为是研究广告的“关键”的书籍和文章，因此，缩小搜索范围很重要。那么，如何缩小搜索范围？这个问题的答案在已经找到的记录中有所体现，即存在一些通过书目分析来识别核心文献的方法。图 1.4 展现了一个典型的流程，通过这个流程可以快速定位对某个主题有影响力的出版物和作者。

此时列表中仍有数百条可能相关的文献。这时可以采用各种策略进一步减少列表内容。虽然所有的文献都可以看完整版，但是这样做会花费过多时间。我们可以查看所有记录的摘要，这样也能很好地了解文章的内容。我们还可以设定文献记录中的一个特定的关注点，例如广告和儿童，但这样无法绘制该主题的完整图谱。除此之外，还可以使用语言或数据限制来缩小记录的数量，例如，选择其中一些作为设定来查找英文文献以缩小搜索范围。然而，采用的主要策略还是运用文献计量学的方法：使用引文索引和常识。

扫描世界各地学术图书馆的图书馆目录，可以找出他们馆藏中有什么。对列表的简单比较能看到哪些文献存在于大多数图书馆中。很快就可以发现，英国、北美和澳大利亚的大多数学术图书馆都收藏有一系列广告社会学的专著。这个简单的工作使列表（书目）转化为引文分析。这相当于在专门的索引［科学网（Web of Science）引文索引］中查找哪些作者和作品在其著作中被其他作者引用最多。为此而采用的程序是基于时间顺序的，即从表单中最古老的书开始，一直到最近出版的书，收集每个作品的被引频次。将每个文献的被引频次绘制在一个图表上，以显示一个领域从始至今相关作品被引频次的增加或减少。图表的起点是最早发表的文献。

基础问题 领域A（A1）：知识基础（学科知识，信息素养，理解信息和数据是如何创建和编排的，整理结果）。

我可以使用哪些数据库来搜索相关信息？

我的主题使用哪些语言(词汇)？它们是如何被使用的？

关于我的主题有哪些关键的来源(书籍、文章、报告)？

关于我的主题有哪些研究、方法和理论？

谁是这个领域的主要研究人员？

该主题或问题的研究史料有哪些？其随时间发展的过程是怎样的？

检索书籍和文章

利用大学图书馆目录、谷歌学术、世界书目（WorldCat）、微软学术、科帕克（Copac）、海西数字图书馆（HathiTrust）、心理学文摘（PsycINFO）等资源，启动文献目录的建设。

注意用于索引源的单词和短语。修改搜索词汇。

检索论文和灰色文献

使用诸如线上论文索引（Digital Dissertations）、美国学位论文数字图书馆（Networked Digital Library of Theses and Dissertations，NDLTD）、欧洲学位论文库（DART Europe）、普若凯斯特（ProQuest）和世界书目论文库(WorldCat Dissertations and Theses）等资源，构建一个与主题相关的论文列表。

使用诸如欧洲灰色文献信息系统(System for Information on Grey Literature in Europe，SIGLE)和美国社会科学研究网(The Social Science Research Network，SSRN）等资源来识别与你的主题相关的会议、论文和作者等。

获取或查看书籍或文章；略读相关文献，提取参考书目或参考文献列表。

获取或查看论文；略读相关论文，提取参考书目或参考文献列表。

建立电子表格

列出书籍、文章和论文的参考文献（引用次数）。

确定引用作品的使用频次。

哪些书籍和文章被引用得最多？

哪些书籍和文章很少被引用？

运用引文分析

利用人文艺术引文索引(Arts and Humanities Citation Index)、社会科学索引(Social Sciences Index)、社会科学引文索引(Social Sciences Citation Index)等构建文献引用图表。

你现在应具备的知识

有助于建构你的主题的最有影响力的研究者。

在你的主题中最常用的资源。

用于索引你的主题的词汇。

该主题研究的时间发展脉络。

用于索引你的主题的出版物和研究的资源。

图 1.4 通过书目分析确定相关书目

识别核心著作

然而，我们需要谨慎对待引用频次。被引用最多的著作并不一定就是最重要的。著作经常被引用仅仅代表该领域其他作者经常参考该著作，仅此而已。被引频次不是对文献质量或重要性的判断，而是对他人使用情况的象征性计数。然而，被引频次也有许多用途。首先，被引频次提供了一幅有用的 24
图像，说明该领域现存哪些知识，以及使用了什么技术来收集证据。它还构建了一个随着时间向前延伸的“引文地图”。这些树状图展现了最初的著作及随后引申出的文章，表述了文献的核心问题和假设。核心著作是那些在方法论和政治上具有重大影响，并促进跨学科研究的著作。图 1.4 展现了查找相关书目所涉及阶段的一般流程。

以下三个标准是为确定该主题的核心著作而制定的：

- 一个项目无论已发表或未发表，对整个主题的后续工作以及对主要话题内各子领域的发展都有重要影响。以威廉姆斯（Williams，1980）的著作为例，他的短文《广告：神奇的系统》（Advertising: The Magic System）是 1980 年以来所有社会科学学科出版的著作中被引用最多的一篇。他提出的关于广告的方法论假设，包括他反对广告的道德立场，是通过大量的文献阐明的。
- 该著作涉及一种别人已参照使用的技术或方法的应用，它与传统上定义该主题的方法论假设相一致。此处举的例子是巴尔特（Barthes，1967）的符号学，它被用来揭示广告中编码信息的隐藏结构，并被认作一种常用的跨学科分析技术。
- 如果一个项目已在数个学科和实践中运用过，那么其主题会成为这些学科和实践的一个研究主题。威廉森（Williamson，1979）的著作就是一例，她从女性的角度运用符号学和精神分析方法来分析广告。

了解被引用最多的著作后，我们可以找出引用它们的文章和书籍，从而将搜索重点放在更切题的材料上。由此产生的“树结构”展示了不同的观点和研究是如何对不同的探究方向，尤其是广告作为社会学研究主题的取向做出贡献的。查明核心作者和著作是关键的一步，这为主题关联树的构建提供了基础资料。这包括在一个大的图纸中描绘出各个广告文献的相关性（即关注点和争论）。

为核心著作中的研究重点绘图

该领域的文章和书籍一般可以分为三大类：一是与广告的作用和原因有关的，二是与广告如何运作有关的，三是与广告效果有关的。在每个主要类别中，每部著作会根据其研究重点被排列。这使得树状图的主干可以与引文树结合拓展。当然，由于交叉引用，树状图难免有些凌乱，但它们对于主题分析的价值是不可估量的。

从文献关注点分布图中可以看出广告研究基础方法论的要点。它也使不
26 同关注点之间的相互关系和共同观点的使用变得直观。简而言之，广告的社会学范式被绘制了出来。它说明了一些有趣却仍存疑的发现。第一，广告被普遍认为是某些“负面”的东西。各种各样的道德和伦理判断被用作广告研究的起点。第二，广告被视为一种现代现象，这对社会关系和社会结构至关重要。第三，广告被认为通过使用如潜意识信息刺激等各种心理的或有指示的方法来影响人们。第四，各种分析方法，如符号学和内容分析，被认为适合研究广告，揭示一个广告的真实意义。第五，就某些概念的演绎应用而言，广告对日常生活的影响通常被视为“负面的”。例如，广告被指责制造并延续了性别歧视、种族主义、年龄歧视和疏离感。在这个阶段，使用这些假设进行广告研究可能是合乎逻辑的。例如，我们可以观察一组针对儿童的广告，该广告展示了性别角色刻板印象是如何强化性别分类和性别期望的。换句话说，我们可以做很多已经做过的事情。然而，这一策略没有被采纳。这相当于在选择，是向现有的智慧建筑上添砖加瓦，还是自己建造一个新建筑。

寻找核心研究中的假设

主题关联树展示了当前广告主题分析方法中的循环反馈分析。它说明最初对广告的作用、位置和影响的假设通常是广告研究的起点。它还表明需要对社会学思想史有一个健全的认识：

> 了解一些世界史知识对社会学家来说是必不可少的。没有这些知识，不管他还掌握什么，他也不过是思想的跛子。（Wright-Mills, 1978 [1959]：215）

这些关于广告功能的假设提供了一个一般的方法论框架并指出了相关领域共同的研究问题。其方法论框架具有整体主义和对比主义的特点。研究者通过冲突结构主义的整体研究方法（这种方法的社会学发展描述见：Cuff & Payne，1984）把广告与资本主义相联系，并将广告作为一个了不起的转换（对了不起的转换的辩论的描述见：Francis，1987）的产物。广告被视为工业社会的产物，因此产生了对前工业社会和工业社会的对比。对比和整体主义为其他概念的运用提供了基础。例如，理性是文献中常见的概念，它被用来与广告的不合理性或非理性对比，以及思考如果广告不与资本主义联系在一起 27 会是什么样子。广告被普遍认为是现代社会的一种非理性现象，它对人们的影响也因此被认为是非理性的。

在传统文献中，有关广告的研究问题几乎全部是基于以下问题来构思的：如何才能揭示广告的真实特征？大多数社会学文献中关于广告的疑问是：广告是如何运作的？为什么人们看不到它的本质？广告的影响是什么？这些影响如何体现？因此，有关广告的文献中充满了对广告的符号学分析和内容分析。这些分析与综合技术被认为能够揭示广告隐藏的结构和模式，而这些结构和模式在任何个例中都不能被直接观察到。

因此，对文献的分析提供了一种关于假设的描述，这些假设被认为是社会学对广告的必要描述。如果没有使用工具来存储、组织和检索信息，那么这种分析就不会有足够的广度和深度。但是，在弄清了这些假设并将其设计出来之后，还需再问一句：为了研究一则广告，需要做出哪些假设？换句话说，如果将构成广告社会学范式的假设置于彻底的现象学审视之下会怎样？这将导致什么结果？虽然这不是一个独创的策略，但受到赖特－米尔斯的推崇：

> 通常，你通过思考一个极端——通过思考你直接关心的事物的对立面——来获得卓越的洞察。……当你试着对比时，你就能更好地把握资料。

> 而且，你可以根据进行比较的角度来挑选出维度，……在这些维度和具体类型之间反复思考是很有启发的。（Wright-Mills，1978 [1959]：214）

先前的研究对关于广告的社会学研究的方法论假设进行了现象学审查。这显然在胡塞尔、舒茨和加芬克尔等主要社会理论家的著作中有所体现。这种审查表明，广告社会学研究中缺失了某些东西，那就是广告主题：广告本身是一种先于理论的经验。主题关联树表明，迄今为止对广告的研究只关注“原因和结果”，并且使用的是解释性框架，而不是描述性框架。人们对广告的外部真实性的高度关注被有关广告道德的成见所增强。因此，广告不但是一个在其外部被理论化探讨的话题，而且其特征和品性还在先前被界定。总的来说，社会学文献中大量关于广告的材料表明，广告是一个重要的主题。但分析文献后会发现，迄今为止对广告的研究只是一个将其作为某一主题理论化的过程。对于广告，人们只会从权力、意识形态、控制、异化和隐喻等
28 方面进行讨论。如果不以我们所说的广告的“世俗现实”，即普通人理解广告的方式以及广告公司的人将广告组合起来供普通人观赏的方式为着眼点，这些文章就没有任何价值。

利用分析结果提出研究建议

那么，问题来了：如果把迄今为止所有关于广告的假设暂置一边，结果会怎样？ 这种方法会产生什么类型的研究问题？一个研究课题正是这样酝酿出来的。对文献的分析表明，传统广告理论的中心存在一个漏洞：其本应视广告为描述社会学的严肃话题，却对此理所当然地漠视。其结果是，研究者认为，迄今为止研究广告的方法论假设、道德判断和方法都应被搁置一旁。简而言之，通过对文献的分析，研究者发现有必要采用一种完全不同的研究广告的方式。因此，现在的任务是思考研究的方法论和假设。这种做法的标准是，它应不受寻找隐藏结构的约束与限制，也不应受预先的道德判断的影响。找到一种能够描述广告体验的方法并不容易，毕竟现成的方法已经被否认了。然而，有一些方法已经被认可，它们植根于现象学和方法论中立的传统中。这是一种把对某种现象的现有方法和观点放在一边的做法。这些方法都有自己明确的，可以作为研究出发点的知识传统。现在的任务是看看这些

已有积累中的假设如何被应用于做研究。不用多说，这已经完成了，并且还成为方法论发展的一部分，为一项研究提供了合理的解释——如果没有文献的检索和回顾，这个项目是不可能完成的。

结论

上述介绍应该已让你意识到文献综述并不是在几周之内通过一个个步骤就能完成的任务。文献综述是任何研究项目都不可或缺的一部分，并会根据你的需要，为你的研究问题提供证明和论据，给你发展迁移性技能的机会。如果做文献综述看上去令人生畏，那么就将它当作一个挑战和机会吧。不论你做的是何种类型的研究、为何种目的，挑战都在于发展和应用你的技术能力与认知能力，使自己成为该领域实践和思想上的专家。所有的研究都是一次机会，让你沉浸在一个发展了几千年的知识世界之中。

总结 29

- 为研究做文献综述需要诸多技巧与能力——检索文献和知识来源的综合技术性技能是寻找相关材料的起点。
- 能够组织和找到不同研究在方法上和概念上的联系需要更高的能力，特别是不断增长的融合信息与观点的能力，因此，文献综述会对研究者的技术和智力能力提出更高的要求。
- 对文献的综述不是在几周之内单纯以数量计量完成的，所有的研究问题都有不同的表达方式，因此每个文献综述都是独一无二的。
- 做文献综述的时候有一系列问题可以提出，这对大部分综述者来说很常见。以探寻、质疑和批判的方式利用这些问题，你将通过练习成为一个合格的综述者。

第2章

文献综述的目的

关键问题

- 为什么要做文献综述？有什么好处？
- 文献综述是什么样子的？是否有不同类型的文献综述？
- 文献综述在一项研究中处于什么位置？
- 什么是原创性？文献综述在学术研究中的作用是什么？
- 如何管理为文献综述而获取的信息？
- 做文献综述时该做什么、不该做什么？

核心技能

- 批判性分析和评价不同来源的复杂信息与论证
- 比较不同研究方法的理论与概念
- 定位知识空白
- 撰写不同类型的文献综述

31 导语

在学术研究和应用研究中，对单一研究的综述可能是很重要的，因为这能成为研究项目的推动力或改变我们看问题和做事的方式。然而，对于研究生或实践者来说，对整个文献体系的综述通常比对单一研究的综述重要得多，因为一个研究主题的焦点、方法论细节和来源常常依赖于对广泛文献（主题、方法、历史来源）的批判性阅读。这样做的本质在于，一方面，让自己沉浸在该主题当中，避免快餐式研究的浅薄性；另一方面，我们需要识别可能与研究相关的重要观点和方法。

没有对文献系统性地检索、挑选和批判性阅读，很难看出学术研究如何能够创造新的方法或对一个问题的相关知识做出贡献，不论这一贡献有多小。换言之，知识的产生和理解是一个逐步发展的过程，而不是一个普适的产物。为了了解某项知识的发展所带来的启示，你需要知道它的发展所在的思想环境。

综述的目的

如果研究与产生理解力和可能的行动方式有关，那么对相关文献的综述就有一系列目的，这些目的至少包含以下 12 个：

1. 区别已经做了什么和需要做什么；
2. 发现与主题相关的重要变量；
3. 综合和获得新的视角；
4. 找到观点与实践之间的关系；
5. 描述研究主题或问题的背景；
6. 合理化研究问题的理论与实践意义；

7. 扩大及获得主题词汇量；
8. 理解主题的起源和结构；
9. 找出研究问题与相关观点理论的联系；
10. 找出已使用的主要方法论及数据收集工具；
11. 将研究置于历史背景下，显示你对其最新发展情况的熟悉度；
12. 拥有可以与你的研究发现相联系的知识体系。

没有一个目的重于其他目的，在综述相关文献时，它们都同样重要。很多情况下，一个目的会与另一个目的融合，在文献综述中的很多地方以各种形式呈现。因此，我们有充分的理由花时间检索文献。当然，一篇文献综述写得好，并不意味着后续研究会同样好。 32

从最简单的层面来说，当你完成研究后发现前人早已做过，难道不是一种浪费吗？一篇复制前人研究的论文几乎毫无用处，是对资源的浪费，甚至可能被判为不合格。检索文献也许能帮助你防患于未然。

阅读建议：方法论传统

如果你想了解关于方法论传统与结果的更广泛的介绍和讨论，请看哈特写的研究生学位论文指南《如何做硕士论文》（*Doing Your Masters Dissertation*；Hart，2005）的第7、第8两章。

文献检索不但能显示已经做过的研究，还能显示尚未做的研究。最初的检索能帮助研究者更加熟悉研究主题、识别出主要的理论家和观点，在大体上为研究者提供一个主题知识的认知地图，也就是当今引起关注的主要概念和主题的全貌，它将使研究者辨认当今学术争论中最引人注目的事情和主题。这样做的同时，你会熟悉正在你的研究领域探索的那些人和组织。了解谁在做什么、在哪里做，你就能评价和进入这个研究共同体。通过会议和通信认识你这个领域的其他研究者是建立你的人际网络的理想方式，他们也许能为你推荐一些对你的研究有帮助的资源和观点。

文献检索与综述最重要的成果之一是对方法论传统的认识。方法论传统是其他研究者已经采用的方法论假设和研究策略。在评价当前方法论的相对优点时，你很快就会习惯于思考方法论的重要性，这会帮助你决定自己的研究采用什么方法论假设，也能帮助你确定研究策略的设计特点。

研究策略的设计包含了研究本身的设计和开展一项独立研究的教育性目的。如果我们将写论文当作一项重要的探索性工作，那么它就包括了以下机会（或教育性目的）。

33 • 在一个特定主题的学科中设计和开展一项实质性的研究工作。不论是实地研究还是理论研究，对相关文献的综述对于确定研究的背景、提升研究的能力和论证方法论都很重要。

• 选择一个主题，通过文献检索与分析将主题聚焦为一个可研究的问题或假设。这将检验研究者检索和管理相关文本与资料，以及分析性解读观点与数据的能力。

• 辨认各种观点的结构，做出连贯、合理、客观的评价性分析。这将检验研究者整合和评价观点的能力。

因此，对主题进行文献综述能给我们一段在学术上充实自己的经历，如果其方向是改变某个现状，还能得出一个有关行动过程的计划。但只有正确的做法才能达到这些效果。

筛选相关文献

在可获得的文献中你需要筛选能为你的研究所用的相关文献。它们的有用之处可能在于其研究设计、对研究假设的表达、对研究问题的提炼、对解读的辅助、提供的关键概念和理论框架等。

做文献综述应当被视为一个在任何学科、任何研究领域的任何有价值的研究或实践工作中都很基础的过程。研究者与实践者有责任在研究本身开始之前摸清他们想研究或实践的领域的现状。文献综述形成了研究本身的奠基石。这是因为研究者需要知道他人在这个主题的知识库中已做的贡献。在元综述中，目标是综述之前的数据。当目标是做初步研究时，正是他人的思想和著作给研究者提供了研究框架，包括方法论假设、数据收集方法、核心概念和使研究形式适合特定读者的方法。

理解主题与方法论的历史

对研究者的一个基本要求就是他们应该理解要研究的主题的历史。这意味着应学习足够的主题领域的知识，以及理解这个领域已完成的研究的意义。34
学习这种知识的目的在于获得一种视角，以了解该主题是如何发展、如何确立的，并且帮助我们发展和学习恰当的专业词汇。

优质的研究综述

优质的研究综述不会面面俱到，它是有选择性的，只会在讨论中呈现与研究本身相关的内容。因此，解释文献的纳入标准和排除标准的合理性很重要。

通过熟悉主题的发展历史，研究者也会了解当今研究的现状和关于主题的讨论情况。这使研究者可以找到一些需要关注的大概的领域，而它们也许会指向更具体的值得研究的内容。除了一些现在研究者们兴趣集中的领域，也许还有相对被忽略的领域，这些领域将会变得更加引人注目。文献综述也会帮助研究者理解被研究的主题和其他主题领域之间的关系，进而更好地定位这种关系，以便认识或构建研究主题所在的背景。整体而言，做文献综述的结果就是研究者会彻底地了解一个主题，并做好研究的准备，从而发展关于该主题的知识体系。

在下面的例子当中，我们可以看到有两种基本的文献综述：分类型文献综述和生成型文献综述。分类型文献综述的目的在于根据一组关注点或类别给文献分类；而生成型文献综述则利用文献为自己的研究提供理据，生成自己的立场和观点以拓展文献。

综述文献和为研究做文献综述的区别

英国的国家研究方法中心（National Centre for Research Methods，NCRM）发布了很多关于各种研究方法的文献综述，这些综述的普遍目的分为两类，一是通过对相关文献的综述介绍研究方法和相关问题，二是讨论为了做研究使用这些方法会面临的问题。当然，有的文献两者皆是。

扩展示例：为研究而做的文献综述（1）

本扩展示例摘自科琳娜·斯夸尔（Corinne Squire）关于叙事方法的文献
35 综述，是对文献的总结性描述的一个示例。对文献进行总结性描述的目的是调查重点文献有哪些，而这是通过对不同文献进行分类组织实现的。这通常从一般类别开始，继而引申出方法或主题概要。斯夸尔（Squire，2008：5）接着给出了讨论具体问题及应用的引证。

要点	摘录
采用简单分类进行组织的文献来源是本部分的主要内容。 除引用外，不需要标明页码。	**叙事是当代西方社会研究中一个流行的合成词。**大量关于叙事研究的总结性文本（Clandinin & Connelly, 2004; Elliot，2005; Freeman，1993; Holstein & Gubrium，1999；Langellier & Peterson，2004; Mishler，1986; Ochs & Capps，2001; Personal Narratives Group，1989; Plummer，2001; Polkinghorne，1988; Riessman，1993a，2007; Roberts，2002; Sarbin，1986; Wengraf，1999） 证明了它的受欢迎程度。**最近涌现的以经验为基础、侧重于具体研究的文本**（Andrews 2007; Emerson & Frosh，2004; McAdams，2006；Mishler，1999; Squire，2007; Tamboukou，2003）**也是如此**，例如，**大量以叙事为主题的**

续

要点	摘录
	文集（Andrews et al.，2004；Bamberg & Andrews，2004；Brockmeier & Carbaugh，2001；Chamberlayne et al.，2000；Clandinin，2006；Patterson，2002；Rosenwald & Ochberg，1992），**以及越来越多涉及发展、健康、性和社会工作等特定领域的叙事性书籍**（Daiute & Lightfoot，2004；Greenhalgh & Hurwitz，1998；Hall，1997；Mattingley，1988；Plummer，1995；Riessman，1993b）。 注：加粗的部分是我补充的，它体现了用于组织文献的类别。

研究中基本的文献综述的一些关键特征有：

- 使用一般类别将参考文献进行分组；
- 注重作者及出版日期；
- 宽泛的内容纳入与排除标准；
- 强调包容性。

扩展示例：为研究而做的文献综述（2）

在第二段摘录中，斯夸尔（Squire，2008：48-50）从文献中选取了一些
对设计与实施叙事研究有用的内容。斯夸尔的文献综述针对的是知识渊博的
读者，这些读者已经对社会科学的一般文献有了深入的理解，因此她认为没 36
必要对关键概念和方法进行定义或解释。斯夸尔假定读者对这些很熟悉，这
样她就能详细阐述做叙事研究的重要内容。

要点	摘录
这里，许多方法与概念都没有给出具体定义。这是因为作者假定读者有足够的知识来推断出它们。	一个“基于文化”的方法……并不一定能避免相对主义，保证政治层面的包容性，或提供叙事与其效果之间的明确的关系概念。鉴于刚才所描述的叙事类型的多样性和不完整性，我们很难对叙事类型做出任

续

要点	摘录
	何确定的评价。过度关注“文化故事”会导致对特定故事的狭隘的“特殊关照”，或者导致它们的具体化，并且导致在不考虑政治因素的情况下将其分类，比如“女性故事”（Stanley，1992）。叙事的政治形态分析比文化形态分析涵盖的范围要广（Parker，2003），有越来越多的叙事学研究者的研究作品对此有愈发广泛的理解，如莫莉·安德鲁斯（Andrews，2007）所论证的那样。一些批评家还从另一个相反的角度指责以文化为导向的方法忽视了个体故事的视角，而个体故事是以经验为重的研究所依靠的。
无需对拉波夫模式（Labovian）和吕格尔诠释学（Ricoeurian）的一般性引用进行解释。 没必要列出所有文献来源，尤其是对于那些大家都了解的。 讨论的重点是在进行叙事研究时必须解决的问题和必要的折中。	然而，一些问题仍然存在。例如，这些勇敢的表露新自我的故事，或者说，任何从文化角度描述的故事，到底遗漏了什么？其实，遗漏的内容具有重要意义，但在拉波夫模式和吕格尔诠释学中这些并不存在，因为尽管比较困难，所“遗漏的内容”是可以从一个故事的句法或语义的子结构中推导出来的。然而，文化叙事的概念在人与人之间、在社会和历史时刻之间产生的丰富的联系，似乎往往没有给潜意识留下任何空间。例如，当你要讲述一个“出柜”的故事时，你可能会写一篇文章，写作时，你必然会省略一些难以表达的、重要的情感，尽管它很有意义（Frosh，2002：127-128; Craib，2004）。当一名妇女证实并接受自己的艾滋病病毒检测结果呈阳性，告诉自己要健康活下去，并向家人和朋友告知了她患上艾滋病的事实时，故事中的性耻辱、失去和悲伤会导致什么？对于这类问题，一个解决办法是从文学和文化理论中借鉴无意识的概念，因为无意识是文化表征的组成部分，甚至会渗透到最传统的文化表征中。例如，帕克（Parker，2003）在他对精神分析，尤其是拉康的主体性故事的思考中，描述了故事中的自我和讲故事者。

续

要点	摘录
这里总结了该方法的主要特点。	此外，在研究诸如转换叙事这样体裁的结构时，我们不可避免地忽略了较小的共发性结构，即讲述者和聆听者之间的叙事共构，以及这种共构的局限性。 对“体裁”的关注让我们懂得叙事从属于一种基于背景文化的体裁，它总是处于封闭性和开放性的争执与妥协之中（Bersani，1990）。例如，“出柜”这一话题（Sedgwick，1990）就包含了这种永恒的不稳定性——你永远不可能对所有人，甚至是你自己，展现出自己。就像转换体裁一样，在这其中信念是一个过程，而不是终点。因此，文化体裁没有脱离不可言说和模棱两可，这就使得“讲述整个故事”变得不可能，在封闭性和开放性之间进行权衡也变得不可避免。

37

生成式文献综述的一些关键特征包括：

- 没有必要解释每一种方法、视角和途径。
- 你可以参考某人的研究，如拉康的，而不需要引用拉康的研究或有关他的其他文献。
- 你可以假设读者在基本知识和一些社会科学领域的特定文献方面至少达到了你的水准。

从作者的角度来看，问题的关键在于描述要清楚，要站在读者立场知道什么假设是合理的，什么不是。斯夸尔（Squire，2008）的作品展示了，她有能力在需要举例的地方写清楚，也会给出一两个例子。她没有在自己的文本中加入大量的引用来显示她对资料来源有多么了解。她也没有必要这么做。这是因为她的读者都是博士和博士后研究者。

为现有研究做贡献

美国教育研究协会（American Education Research Association，2006）介绍了新的研究可以为现有研究做贡献的几种方式。这可以用来说明做文献综述在你的研究中的目的。这个由四部分构成的体系显示了基于文献分类的总结型综述和旨在从文献中进行创新的生成型综述之间的区别和联系。

文献综述在不同研究成果中的作用

大多数研究的成果都是某种文档，它可能是一篇单独的研究报告，可能是对之前几项研究的结果的总结，也可能是一篇学位论文（或毕业论文），还可能是会议论文或文章。表 2.1 展示了不同类型研究中文献综述的作用。

38

表 2.1　不同类型研究中文献综述的作用

研究取向	文献综述的作用
如果研究要发展已经确立的理论或实证研究路线，那么它就应该说清楚自己从哪些方面着手，以及自己究竟如何有助于检验、发展和丰富理论视角。	文献综述应当根据具体的关注点或研究问题对主要理论和实证研究进行分类，并通过对现有研究和（或）理论进行延伸来体现自己的价值。
如果研究是要创立新的理论路线，那么它应该说清楚新的理论是什么，其如何与现有理论和依据相联系，为什么需要新的理论，以及它应用的目标范围。	研究问题的相关文献需要被批判性地审视，而且被证明其对于某种新问题是不恰当、不足或无法应用的。文献综述的目标就是创造新的研究路线。
如果研究聚焦实践问题，那么它应该说清楚它聚焦的是哪些问题、为什么它们很重要，以及这项研究能如何解决这些问题。	文献综述应考察调查了同样或类似问题、条件或事件的有普遍性结果的初步研究，以尽可能为推荐的问题解决方法提供最佳依据。

续表

研究取向	文献综述的作用
如果研究起源于对于某个问题信息的缺乏，那么它应该说清楚缺乏哪些信息、为什么这些信息重要，研究将如何解决这些信息需求。	需要用文献中记录的关于问题的影响的例子说明问题的重要性。然后在提取文献中的依据的基础上，建议采取某个行动方案以解决问题，也就是建议进行后续研究或实践。

来源：改编自贾斯特斯的论述（Justus，2009：13）。

理解文献综述在各种出版物中的作用以及文献综述是如何撰写的，对我们很有用处。这是因为它能指导我们努力构建出符合某一目标群体的研究。表 2.2 总结了在三种出版物中文献综述的作用，我会在稍后介绍不同级别学位论文中的文献综述。

39

表 2.2　文献综述在不同出版物中的作用

出版物种类	文献综述的作用	出版物的结构
会议论文	20 分钟的报告如果用 Arial 字体、12 号字、双倍行距呈现，大约每页有 250 个词，共 2500 个词。因此，篇幅有限，文献综述的内容必须考虑这个限制因素。文献综述要简略地达到以下目的： · 将你的研究置于该领域已有研究的背景（稍加提及）之下。 · 让你的听众了解你研究的理论基础。 · 陈述你的论证或研究方法的意义。 · 不过多引用文献。	通常包括以下章节： · 对前人论述或研究的简略介绍。 · 开展研究的原因，此处使用精选文献。 · 研究开展的方式，研究方法、地点、对象，数据收集工具。 · 研究发现与主要观点。 讨论式论文和“基于不同观点”的论文会有所不同，但通常都会援引文献作为依据。
研究报告	长度不定，但多在 30 页以上，包括专门讲述前人研究及研究方法的章节。研究报告只聚焦于单一主题，文献综述的目标是有意地尝试找出既往研究者的所知，以找到该领域最可能给自己的研究设计以指导的信息，并使你能将自己的研究发现置于已知的知识背景中。	通常包括以下章节： · 陈述研究背景的前言。 · 文献综述。选择文献展示该主题已被研究或理论化的方式。 · 研究方法。解释研究是如何

续表

40

出版物种类	文献综述的作用	出版物的结构
研究报告	因此，所使用的文献来源是报告的重要组成部分，用来将研究问题置于详细的研究背景当中，需要广泛地使用文献以达到以下目的： · 确认研究的必要性，主要通过说明其将如何填补该主题领域知识的空白实现。 · 寻找前人关于这个主题的研究方法、被试群体、研究结果、结论和假设等方面的信息。 · 强调每个文献的主要观点或研究发现。 · 整合前人的研究发现。 · 为你的研究建议及结论提供证明。	做的，使用了哪些方法，通过参考方法论文献提出的假设实现。 · 研究发现。 · 讨论。对研究发现的相关问题进行讨论，说明它们如何与该主题的其他研究相联系。 · 结论。对研究进行总结。 · 建议。对后续研究提出建议，作为你研究的结尾，用你的研究和他人的研究对建议进行证明。
短论文	通常有 2500—5000 个词，以讨论、比较和评价为目的。一篇短论文大多聚焦一个中心问题，并针对该问题发展一个主题、方法和立场。通常要从阅读文献时的思考中获得理由及依据来对该主题进行解释。因此，所使用的文献是对你的知识进行评估的重要组成部分，需要广泛地引用文献以达到以下目的： · 对主题的本质进行说明。 · 突出介绍可以同原始文献一同参考的著作或文章。 · 展示关于主题的讨论的历史。 · 考察反面观点，引用其核心文献。 · 广泛地引用文献为自己的文献分析提供支持或材料。	通常包括以下章节： · 前言：概括主题，介绍相关讨论。 · 叙述：背景文献的综述，常使用公认的结构，引导读者了解相关讨论。 · 确认：为自己的立场提供论据与观点。 · 否定：讨论与自己的立场相反的论据与观点，对其进行驳斥或做出妥协。 · 结论：总结观点，将其置于更大的研究背景或主题之下。 · 参考文献列表。

研究生教育中，各个专业学生的主要学术成果是学位论文（或者称为毕业论文）。接下来我将会关注文献综述在毕业论文中占据的位置，尝试概括一些维度和因素，为评价毕业论文的价值提供依据。本科毕业论文经常会根据

形式上的评分体系得到评价，而硕士或博士论文则会根据其“论文价值”得到评价。不论是哪种论文，也包括其他毕业论文，文献综述在评价当中都扮演了重要角色。然而，有一个需要考虑的问题是，本科论文或项目由什么构成，它与硕士或博士研究论文或项目有何区别。本书不打算详细讨论这个问题，但表 2.3 对此做了简短总结。

表 2.3　学位与文献综述

学位类型	文献综述的功能与格式
学士学位（BA/BSc）	基本为描述性、主题聚焦式文献综述；主要指向该主题的核心与当前研究文献；分析主题以得出论点、研究问题或假设；找出可行的研究方法。
硕士学位（MA/MSc）	主要为分析性总结型文献综述，涵盖方法论问题、研究方法和主题；可能包括两个以文献为基础的章节，一个是关于方法论问题的讨论，展示不同方法的优缺点，另一个是与研究主题 / 问题相关的理论问题综述。
博士学位（PhD）	主要为分析性综合型文献综述，涵盖有关研究问题的所有已知文献，包括其他语言的文献；在理论内部和之间建立高度的思维联系；对该问题的前人研究进行总结性、形成性评价；对相关哲学传统及其与研究问题之间的联系进行深度、广泛讨论。

需要注意的是，在一开始，做文献综述的主要关注点不仅是满足评估者的要求，而且是创造一篇合格的对文献的综述。看看我们所说的博士学位意味着什么，再看看硕士论文意味着什么，就可以理解这一切意味着什么。这是因为，如果我们从大多数人认为的“顶峰”出发，然后再往下，就可能找出不同层次学术研究之间的主要区别，更清楚地看到研究生应该做到什么。

博士学位的标准

专业研究博士（DProf）通常被要求对问题相关文献进行综述。布特与贝尔（Boote & Beile，2005）关于评估博士论文的标准依然适用。本章后面会对此进行总结。

下面两节的描述目的并不在于划定博士学位和硕士学位的评价标准，而在于提供一个研究生论文应当怎样做的指南。

42 什么是博士学位？

近年来英国高等学位研究的扩张重新引起了关于博士学位构成的讨论。到现在为止，这个问题仍没有确定的答案，这对研究来讲也许是件好事，因为这能够让高等学位研究当前所用的灵活各异的方法得以延续。然而，虽然整个学术界中关于研究生研究常见的主要元素有众多说法，但至少有七条主要的要求涉及博士论文的内容、程序和成果。它们是：

1. 具备学术专业性。
2. 对知识领域做出了新的贡献。
3. 创建证明你达到了较高学术水平的载体。
4. 展示原创性。
5. 展示撰写条理清晰、体现高智力水平的长篇作品的能力。
6. 发展对研究，包括论文写作，进行智力管理的能力和个人特点。
7. 深度理解相关主题领域及与你的研究相关的工作。

也许可以再加一条博士论文答辩更常见的要求：

8. 口头论证开展该研究的原因和研究过程中所做的诸项选择。

这些要求并未涵盖所有博士研究的范围和深度，但能够显示文献综述在博士研究的过程、成果和内容中的重要性。前四条要求表示了对相关文献进行全面检索和阅读能获得的结果，是此处要讨论的重点。因为正是这几条要求与承担研究的学生最为紧密相关。其他要求的内容将在本章的其他地方和下一章进行分析。

关于学术专业性的要求

尽管有的大学允许没有第一学位的学生读取更高的学位，但是这里使用的模式仍然默认学术生涯的存在：这是一个发展的过程，而不是通过一个个头衔授予的。在学术生涯中，个体通常在获得第一学位之后进行研究生学习，这两者都可以是全日制或非全日制的。通过这段学术生涯，一个人逐渐获得一系列技能与能力，将学习聚焦于一个特定主题的知识领域。通过学位选择和学位内的诸多抉择，个体会不可避免地以某种形式专注于一个主题。在技能与能力方面，大多数本科生都被期望获得和发展各种各样的可迁移的个人技能。图 2.1 展示了这些技能与文献综述中的信息管理任务之间的关系。维泰研究者发展框架提及了合格运用信息技术，尤其是在线检索、管理信息和合理安排事项优先级以按期完成研究等基本技能。 43

信息管理涉及的主要形式是文本和数字。本科研究的原材料是他人的成果，最常见的形式是来自期刊、论文集、专著的研究成果。

管理信息的核心技能

做文献综述中与信息管理相关的核心技能是：

- 自我管理；
- 研究管理。

取决于学科的不同，这些“他人”通常是该学科的创始性理论家或当前的知名学者。为了理解研究主题中更具体的内容，本科生了解这些创始理论家和当前学者的思想是很重要的。只有这样做，他们才能拥有足够的主题知识去连贯地谈论和批判性地分析这一主题的相关思想。这意味着他们需要表明自己对研究主题和可用于该研究的各种方法的理解。

虽然没有适当的“思维学徒期”也可能达到某种高度，但是进行学术训练以发展学术生涯是达到博士学位所要求的知识深度和广度更可靠的方法。将发展学术生涯作为更高学位研究的准备阶段是有充分的学术理由的，而不仅仅关乎于技能。在认知上管理海量信息、处理抽象的思想和定理、洞察他人观点，这些能力的获得不可能通过短期、开放式项目实现。简而言之，学术这项“游戏”与职业性实用主义大相径庭——两者所需的态度是不同的。职业生活往往是由实用性思想所支配的，而学术“游戏”更利他主义、更个人化，学术本身就是目的。

44

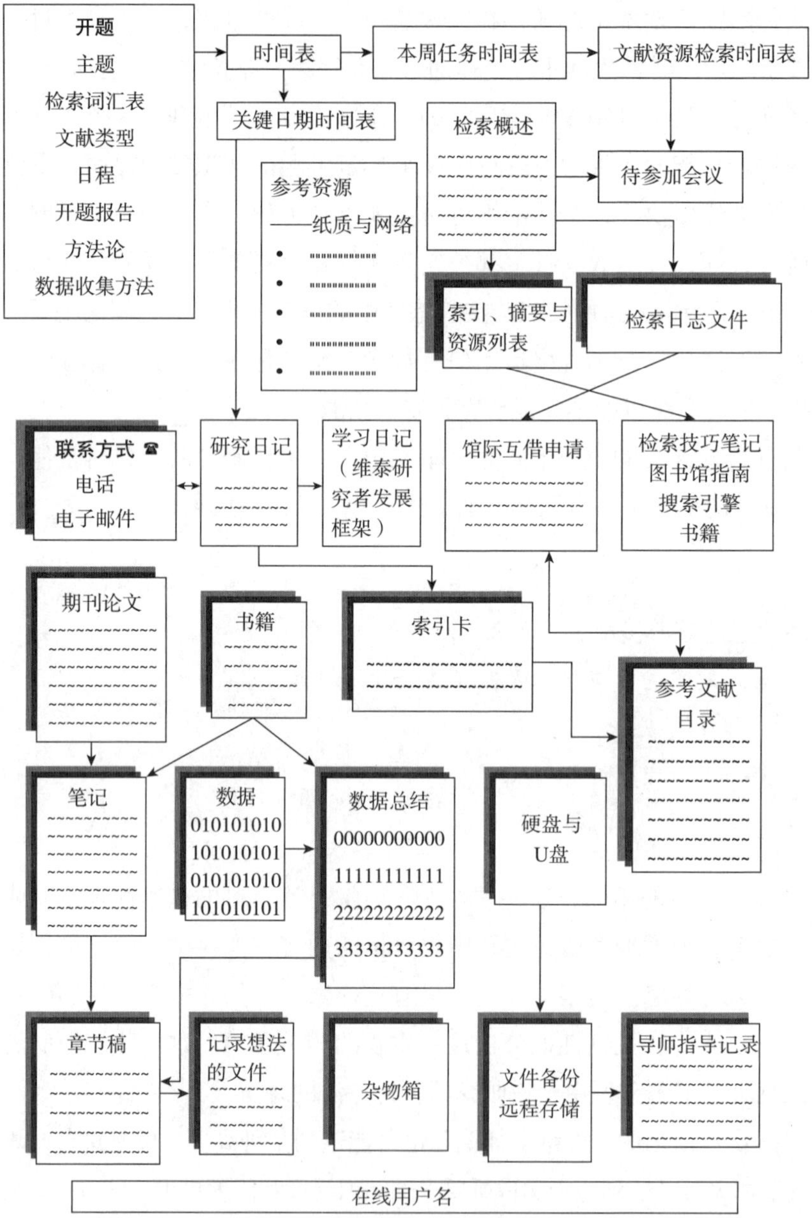

图 2.1　文献综述中的信息管理

关于做出新贡献的要求

下文的一节讨论了创造性与创新性的含义，它与本节的内容相关。对一个研究主题而言，研究生要通过做出新贡献促进自己及他人对该主题的理解，而这直接取决于其对该主题相关知识的了解。对知识的获取只能通过阅读并寻找主要思想如何在理论和应用中得以发展实现。这一过程要求研究者具有前文提到的使用资源的各种技能、探险精神（探索新领域的意愿）、包容的态度（不对任何想法做过早判断），以及不屈不挠的品质（即使遇到困难也坚持投入时间与精力）。

这里可以举一个简短的例子。虽然很多社会科学的学生都接触过常人方法论（ethnomethodology），但是，除了一些明显的例外情况，常人方法论在社会科学大部分专业中都被忽略了。根据经验，我们发现这常常是因为理解什么是常人方法论以及如何进行常人方法论研究非常困难。下面是加芬克尔一篇文章的标题：

> 重置：在不朽的普通社会基本的存在个体性当中有关秩序、逻辑、原因、意义、方法等当地产生的、其义自明的现象的依据及研究声明（Garfinkel，1991：10）

那些不熟悉常人方法论的人现在可能知道了，单单理解加芬克尔想说什么就十分困难。有两点与此相关，第一，需要有坚持不懈的精神去理解诸如常人方法论这样难懂的方法。仅仅是无法快速理解加芬克尔的著作不足以成为我们放弃它的理由。第二，加芬克尔的思想也许很重要，如果一个人因为不愿为此投入精力而放弃了解，那么一次重要的学习机会可能就此被错过。

特别需要强调的是我们这里所说的包容的态度。这种态度要求的不仅仅是付出努力，尽管努力也很重要，这里说的是要克制自己对任何想法或理论做出预设的冲动，直到你对它有足够的了解。一个人若想有资格对复杂的思想，例如对加芬克尔提出的观点做出评价，唯一的方法就是阅读该理论家的著作，彻底了解此人的言论。这与研究的精神有关：寻找作者引用的影响他们立场的其他人著作的线索。这也意味着寻找加芬克尔这类人物的思想被他人发扬光大的方式。简而言之，研究的精神涉及大量侦查性的工作及对细节的紧密关注。

46 学位学习有很多维度，下面的图 2.2 示例了这些维度分类。

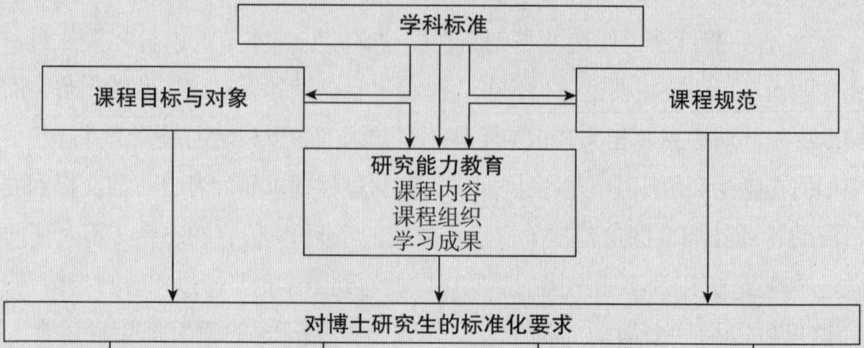

技巧	能力	态度	品质
简化与明晰	发展综合性思维	积极主动	正直
引用与归因	发展分析性思维	反应灵敏	客观
复制编辑	发展促进性思维	符合伦理	诚实
决策制定	分析观点	乐观	有领导力
定义与分类	演绎与归纳式推理	独立	自信
文档设计	有效思维	可信赖	有适应能力
起草与编辑	评价信息需求	负责	果敢
索引	定义问题	有说服力	开放
寻找信息	确定解决方案	有自我意识	有决心
创新	设置标准	有远见	有始有终
人际交流	管理变化	有文化意识	自律
写信与写备忘录	管理项目	成为反思性实践者	有社交能力
按期完成	确定背景	有人类学精神	有共情理解力
协商	发展直觉与洞察力	研究取向明确	有动力
建立人际网	理解原则	自我发展	有实验精神
进行非言语交流	自我管理	自我控制	有社会立场
数字化与统计	概念绘图	跨学科	能进行自我评价
口头陈述	图表呈现		幽默
具备政治意识	重点再识别与管理		趣味
撰写立场文件	冲突再解决		有故事讲述能力
解决问题	自学		前后一致
撰写开题报告	理解议题		
保存记录	给出和接受反馈		
撰写报告	评估后果		
设定目标	应用概念		
管理时间	应用理论		
利用电子工具进行交流	使用与建构模型		
有效使用信息与通信技术	管理数据		
	理解信息过程		
撰写通顺有效的文本	理解信息流		

图 2.2　博士研究生所需技巧、能力、态度与品质

加芬克尔的常人方法论，像所有领域的其他很多有趣的发展一样，并不是从无到有的，它是从一套已经存在的理论和思想发展而来的。加芬克尔系统性地分析了众多已有理论，以观察它们应用的时候会有何结果。通过对帕森斯（Talcott Parsons）和舒茨（Alfred Schutz）的著作的阅读以及对他们理论启示的思考，加芬克尔能够以真正的冒险精神探索社会科学的基础和疆界。 47

尽管加芬克尔所做的工作相对不多，但能让他做出新贡献的正是他看到现有思想其他可能性的能力。创造新的见解不仅仅要能够综合大量难懂的材料，还要知道如何创新以及何为原创。这里还需要补充一个怎样强调都不过分的观点，那就是对知识做出新贡献并不意味着你必须是个天才。贡献的大小并不重要——重要的是产生新观点的研究的质量。很快我们就能看到，创造力是可以被定义的，而且常常是系统性而非突发性的。

关于证明学术水平的要求

毕业论文作为一个产品是有形的，它是研究中付出的劳动和努力的唯一证明。因此，论文需要提供足够的证据，用正确的类型和形式书写，以证明研究者已经达到了被要求的学术水平。论文中能证明个体学术水平的一个关键部分就是文献综述，正是在这一部分思维技能的水平能够得以完全展示，供他人阅读和评估。

文献综述在博士论文中可能有30—40页，在硕士论文中可能有15—20页。实际篇幅常取决于研究的性质，理论性研究往往比实证性研究要求更长的文献综述。不论是哪种研究，这对于要涵盖的文献来说都很短。通常，文献综述是对广泛阅读中提取的大量笔记的一个大概的修订。理想情况下，文献综述所包含的内容非常广博，且要以简洁、结构紧凑的方式表达。文献综述的材料并不是你检索、找到、获取和阅读的所有文献，而是从你检索、找到、获取和阅读的文献中精选的部分。文献综述绝不仅是一些单独的条目或参考书目，论文的读者会将你的文献综述视作能够代表你研究主题的相关知识。它必须能表明你对于相关观点、方法论、数据收集方法的批判性思考，以及对研究的启示和观点的其他可能性的反思。因此你需要具有广泛的技巧和思维能力。

48 就论文的方法论而言，支撑所有研究的是证明我们熟悉各研究方法和数据收集方式的优缺点的能力。因此，广泛阅读关于实证主义和现象学等主要思维传统的文献是很重要的。正是这些思维传统支持和影响了我们看待世界本质的方式，并发展了我们对世界的知识与理解世界的方式。历史性思想与理论或者哲学与社会理论的知识至关重要。与技能相似，诸如马克思或后现代主义思想家们的知识可能也属于基本的个人可迁移知识。

作为一个学者，你必须展示自己评价本学科或者该研究主题所用方法论的能力，表现出你对研究方法局限性的清晰且具批判性的理解。要做到这点，你需要展示自己运用本学科常用的众多理论与思想的能力，以及对它们进行批判性评价以增进理解的能力。这涉及展示理性论证和以连贯的结构呈现论证的素质。因此，我们需要知道如何分析他人的论证。因为你论文的读者（评审）是熟悉你在文献综述和论证中所提到的部分理论的，所以他们会看你如何分析这些理论，如何从文献阅读中发展出独立的结论。你的读者尤其感兴趣的是，你如何从中为自己所要做的研究找出论据。

展示原创性

原创性的概念和文献检索与分析的作用紧密相连。我们已经表示过，通过对研究文献的严谨分析，你可以聚焦主题。正是通过这一聚焦过程，对一个相对较老的主题的原创性处理方式才能发展出来。

有关创造力的核心技能

对原创性的展示在文献检索和文献综述中占据中心位置，它依赖于有关创造力的核心技能。

原创性是如何展示的、可以怎样展示，这些问题后几章会再进行讨论，这里我们要注意的是原创性的概念。图 2.3 表示了原创性的不同定义之间的一些联系，你可以利用该图了解这个术语的含义。原创性的概念很重要，因为
49 在学术研究中，我们的目的不是复制以前的研究，而是加入新的东西以帮助

我们理解自己生活的这个世界，即使这一创新很小。

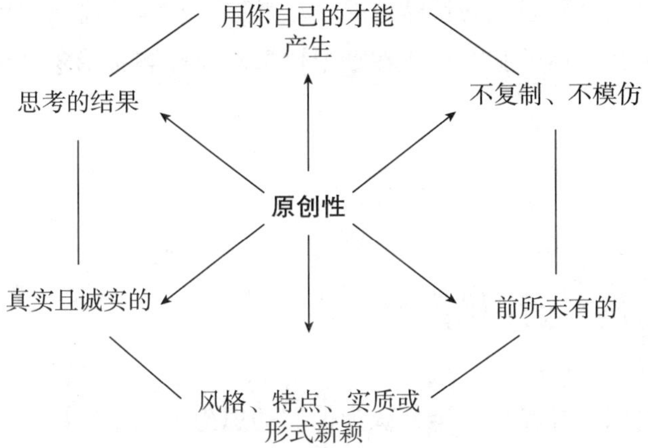

图 2.3　原创性定义关联图

我们首先要指出，所有的研究都是独特的——以其自己的方式。甚至对他人研究的复制也是独特的，只不过它并不具有原创性。原创可能被认为是做以前无人做过甚至无人想过的事，有时这种对原创性的理解会将原创性等同于极少数人拥有的特殊品质。需要记住的是，我们都是独特的，从无例外，所以我们的观点是，原创性并不是一种神秘的品质，如果研究者知道如何思考、管理和运用观点，原创性就是所有研究者必定能够产生的结果（Wallas，1926）。

对此，一种有用的思考方式就是寻找“成人身体里的孩子”。虽然成人已经学会如何学习，拥有了广泛的技能，但如果他们记得如何去“玩”和“想象”，他们就可以运用自己的成人技能，同时依然享受在思维游戏中的玩耍过程（Walkup，1967）。

$E = mc^2$ 的研究传记

所有伟大的发现都有自己的研究传记。$E = mc^2$ 也不例外。大卫·博德尼斯（Bodanis，2000）揭示了爱因斯坦创造这一历史性公式的充满爱、悲剧和勇气的故事。博德尼斯的书是以历史纪年为线索进行信息性叙事综述的一个例子。

50 不论我们玩味的那些思想起初看起来多么荒唐，甚至我们不知道它们会如何发展，但正是对思想的玩味才赋予了研究一种冒险感。因此，研究包含了想象的元素：在你的脑海里或在纸上创造和玩味各种形象，也就是用画面进行思考。

扩展示例：爱因斯坦

一些理论家，如爱因斯坦，认为他们的思想来源于一种能力：他们能够操纵心智图像，并进行虚拟实验。应用好这项技能，你就可以在事物间建立意想不到的联系。例如，爱因斯坦就描述了他是如何想到时间和空间的相对性的，他自己说，这一切都始于一次假想旅程。爱因斯坦将自己想象成一个乘坐光束的乘客，在自己前面放置一面镜子，由于他所乘的光束同镜子以相同的速度朝同一方向移动，而镜子的位置保持在前，所以光永远无法追上镜子，更别提再反射入眼了。运用同样的速度观念，爱因斯坦想象自己在其他场景中，去探索同种原理的其他表现形式。爱因斯坦想象的情景几乎与真实情况相同：它们是一种模拟演绎，在这之中，爱因斯坦操控虚化出的实验工具，“目睹”实验的进行，从而创造出或新奇或有趣的真实视角。爱因斯坦能够通过他的虚构模拟试验，推出他著名的方程 $E=mc^2$。

需要注意的是，爱因斯坦刚刚的旅程只是一个小插曲，我们大多数人都有能力构想，他的成就在于将这种试验认知转化为原理性结论。当爱因斯坦意识到自己的理论可能会带来灾难（核武器研究）时，他不再研究了。令人欣慰的是，很少有人会遇到爱因斯坦所遇到的情况。可以说，这样的模拟是研究想象力的重要组成部分。你经常会发现自己也有我们所说的“小”插曲，因为这是思考过程的一部分。你也经常会发现自己几天或一周前对某事似乎难以理解，可现在却清楚明白，这是因为，随着将更多精力投入某方面，你会提高自己对它的理解能力。因此，我们可以把“要想原创就必须先成为某种天才”的观念放在一边。一旦工作完成了，我们就会明白怎样进行原创研究。

在菲利普斯和皮尤（Phillips & Pugh，1994）的书中，也可以找到关于原创性的标准。他们给“原创”定下了九条标准，它们是：

1. 基于经验做从未有人做过的工作。
2. 运用现有的观点、实践或方法，但对其做出新的解释。
3. 为解决旧问题提供新依据。
4. 创造一种全新的结合。 51
5. 引进并采用国外的方式。
6. 跨领域应用技术。
7. 使用不同方法进行交叉学科研究。
8. 关注专业人士从前忽视的领域。
9. 通过前所未有的方式增加知识。

与之相似，在土木和机械工程领域工作的弗朗西斯（Francis，1976）在研究中提出七种进行原创的方法，它们是：

1. 首次写下一条重要信息。
2. 很好地阐释别人的想法。
3. 继续自己从前原创部分的工作。
4. 执行或督导指定的原创性工作。
5. 从其他的独创的、不错的研究中提出一个原创的技术、现象或成果。
6. 遵循原理，理解基本概念。
7. 有独创的观点、方法和解释，在研究生导师的指导下通过试验验证，在比对别人的想法时凸显出独创性。

我们可能只对其中几条持肯定态度，而对其他持怀疑态度。例如，弗朗西斯（Francis，1976）提出的第6种方法虽然与博士水平相匹配，却不符合英国大学所期望的原创性标准。以上所列更适用于本科研究，它似乎是为了帮个体明白别人是如何通过复述或解释研究内容来完成一部作品的。这些类型的工作对于学科社会化和熟悉关键观念、概念与方法非常有价值。有人可能会坚持说，没有这种类型的基础，高质量的研究将变得更加困难。菲利普斯和皮尤（Phillips & Pugh，1994）提出的清单则更接近对硕士和博士学者的期望。这是因为它以方法论和学术为导向，假定学者已经对学科知识有所了解。在下面的示例中，我们可以看到刚才讨论的大部分内容。

扩展示例：社区研究综述

要点	摘录
为阐述综述的目的而提及定义“社区”存在的一些问题。标识了一些起点，注意到对社区研究的历史进行说明。	在“重游”社区研究之前，我们必须对其进行定位。但与物理定位不同，社区研究探讨的是一种社会结构，其具有高度的适应性、可移植性，事实上还有短暂性。一件重要的事是我们有必要了解它的起源：作为最早的引路人，弗兰肯伯格（Frankenberg，1966）或贝尔和纽比（Bell & Newby，1971）在寻找并打通前往理论基础的路径上发挥了重要作用。另一件值得关注的事是，立足于最近的研究，理解创造它们以及由它们创造出来的研究想象。
52 该文献综述运用了地图的类比，它可展示沿途的不同地区和关注点。 为了引导读者了解“地形”，提出了一些问题。	一旦绘制完毕草图，“重游”就可以开始了。在这一简短的再探索中，我们将不再像对待研究方法和研究想象力的四个问题那样，对社区的定义或研究“社区”的社会学目的等长期存在的问题那么感兴趣。为什么从大多数社会学的角度来看，社区里似乎都是这么好的人？为什么小定居点明显乐于接受中产阶级社会学家，却仍然对其他“外来者”抱有敌意？社会学家如何知道他们的实地调查是否具有代表性和全面性？社会学家如何评定一个给定的发现是否是专属某“社区”的特征，而不是更广泛的英国社会的特征？

续

要点	摘录
小节标题	**社区研究的复兴**
采用时间顺序排列，加上对比结构来显示社区研究的流行程度、似乎衰落的态势，以及对未来研究较弱的影响。 阐述早期批判社区研究的迹象，以及社会学专业化的部分原因。	在二十世纪五六十年代，社区研究成为英国社会学的主流，而到了七十年代，其迅速沉寂为一潭死水。里斯（Rees，1950）、威廉斯（Williams，1956）、丹尼斯等（Dennis et al.，1956）、扬和威尔莫特（Young & Willmott，1957）、弗兰肯伯格（Frankenberg，1957，1966）、斯泰西（Stacey，1960）、利特尔约翰（Littlejohn，1964）、雷克斯和穆尔（Rex & Moore，1969）等人的大家耳熟能详的成就在随后的十年中几乎没有得到回应。在某种程度上，他们个人成功（关于小定居点的社会生活，还有什么需要探究的？）背后所隐藏的妥协被丹尼斯（Dennis，1958）、甘斯（Gans，1964）、帕尔（Pahl，1968）和斯泰西（Stacey，1969）批判为空间决定论和不充分理论化，而后也被二十世纪六十年代中期在美国开始兴起的学科扩张和专业化浪潮扫地出门（Payne et al.，1981：95–99）。
似乎这种衰落是由社区研究关注焦点的变化而导致的。	重要的是要认识到，在社会学流行观念的转变中，社区研究并没有完全隐藏。它的发展也使得我们对“社会场所”的研究更少，而对某一区域中问题的研究有了更多的描述。
这表明，在过去的十年里，人们几乎没能取得什么进展来填补知识空白。 可以开始看到运用依据来塑造“地图”的方法。	在纽比取得成果的十年后，戴和默多克（Day & Murdock，1993：83-84）并未看到这个缺口被填补的迹象： 贝尔和纽比（Bell & Newby，1971）在教科书中对这一传统的解释实际上为它敲响了丧钟，他们的教科书没有在社区研究中激发新一轮的案例研究浪潮，似乎却为对过去此类工作的忽视提供了充分的理由。
使用其他学科的资源。	他们引用了社会地理学的一种说法来支持这一观点：相对而言，可以说社会学的价值很少是通过社区这一概念或社区研究这一方法留给后续研究者的（Cooke，1988）。

续

要点	摘录
53 “但”这一变化的含义是，对于在社区研究领域所发生的一切，人们有着另一种看法。	另一种解释可以在这门学科的人类学分支中找到。到了二十世纪八十年代中期，科恩（Cohen，1986：viii）表明，虽然七十年代研究很少，但情况已经有所改善： 因此，在写现在这本书的时候，我们面对的问题是截然不同的：我们面临着资金窘境，研究似乎正在不列颠群岛、城市和乡村、边远地区和通勤村迅速进行。
与之前的否定态度相比，引用了更多积极的论据。	布尔默（Bulmer，1985：433）在前一年保持谨慎乐观的态度，他认为：“有迹象表明，对地方的研究正在复苏。”而从另一项研究我们可以看到“英国地方和社区研究的蓬勃兴起”（Warwick & Littlejohn，1992：xv）。
一个用于支持社区研究的正面询问 / 回答。给出更多的文献来源以提供证据。 展现了此部分与先前研究的联系；论证时采用相同中心主题。 引用有生动标题的研究；这些被传是关于社区的研究，但它们不属于社区研究。	这些评述值得相信吗？总的来说，答案应该是肯定的。我们已经开展了几项成功且非常知名的社区研究，例如布罗迪（Brody，1973）关于伊尼什基兰的研究、斯泰西（Stacey，1975）对班伯里的重访、斯特拉森（Strathern，1981）的埃尔姆登人类学研究、贾尔奇（Giarchi，1984）对特伦的描述或者科恩（Cohen，1982，1986）所报告的 15 项这样的研究。其他不太出名的报告包括斯蒂芬森（Stephenson，1984）、霍姆（Holme，1985）、弗拉泽（Fraser，1987）、莫里斯（Morris，1987）、麦克劳德（Macleod，1990）、迪安（Dean，1990）、古迪（Goudy，1990）和博兰等人（Borland et al.，1992）的作品。这些研究涵盖了亲属关系、住房、移民、政治、饮酒、宗教、社会控制、地方主义、身份认同和文化生存等社区要素，其中大部分都是二十世纪五六十年代早期研究中的常见主题。此外，可以说有几项调查并不完全算是社区研究，这些研究通过调研某一问题在特定地区的体现来审视它们，并且非常重视这些地区所产生的影响。例如：摩尔（Moore，1982）的“石油的社会影响”，戴维斯（Davies，1972）对“福音传道者官僚作风”的描述，丹尼斯（Dennis，1970）对“人与计划”的关注，普赖斯（Pryce，1979）关于贫民区生活的“无尽压力”的报告，麦金农（MacKinnon，1977）的“盖尔人社群中的语言、教育和社会进程”研究，以及文格勒（Wengler，1984）对威尔士农村“网络支持”的解读。

续

要点	摘录
上一节的重点是：社区研究仍然是一种主要的研究形式，请注意该类别边缘的研究是如何被引用来证明社区研究的继续进行的。 我们看到，为将“地区性”研究包括进来，研究者对社区研究的定义进行了改写。在下一段中，请注意区域研究这个概念是如何作为社区研究重要发展阶段而占据重要地位的。	**推开社区研究的下一扇窗** 在这篇简短且绝非详尽的综述中，我们似乎有理由称社区研究还相当活跃，在英国社会学中稳定地占有一席之地（尽管是在城市不那么时髦或显眼的地方）。社区研究之所以能存活下来，原因之一是它可以在特定地点调查较广泛的社会学问题（参见摩尔、戴维斯、丹尼斯、普赖斯、麦金农、文格勒的研究）。另一个原因是社会学之外的工作将社区重新纳入研究议程，例如马丁·布尔默（Martin Bulmer）的工作。一方面，他的贡献可以视作他在杜伦大学社会学系早期研究（Bulmer，1978）的进一步深化，该学系发起了一系列区域研究，如摩尔（Moore，1974）、泰勒（Taylor，1979）、威廉森（Williamson，1982）和布尔默（Bulmer，1975）的研究。另一方面，他在二十世纪八十年代中期的工作（Bulmer，1986，1987）也与维尔莫特（Wilmott，1983，1986）和文格勒（Wengler，1984）的最新研究有关，这些研究作为“社区关怀”的潜在基础，标志着当地的研究体系的复兴。而后，一个不相信“社会”存在的政府制定了一个新的社会政策政治议程，着手将精神病患者和其他人交付在“社区”的照顾之下，使人们对血缘亲属、人际网络和邻里关系的兴趣日益浓厚。
二十世纪八十年代早期的矿工罢工是用来按时间顺序定位的，它提到了性别层面的问题。这里将其与一个经典社区研究“煤炭是我们的生命”密切关联。据说，这些研究重新唤起了人们对社区概念的认识。	同时期的一次政治事件使得矿业界社区重新出现，即1984—1985年矿工大罢工。罢工者及其妻子们的经历，使此后的几年中出现了一系列关于社会学的争议性研究：塞缪尔等人（Samuel et al.，1986）、吉本和斯泰恩（Gibbon & Steyne，1986）、帕克（Parker，1986）、塞登（Seddon，1986）、艾伦（Allen，1989）、温特顿和温特顿（Winterton & Winterton，1989）、吉尔伯特（Gilbert，1992）以及沃里克和利特尔约翰（Warwick & Littlejohn，1992；他们还跟进了“费瑟斯通历史产业”的成长——见Evans，1984；Berry & Williams，1986；Clayton et al.，1990）的研究。这些研究既不全是“传统”的社区研究，也不是在正常的社会学工作下产生的，而是借鉴了社区概念、社区情绪的研究，在某些情况下，其还特别参照了经典研究“煤炭是我们的生命”的对比和延伸研究。

54

续

要点	摘录
让我们进一步理解区域这一概念的理论分支。 引入其他概念，如“空间”，但强调的是用于解释地理差异的更广泛的社会理论。	另一个发展是从社区本身向区域观念的转变。它有两种形式。一是在社会地理学领域。在这个领域里，人们对社会活动的空间变量所持的敌对态度较少，虽然社会上对空间作为社会关系因果的解释的效用一直存在争议，但人们对事情发生在哪里的兴趣并没有减弱。空间和地区性被视为更普遍常见的社会理论元素，引起了人们对纽比所寻求的亚文化差异的关注。由于“城市和区域体系变革倡议”（Changing Urban and Regional；Cooke，1989；Soja，1989）的努力，地区性问题一直在社会地理学的研究议程之中。
不同区域之间社会关系的变化与经济变化相关，经济变化是矿区研究的基本元素之一。	社会学对区域研究的第二个兴趣来源是工业和就业结构改善研究，这个研究涉及与社会地理学家直接相关的工作（Gregory & Urry，1985）和英国经济与社会研究委员会（ESRC）赞助的经济生活探索研究。例如，经济变动和劳动力市场研究就如何跨越“职业社区”这一概念提出了建议（Salaman，1974）：
贯彻社区与职业联系的原则。	产业结构的变化影响着社区的性质。从历史上看，在某些地区，如采矿业和纺织业城镇，招聘过程在工作地和住所以及工作关系和社会关系之间创建了强有力的联系。因此，研究的一个目的是，在当代条件下，探究工作与社区之间联系的本质（Roberts et al.，1985: 7）。
55 对当地的研究和区域研究做出明显区分，问题是为什么要做出这种区分？ 给出的答案是，最近的研究是在局部地区进行的，是传统社区研究的衍生物，而不是替代品。	社会变革和经济生活倡议（Social Change and Economic Life Initiative，SCELI）也关注生产、工作模式、家庭构成和策略的变化，因为该倡议更专注于当地的研究，而不是区域研究，但这些研究包括“家庭和社区”调查以及一些当地的具体研究，把这些称为社区研究是错误的：我们看到在这些类似的研究中，社会关系的地理位置与这些社会关系，也与我们关于工作、非正规经济、家庭和网络互联的想法的发展不相关（Bell & McKee，1985；Beynon，1992；Morris，1988；Pahl，1984；Stanley，1992）。它们强调的是与更广泛的社会力量的互联。并且在很大程度上，这些专注于一个地方的研究者代表了另一种进化而来的观点，其取代了更传统的社区研究，成为社会学的主流。

续

要点	摘录
	社区研究的迁移
“地图”已清晰显现，现在可以进行中心阐释了：作者想把重点放在他认为的“纯粹”的社区研究上。 同时，他希望反传统研究得到重视，但是要同他所关注的区分开来。	社区研究不仅仅是将空间元素纳入社会关系分析中那么简单。我们可以将上面所讨论的研究视为一定范围内的连续统一体，从单个研究者对孤立的（农村）聚居地进行民族志研究，例如科恩（Cohen，1982）、布罗迪（Brody，1974）、麦克劳德（Macleod，1992）、贾尔奇（Giarchi，1984）的研究，到一个团队利用社会调查来探讨给定位置或区域中经济结构调整的表现形式（如 Gallie，1988b；Roberts，1985）。介于两者之间的各种研究，或多或少是基于问题（如 Moore，1984）、区域性（Stacey et al.，1975）、民族志（Gibbon & Steyne，1986），由个人或团队完成（Warwick & Littlejohn，1992）并与社区概念的起源明确相关的（Strathern，1981）。
本文提供了一个总结性公式，该公式作为一种方法，帮助读者描述社区研究的不同类型。 这明确了他对所谓“纯粹”社区研究的分类和区分。	这张示意图（在此不展示）给出了分析社区的四个方面。 （1）这项研究是由一个大团队还是一两个研究人员进行的？ （2）在风格上主要是定性的还是定量的？ （3）“社区”是一个具有特色的定居点，还是仅是一个简单的行政区划？ （4）它首要关注的是否是社区本身的各个方面，而非更广泛的社会进程，而这些进程恰好是在局部地区表现出来的？
以这个例子强调了对待其他研究的包容态度。	这四个问题的指向不是绝对的，它们的作用是为思考大量不同的研究提供一个框架。例如，在这篇论文中，我们希望更多地关注“纯粹”的社区研究，在关注着丹尼斯等人，或者弗兰肯伯格到科恩的研究的同时，我们不希望排除其他研究，而是解释为什么一个研究在特定目的上比另一个研究与我们想讨论的更相关。
一个简短的补充：强调社区研究方法的灵活性，强化了作者关于社区研究价值的论点。	方法论风格的纳入说明了该框架的灵活性。一些关键研究（如威尔莫特和扬的研究）使用了一系列方法：事实上，最初的研究充分利用了 IBM 卡片计数器 / 分拣机的最新技术（Platt，1971；Payne et al.，1981）。布罗迪在《伊尼什基兰》（*Inishkillane*）中的细腻叙述始于对历史和文学文献的综述。沃里克和利特尔约翰（Warwick & Littlejohn, 1992：xiv-xv）利用调查和历史统计数据，将医学研究人员与档案管理员的工作、成人教育课程与社会变革和经济生活倡议的

56

续

要点	摘录
	内容汇集在一起。即使这里主要关注的是个人使用定性方法进行的研究，我们也没有理由仅因此而忽视他们的宝贵贡献。
总结综述的目的。 虽然提到的是一个特定研究，但作者没有忽略其他方面。	本部分的一个目的是解释本文如何聚焦在更“典型”的社区研究，并将一些经典和最近的研究联系起来。接下来的观察直接源于制作这种单向民族志的过程，但在某种程度上，它们可以推广到其他类型的研究。这类推广的两个例子是，视觉外观相互关联的思想，以及“问题”的即时性随时间变化的方式。

来源：佩恩的研究（Payne，1993）。

这篇综述的结构展示出的是对某一观点的论辩，作者的目的是让读者相信，社区研究是一个重要而富有成效的研究途径，他运用了一种设置隐含读者（implied reader）的方法来达成目的，即佩恩似乎在暗示，有些人认为社区研究已经成为过去，它们与今天的研究毫无关联。因此，作者提出了一个论点来纠正隐含读者的假设，这篇文献综述也就使用了“挑战大众观点”的立场让读者阅读了一系列引用大量著作的资料。为显示社区研究的连续性，这些作品被分类。使用各种定义正是这种连续性的主要来源，而“地区性”一词则用来论证区域研究就是对社区的研究。

文献综述的评估标准

进行文献综述时所有工作的结果都会受到正式评估和同行评价。正式评估是大多数学生所关注的，他们想知道自己的工作是否符合学位标准。布特与贝尔（Boote & Beile，2005）采用了本书第一版中的评价标准，并且在综述关于学位论文和文献综述的文献之后，对这些标准进行了实证检验。

评价标准与清单 57

对于理解博士研究生需要什么特质才能成为合格的学者，评价标准与清单为我们提供了基础。第3章将进一步阐述这一话题。

如同布特与贝尔（Boote & Beile，2005：7）所指出的，原本的那些评价 59
标准所基于（且仍然基于）的主要假设是，博士研究生在能够成为有创造力的研究者之前，首先需要成为合格的学者。设计这些标准的目的在于思考成为学者意味着什么。表2.4能看到布特与贝尔（Boote & Beile，2005）是如何设计文献综述评分表的。

表2.4 论文文献综述的评估

类别		1分	2分	3分
范围	A. 合理解释了纳入和排除文献的标准	没有讨论纳入和排除文献的标准	讨论了纳入和排除的文献	解释了文献的纳入和排除理由
综合能力	B. 区分了该领域已研究和有待研究的问题	没有区分已研究和有待研究的问题	讨论了已研究和有待研究的问题	批判性地审视了该领域的研究现状
	C. 将研究主题或问题定位于更广泛的学术文献之中	研究主题未定位于更广泛的学术文献中	对更广泛的学术文献有一定讨论	研究主题清晰定位于更广泛的学术文献中
	D. 将研究置于该领域的历史背景中	未讨论研究主题的发展历史	对研究主题的发展历史有所提及	批判性地审视了研究主题的发展历史
	E. 学习并改进主题词汇	未讨论关键词汇	定义了关键词汇	讨论并解决了定义中的分歧
	F. 说明了与主题相关的重要变量和现象	未讨论关键变量与现象	综述了关键变量与现象之间的关系	指出了文献中的分歧，提出了新的变量关系

续表

类别		1 分	2 分	3 分
综合能力	G. 进行了综合并获得了对文献的新视角	接受文献的表面意义	对文献有一定批判分析	提供了新视角
方法论	H. 找到了该领域采用过的主要方法论和研究技巧及其优缺点	未讨论研究方法	对用来得出观点的研究方法有一定讨论	批判性地分析了研究方法
	I. 将该领域中的思想与理论和研究方法相联系	未讨论研究方法	对证实观点的研究方法的恰当性有一定讨论	批判性地分析了证实观点的研究方法的恰当性
意义	J. 合理解释了研究的实践意义	未讨论研究的实践意义	讨论了研究的实践意义	批判性地分析了研究的实践意义
	K. 合理解释了研究的学术意义	未讨论研究的学术意义	讨论了研究的学术意义	批判性地分析了研究的学术意义
语言	L. 以连贯、清晰的结构撰写	概念不清，组织混乱	部分结构有连贯性	结构清晰连贯

来源：布特与贝尔的研究（Boote & Beile，2005）。

尽管布特与贝尔（Boote & Beile，2005：9）只评估了相对小样本的博士论文，他们仍“很高兴地说，最好的文献综述是对研究领域现状全面的、批判性的审视，能为作者的实际研究项目做好准备”。然而他们并未看到很多这样的综述。他们说：

> 我们的研究发现引出了一些有趣的问题，其中一些与博士研究生撰写全面、精细的文献综述的能力，以及博士论文评审会将怎样的综述认定为合格有关。尽管我们对博士论文评分的分析揭示了不同机构博士论文文献综述的质量差异，但所有机构的平均分数却都低得惊人。

在英国，主要的研究委员会、图书馆组织以及维泰研究者专业发展组织都设计了研究者发展框架。

什么是硕士学位?

前文的讨论中有很多与硕士论文相关的内容，不需重复。这里我们的重点是硕士研究生必须具备的技能因素。作为你付出时间和研究的产物，硕士论文（也称为学位论文）的写作是一项学习活动，它的初衷是让你学会能达到合格研究水平的一系列技能。那么毕业论文就是研究生学会这些必要技能并且能够被认定为合格研究者的依据。此处所列举的多种技能有关研究设计、数据收集、信息管理、数据分析、数据与已有知识的综合，以及对已有思想的评价和对自己的研究进行的批判性评价。虽然这些标准是泛化的，却很重要，稍后我们将细致地进行介绍。然而要记住的是，你的毕业论文是你证明自己有能力将这些技能应用于某个特定研究主题的唯一机会，而你的证明材料就是你的论文。因此，论文作为一个成果必须连贯、有逻辑，不能由一系列分离的、缺乏足够联系的元素组成。你的研究目的与文献综述、研究设计的选择、数据收集方式、相关问题的讨论、结论或建议之间必须有清晰的关联。总结起来我们可以说研究必须：

- 聚焦于具体的问题、议题或辩论；
- 讨论该问题、议题或辩论时保持研究主题在理论、方法、实践三方面的平衡； 60
- 基于现有文献对研究方法进行清晰阐述；
- 对研究主题的现有文献采取分析性、批判性评价的态度。

因此硕士论文是对研究思维和行为的一次展示。关于前者，硕士论文的目的在于展示学生有能力对采用哪种研究方法进行推理。关于后者，这是在展示如何通过使用多种数据收集方法对重要的方法论概念进行操作化。显然，这并不是硕士论文的全部。如果我们将硕士论文看作一次研究的锻炼，那么这整个过程常常会变得更容易处理，不论是在心理上，还是在创造最终成果的实际工作当中都是如此。

所以硕士论文的写作涉及很多技能，这些技能也常常成为论文评估标准的基础。表 2.5 对评估硕士论文的常用标准进行了概述，同时也呈现了对优秀论文的要求，以及什么样的论文是不合格的。

表 2.5　硕士论文的评估标准

	有特色的优秀论文	合格论文	有明显缺陷的论文
研究目的、研究对象和论证	研究目的清晰、可操作化。 对研究主题使用文献进行了简洁的论证解释。 充分意识到需要聚焦于研究内容。	研究目的、研究对象清晰。 对研究主题的确定有较合理的论证。	研究目的与研究对象之间没有逻辑联系且二者不清晰。 对研究主题论证不够。 由于缺乏焦点，实际主题不清楚。
方法论与数据收集	用比较的方式解释了方法论的选择，有较多依据显示进行了足够的文献阅读和理解。 整体研究设计非常清楚、有逻辑，便于应用。 找出并分析了前人研究使用的方法论 / 数据收集方法的优缺点。	描述了方法论但没有进行比较，因此没有解释选择方法论的原因，然而，采用的方法是恰当的。 研究方法清晰，适合研究主题。 也许重复了同主题前人研究中的缺点或偏误。	对方法论及其选择或其与研究的适配性没有进行解释。未表明曾阅读与方法论或数据收集方法有关的文献，因此未能显示系统的数据收集能力。 没有整体的研究设计。
61 文献综述与评价	对相关文献有全面的综述、系统的分析，找出了所有主要变量和观点。批判性评价与主题论证及方法论之间有紧密联系。	对主要文献进行了综述。找出了主要变量和观点。文献综述与方法论及主题论证有一定联系。	没有综述文献；有部分文献引用但没有对其进行批判性评价。因此，没有找出与主题相关的观点或关键变量。没有参考文献目录或者文献条目远超出实际使用数量。

续表

	有特色的优秀论文	合格论文	有明显缺陷的论文
文体与呈现，包括图表使用	结构清晰、联系紧密。文献引用与参考文献目录准确，呈现清楚。图表使用与素材安排效果良好。语言使用准确恰当，符合学术规范。	结构与素材安排清晰，有准确的文献引用方式，图表使用适当。	结构较清楚但内容很单薄。大多数文献引用正确但前后不一致。几乎没有思考过图表的使用。语言质量低。
整体连贯性及学术严谨性	系统性强，思考充分；有批判性反思；论证过程清楚有逻辑；语言使用正确；陈述了对研究的假设；结果解读清晰；能找到研究空白及后续研究的可能性；达到出版标准。	思考充分；结构清楚；语言使用尚可；对研究的大部分假设进行了陈述但未说明其他的部分；得出了结论及对后续研究的建议。	思考不充分，因此缺乏计划；专业术语使用不正确，过度使用陈词滥调；没有论证式结构；尝试对结果进行解读但没有基于数据。

总的来说，硕士论文体现的是一项有限的研究，包含1万—1.5万词，相对而言是一篇长度适中的研究文本，可能相当于三到四篇正常的期刊论文的长度。论文的主要元素是研究，包括研究设计、数据收集方法的应用、研究项目与数据的管理，以及在前人研究背景下对研究发现的解读。要以学术的方式做到这些，就需要对整个研究进行管理。

结论 62

完美的文献综述是不存在的，无论研究问题和目标读者是什么，所有的文献综述都是从综述者的特定视角或立场来写的。这种视角经常源于综述者选择的思想流派、职业或意识立场。结果就是，综述者的特性影响了读者。综述者写作时通常会假想一个特定的读者：一个他们可能想要施加影响的读者。正是因为这些因素使得文献综述总是以某种方式存在片面性。这不是文献综述写得不好的理由或借口，同时这也会使文献综述变得有趣、有挑战性。我们经常会发现价值判断、观点、道德说教、意识形态等方面的片面性影响或形成了文献综述的出发点。当你阅读他人写的文献综述或自己进行综述时，应该意识到自己的价值判断，这样就能努力避免对他人的思想缺乏学术尊重。如表 2.6 所示，阿福拉比（Afolabi，1992）与高尔等人（Gall et al.，1996）给出了一些关于文献综述的好建议，他们的观察和自己的经验与研究都表明，以下是高水平综述者遵循的一些主要规则。

表 2.6　高水平综述者遵循的主要规则

应该……	不应该……
确定和讨论关于研究主题的主要标志性研究	忽略经典或标志性著作，或者讨论核心概念时没有正确引用文献
尽可能多地涵盖最新材料	讨论过时的或陈旧的材料
检查姓名拼写等细节	拼错姓名或写错出版日期
检查拼写，避免低级错误，例如把 organic（有机的）写成 orgasm（性高潮）	用概念或行话吸引读者或不对术语下定义
尽量自我反思，审视自己的偏见并清楚表达出来	用行话和歧视性语言解释狭隘的立场
批判性评价材料，给出分析	只给出参考文献列表（即使有简短注释）；列表只能被称为参考文献目录，不能被称为文献综述
使用节选、图表和例子证明你的分析和观点	全盘接受所有立场，或完全相信他人所写
采用分析性、批判性、评价性的态度，并在文献综述中表现出来	只对你阅读的内容进行描述
63 管理你在文献综述中提取的信息：建立记录管理系统	不对材料进行控制和准确记录，信息混乱
通过清晰、系统和连贯的表达使你的文献综述有可读性，解释你的研究主题为什么有意思	使用老套的行话、浮夸的语言和单纯的描述，行文乏味

续表

应该……	不应该……
说明做文献综述的策略，包括筛选文献的标准	省略检索相关文献时所用的词汇表和参数（标准）
写清楚文献综述将要得出的研究问题	文献综述与研究问题、更广泛的研究目的及研究设计无关

来源：改编自阿福拉比与高尔等人的研究（Afolabi，1992；Gall et al.，1996）。

这些是做文献综述时常见的注意事项，其实，撰写好的文献综述并不难，它比不费力地快速“搞定”一件事有价值得多。花上长时间完成文献综述这个过程能使你获得很大程度的满足感。对于硕士或博士研究生，这个时间也许是一年甚至更长。满足感来自你意识到自己发展和学习了之前所不具有的技能与思维能力。

总结

- 综述文献的过程本身就是一种研究方法，它应该从研究问题出发，接着进行研究设计、结果呈现，最后讨论结果。
- 文献综述可以有多种格式，但必须包括核心文献。
- 文献综述在研究的不同部分有不同的用处。例如，为开题报告撰写的指示性文献综述，支撑研究问题缘由的专门的文献综述章节，对方法论和数据收集方法的综述，还有在讨论你自己的研究发现时对文献综述内容的引用。
- 文献综述会得出很多信息，所以在开始之前建立一个研究项目与信息管理系统是很重要的。

第 3 章

被综述研究的分类与阅读

关键问题

- 研究有哪些类型？方法论传统有多重要？
- 怎样进行分析性阅读？研究包括哪些元素？
- 研究中方法论假设的作用是什么？
- 哪些标准可用于评价研究？研究的优劣如何区分？

核心技能

- 获得对不同研究传统和方法论的认知与理解
- 批判性地分析、综合、证实和评价多种不同来源的复杂的信息、数据和观点
- 评估一手和二手信息的可靠性、质量、完整性和真实性
- 将新旧研究融合到你自己的研究和相关文献中
- 处理信息时保持职业道德，应用合理标准分析他人著作

65 导语

对研究进行综述的先决条件是理解什么是研究。在本章当中，我们将会对不同的研究类型进行概述，目的是说明不同类型的研究之所以不同，是因为它们有不同的研究问题，研究不同种类的现象，而且来自不同的研究传统（或范式）。有很多教科书是关于研究与研究设计的，本书不打算重复它们所说的内容。我们要做的是从为了做文献综述而阅读研究的角度去看待研究。

对你的文献综述的评估有一部分取决于你是否展示了自己对不同类型研究的理解。你需要让人看到你不仅仅是在描述他人的研究方法，你还知道如何分析每一项研究，能够做出有依据的、合理的评价，以及提供新的视角。综述不是表达意见，它是在熟知主题的学术背景下评价理论、方法论和研究发现的逻辑连贯性。研究者必须展现出对研究本质、研究呈现方式和何为学术性的理解。因此，在讨论阅读过程之前，本章开头将对研究设计进行概述。

研究分类

研究大致可按照设计特征和预期成果进行分类，所以阅读一项研究就要根据它的研究问题和预期成果，即行为干预或知识成果，努力理解为何做这项研究，以及它是如何做的。

研究类型

大部分研究的目的在于解释、探索、描述或评价某种现象的发生（或不发生）。虽然有些研究在不同程度上结合在了一起，但不同研究之间还是有区别的。这是因为不同的目的会指向不同的研究设计、研究呈现方式（即风格）、对研究的预期理解和使用方式。只有理解了对不同类型研究的选择，你才能够根据它们自身的优点和研究者预期的结果进行评价。表 3.1 总结了不同研究类型的一些特点。

66

表 3.1　研究类型

研究类型	目的与特征
基础研究	通过形成和检验假设、在新领域应用理论或方法、评价命题在不同时间空间的普适性，为理论或知识做出贡献。研究问题通常是“是什么”和“为什么”。例如在社会学当中，问题可能是“什么是社会”；而在管理学当中，问题可能是“什么是质量”。
应用研究	对特定群体在某种情境中面临的问题提出建议或解决方案。目的是采用理论性视角或工作，并将其应用于真实世界的情境中。收集质性和定量数据。研究问题往往问的是“如何”和“何时”。例如在人类学中，问题可能是“结构功能方法如何解释巫术信仰”；而在组织学研究中，问题可能是“工人的低动机如何通过特定的组织结构得到提高”。
总结性评价	总结和评估一项政策、项目或产品的主要效果，以判断其有效性或在特定（多种）情境中的可应用性。由于研究的目的是评估研究对象的普适性，因此，研究通常使用抽象方法和定量数据。研究问题经常是对项目初衷进行跟进。在管理学中，问题可能是“组织结构的变化如何改变动机水平”；而在社会管理学当中，问题可能是“社区服务对志愿者机构的影响是什么”。
形成性评价	对特定时间、地点和人群的特定项目、政策或活动进行改进。目的是聚焦研究，经常采用个案研究方法和质性依据。研究问题经常是聚焦而且具体的。在社会政策领域，问题可能是“这一机构怎样更有效地满足客户的需要”；而在管理学中，问题可能是“对于我们研究团队而言，怎样使这一计算机系统的优点最大化”。
行动研究	通过研究帮助一个群体自助。目的是赋权于研究对象，使他们能够“研究自己和所处的环境”，并且在此基础上对自己的处境负责，给出建议，可能还会实施这些建议甚至评价实施情况。研究焦点主要是具体的问题或热点话题，涉及质性依据。研究问题通常不是由研究者设定的，而是研究对象强烈关注的。

续表

研究类型	目的与特征
启发性评价	在特定背景下凸显关键的行为或态度，以进行进一步的思考。目的是启发政策制定者或实践者了解在类似情境中的行为动态，使得这些行为能以更恰当的方式被理解和处理。使用的依据有多种，以质性数据为常见。
常人方法论	描述人们如何通过交流理解彼此的行为。目的是关注日常生活的的细节和我们如何让他人理解（分享）我们的行为。对人们行为方式的密切审视能够解释他们做了什么和为什么这么做。

67 在任何类型的研究中，都可能有不同类型或类型组合的研究行为。例如战略研究（有时称为纯研究）的目的是提供对问题的理解。重点不一定是得出什么实用的甚至有用的结果，大量有重大历史意义的研究只是为了研究本身。爱因斯坦著名的关于时空的观点就属于这一类。他一开始并不是要“发明”相对论或者使原子武器的建设成为可能，他只是想用想象去反思如果以不可思议的速度行进会怎样。他所做的是反思性研究。这种研究行为的目标是考察或探索已有的理论、实践或思想，并且带着创造力和想象力。因此，研究有很多方面和维度。例如在基础研究中，研究设计可能受到研究目标的影响，而研究目标可能是探索性的、描述性的或者解释性的（见表 3.2）。

表 3.2　不同类型研究的目标

类型	目标
探索性	（1）满足好奇心，提供更好的理解或满足一些群体的兴趣。 （2）通过指出可能更有深度的相关研究内容来考察后续研究的可行性。 （3）对一个过程或问题提供“启发”。研究问题聚焦于“如何、什么、何时、何地”。研究规模偏小、结构非正式，例如“启发性评价”研究。
描述性	（1）理解常见和不常见的社会现象。 （2）观察构成现象各因素的细节。 （3）为有效论证提供实证基础。研究问题聚焦于“如何和什么”——X 可能如何发生？多久发生一次？或者，X 做了什么？信仰什么？理解什么？研究多为小规模质性研究。

续表

类型	目标
解释性	（1）解释现象的起因或缺失。 （2）显示“如果 A，则 B”此类变量间的因果联系和关系。 （3）表明事件的原因，给出改变的建议。研究问题聚焦于“为什么和是什么”——X 和 Y 的关系是什么？为什么 Y 发生了？目的是揭示一个普遍的本质性的“法则和规律”。研究规模不定，经常基于假设－演绎主义，运用定量数据。可能是相关研究，寻找变量间的关系；也可能是因果研究，寻找因果关系。两者都采用实验研究设计。
批判性	（1）质疑观点、假设或实践，发展对其的合理批判。 （2）确定更大的社会 / 文化因素中的问题和（或）与它们的联系，以及被察觉的社会问题。 （3）提出“人们”可以从某种影响，或实践，或假设中解放出来的方法。研究问题聚焦于“什么”——X 在 Y 的创造或维持中发挥什么作用？目的是揭示或显示一种实践或假设对另一种现象的影响，研究常基于现实立场，运用质性数据和 / 或修辞性论证。
历史性	（1）确定可能导致某种情况或发现的条件和事件。 （2）基于更大的社会、经济、技术、宗教或政治条件，尝试进行解释。 （3）将一种情况或事件置于时间线中。研究问题聚焦于“什么”——X 的发生所必需的前提条件是什么？必要条件如何共同作用导致 X 的发生？目的是找出能够解释政策、实践、信仰、事件或发现的起源的多种影响因素或变量。 68

这些基本的研究类型可以有各种组合方式，包括“探索性＋描述性”“描述性＋解释性＋历史性”“解释性＋描述性”“解释性＋批判性”等等。此外，还有比较性（Y 是否优于 Z）、规定性（必须要做 Y 吗）、定义性（什么是 Y）和存在性（X 存在吗）等研究类型。

阅读建议：研究设计

研究设计各式各样，相互之间的细微差别取决于每项研究的目标。如果你想看到对不同研究类型和设计的完整讨论，请看哈特给研究生学位论文写的指南《如何做硕士论文》（Hart，2005）的第 10 章。

不同研究类型之间的区别不总是那么清楚明确，你经常会发现有人随意地把研究按照类型分三六九等。一个常见的例子就是，战略研究常被视为高于应用研究及其他类型的研究。你需要避免这种暗自判断一种研究类型优于另一种的谬误行为。

在做出新发现这方面，很少有研究真的发现了新事物。偶然因素和在表面不相关的因素之间建立联系的能力才使得我们得出所谓的新发现。霍桑效应（Mayo，1933）是一个常见的偶然与观察相关因素相结合的例子。当研究工厂中的工作条件时，研究者注意到开展研究的行为影响了工人的行为。观
69 察发现，物理条件不是生产力的唯一变量，工人对他们认为正在发生的事（即使并未发生任何事）的认知对他们的工作态度有主要的影响。

相对标准与判断

几乎所有的专业领域都有自己特色的思维传统、重要作者、著作和文体。例如，在社会学中，马克思、涂尔干和韦伯是几个重要的理论家，他们的一些著作被视为这个学科的经典。心理学有弗洛伊德、拉康和巴甫洛夫。部分意义上，正是一个学科的创始者所用的研究方法塑造了这一学科的专业知识和实践，也正是奠基性理论家的著作和思想使得不同学科之间各不相同。因此，每一个领域在研究和写作上都呈现出它特有的规范和传统。不同学科领域对于什么是有效的研究和学科内容也有特定的观点。这并不是说一个学科内部的所有实践者对学科性质或任何困扰他们的特定问题都能达成共识。不论学科之间，还是学科内部都存在差异。当你评价一个不熟悉的学科的研究时，你对熟悉的学科领域的态度需要被置之一旁。综述者的责任是认识和认可一篇著作所源于的学科的本质。例如，社会学本质上是一个论证性而不是知识性的学科。

社会学家也做了相当多的实证研究，尽管社会学之内的主要论证仍是关于该学科本身的。社会学的论证性质体现在多样化的立场与方法上，例如：马克思主义、功能主义、互动理论和常人方法论。在物理学这类知识性学科的一个例子中，关于物质的理论随着各种假设的检验和证实而不断发展。这

种区别并不意味着物理学优于社会学这样的学科，而是学科各有不同，以不同的方式增进了我们对世界的理解。不同学科性质之间的多元化必须得到尊重。

我们刚刚提到的各种选择，隐含了一种比较性的判断。发现一个理论或一种理论的优点符合自己先前关于研究构成的假设，这对于任何综述者都是具有吸引力的。结果就是，那些似乎能确认综述者的研究观的研究可能得到更有利的评估。这样存在的问题就是，综述者（在检索研究时）普遍有一种想验证先前假设的倾向。这样一来，不管是在道德方面，还是在文献综述的质量方面，综述者的可信度都可能受到严重的弱化。

这种趋势还有另一个影响。在提倡一个或一种理论优于其他理论时，我 70
们无形中做出了一些有误导性的对比，这种对比会导致一种粗糙的过度简化，严重限制文献综述的创新性、多元化。以实证主义和现象学的区别为例，如果实证主义被认为是客观的，现象学就会被认为是主观的。与此类似，马克思主义被认为是理论性的，而符号互动论被认为是实证性的。

只有通过阅读一项研究，才能从中提取出它的目的和类型等特征。阅读这一行为就是要理解研究者的研究项目。在表 3.1 中我们看到了一些主要的研究目标。很多情况下，这是各有所长的事，但任何研究项目都可能涉及多种研究类型，很多研究项目也确实是这样。例如，一项研究同时报告项目的应用性和形成性结果的现象并不少见。因此，解释研究目的、表现出对不同研究设计意义的理解，对于一项研究的读者和作者都是很重要的。在论文写作中，通常会用论文结构帮助读者理解论证过程，但这不只是结构和格式的问题，作者必须保证研究报告的实质内容解释了研究的逻辑，而不要将它留给读者去想象。

设计特征

关于一项研究的记录很少会包括它的原始设计方案或开题报告。甚至研究型硕士和研究型博士的论文都会省略设计研究时的原始开题报告。然而，我们可以还原研究的设计特征和研究者所做的方法论选择。帕滕（Pattern，1990）对于综述者可以寻找和评价的研究设计的一些主要特征做了以下总结

（见表 3.3）。

表 3.3　研究设计中的问题与选项

问题	选项
研究的目的是什么？	基础研究，应用研究，总结性评价，形成性评价，行动研究。
研究的范围是什么？	包括哪些？不包括哪些？为什么？要达到什么效果？
研究的焦点是什么？	人，政策，项目。广度或者深度。个案研究、调查研究、历史研究、比较性研究等。
分析单位是什么？	个人、群体，项目成分，整个项目，组织，关键事件，时期，等等。
71 用什么抽样策略？	目的性抽样、概率抽样、定额抽样、随机抽样。样本大小，代表性，意义和推广度。
收集了什么数据类型？	质性，定量。
数据是如何管理的？	组织，分类，呈现，引用，索引，等等。
采用了什么分析方法？	演绎法，归纳法。
如何解决研究中的效度问题？	三角验证，参考多个数据来源，多重研究。
研究何时进行？	研究发现的时效，长期调查，快速研究，阶段性和试验性研究。
研究是如何证明的？	文献综述与分析，问题定义，实践成果，思维分析，等等。
研究伦理问题是如何处理的？	知情同意，信息保密，及时反应，数据保护，等等。
组织管理问题是如何处理的？	数据获取与研究对象获得，实地研究，研究记录，数据管理，等等。

来源：修改自帕滕的研究（Pattern，1990）。

表 3.3 中列出的特征并不适用于所有研究，它们表示了构建一项研究可以包括的设计特征，因此，只有部分特征可以在研究的书面报告中找到。要

找到别人研究的设计特征，需要一点文献阅读方面的练习，需要努力用系统的、不偏不倚的方式阅读研究。由于其中一些特征前文已描述过，本节下面的内容将关注研究焦点和分析单位是什么。

我们说的焦点指的是研究主题的具体维度和方面。主要来说，一项研究可以聚焦于三个方面：特点，取向和行为。特点通常被看作可测量或可记录的属性，例如年龄、性别、位置等等。在社会互动方面，可能指的是互动的地点、方式、时间、人、环境。取向指的是被研究的人、群体或组织的特点。个人取向可能包括其信念、态度、个性等。行为指的是人们的所作所为。例如，一项对消费者行为的研究是以行为为焦点的，而一项对新宗教运动的研究可能关注成员的人口统计学情况（因此会以特点为焦点）或者该运动的特 72
定信仰（这种情况下会以取向为焦点）。为了进行研究设计和对研究报告进行分析，我们可以将不同的研究焦点进行区分，但是要注意那些在研究不同时段有不同焦点的混合式研究。

我们说的分析单位是指研究主题的具体参数。例如，如果主题是英国人口普查，那么分析单位就是基于个人回答的统计数据，即从个人填写的十年一度的问卷中测量人口统计模式。所以分析单位就是观察单位，即我们为了研究所选择的主题而考察的事物。广义而言，有四种分析单位：个人，群体，组织和社会产物。作为观察单位，个人也许由他们在某群体或组织中的成员身份所定义。然而，如果我们对一整个群体的动态感兴趣，那么群体就成了观察单位。这是因为我们也许想要概括群体行为的典型动态。在管理学研究中，组织常常是分析单位。为了研究更大的分析单位，要观察就是不同类型组织在结构、文化、规模等方面的比较。最后，社会产物例如书籍、雕塑、图画和建筑也可以是分析单位，同样属于这一类的有笑话、歌曲、社会实验和仪式等其他社会产物。

方法论传统

在很多本科课程及关于研究的教科书中，研究方法（数据收集方法）被认为是与理论相分离的。这种划分也许实用，但却不真实。在实践中，你对关键方法论问题的立场决定了你研究的特性。例如，如果你认为统计数据等硬数据比民族志数据等软数据更好，那么你采取的就是实证主义的方法。如果你更喜欢民族志数据的丰富细节，那么你采取的就是解释主义的方法。这两者的区别并不永远如此分明，所以综述者理解两种方法的来源和意义就很关键。方法论问题不应该被边缘化或被忽略，因为任何理解世界某一方面的认真尝试都几乎不可避免地建立在知识思维传统的某些维度之上。这些传统影响了不同学科的世界观以及研究世界的不同方式。对于学科间和方法间差
73 异引起的问题，最好的解决方式是理解哲学传统与研究策略之间的联系。这是因为，如果我们旨在获取周围世界的知识，那么我们就需要理解我们认为什么是世界，这意味着什么，并且认识到我们的方法并不是放之四海而皆准的，有很多不同的方法可以被选择。

可以说，所有的研究都源于某种现实观，这意味着我们有不同的方式获得对世界某方面的理解和证实我们的理解（即知识）。如果实证主义与解释主义这两种方法应用于例如原子粒子等研究中，那么我们可能会看到两者都有连贯的逻辑。从实证的角度来说，我们看不到原子粒子，只有通过使用测量工具才能看到。因此，两种研究叙述尽管截然不同但都具有效度。在实践中，我们也许可以比较它们，但不能评判优劣。这是因为，如果要评判，我们就是在信奉这种或那种方法论立场，即对现实的本体论和认识论观点。在批判时，如果我们信奉一种立场的价值观，这就可能削弱我们包容并蓄的态度。

在一般意义上，我们可以说掌握本体论、认识论的哲学意义和效度、信度与数据的方法论意义是很重要的。这是因为，不同的现实观会导致：关于现实是什么（本体论）的不同命题，确立什么可以被认为是真实（认识论）的不同方式，证实我们对现实的说法的不同策略，以及收集数据（问卷、观察等）的不同方法。研究中这些分析事物的维度存在于所有知识形式当中，不论是科学知识或是常识。在现实的本体论地位和知识的认识论地位上采取一种立场，会涉及各种问题，并对方法论构成影响。虽然这些内容将在下一节进行概述，但我建议你对于这个主题进行扩展阅读。

阅读建议：方法论假设

现实观会影响我们的方法论假设，继而影响我们的研究设计。如需阅读关于方法论假设后果方面更多的讨论，请参见哈特著作（Hart，2005）的第 7、8 两章。

你需要意识到没有明确的规定告诉你如何将理论思想转变为研究设计。与此相似，对于如何做研究也没有统一的规则。在指导研究者、帮助人们证实其他人的研究方面有不同类型的规约。因而，综述者面临的一个问题是，在综述之前要对方法论的含义获得足够的理解。遗憾的是，各种研究方法论没有简单的解释，而且研究的哲学基础充满了复杂性和误解。因此，我们要回到重要的一点：在评估一项研究（体系）的合格度（而不是相关性）之前，综述者需要知道合格的研究是什么样的。合格的研究者需要表现出自己的研究经验。所以，具备研究知识是一个必要的前提条件，而且你不会轻易或快速获得研究知识。 74

在研究过程中，研究者也许没有表现出对研究风格或方法源于的传统有足够的意识，那么综述者就需要识别出其方法论基础，尤其是在需要详细描述该主题研究方式的时候。通过描述一个主题如何被研究，综述者可以更清楚地看到通用的研究类型、常用的方法和研究类型经常做出的假设。这样，综述者也许能更好地找到进一步研究的方向，用一种还未尝试过的方法研究一个主题。正是因为所有研究背后的方法论传统或理论传统都可以从研究论文或专著中被挖掘出来，它们才能够被挑战、被质疑。

例如，马克思主义领域的研究者一般会或多或少地持有相同的方法论假设。根据卡夫与佩恩（Cuff & Payne，1984：78–79）所说，马克思发展了以下方法论假设：

- 社会领域像自然领域一样永远处在变化之中。
- 像自然领域一样，社会领域不是混沌的，而是有秩序的，有可观察到的关系模式。
- 任何社会的结构以及使它改变的力量都可以在社会群体（例如阶

级）之间的经济关系中找到。

- 任何社会的结构都由相互联系的几部分构成，如家庭、教育、宗教、媒体等，所有这些都受到社会阶级间经济资源分配的影响。
- 人本质上是理性的，会利用社会属性合作共存，但人性会被社会经济结构所颠覆。资本主义的经济组织形式使人变得自私、贪婪、极其个人主义，并让他们相信这些特点就是人的天性。

马克思相信，不是所有的人都会完全被这一体系裹挟，有的人，例如他自己，可以超越这个体系。这样的人能超越资本主义的欺骗性，研究社会的运作方式，并将其解释给他人。

75 马克思运用这些方法论假设去解释而不是描述变化的机制、社会结构和社会关系。这些假设既不是被动的，也不是马克思随机选择的，他是通过审慎、系统的思考而得出的。他的目标不仅是解释资本主义的隐藏结构，也是发展一套改变社会的思想。因此，马克思假设其动机是想要创造一种新的社会秩序的道德关注，他认为这种新秩序将恢复人类的本性。

为综述而阅读

以综述一篇文本为目的去阅读与为了快乐和消遣等目的阅读是截然不同的。为了综述而阅读的目标是产生一个结果：对主题相关研究的分析性评价。这意味着你应该阐明文献中的研究和观点的逻辑联系。所以，我们要关注的第一个问题就是分析性阅读意味着什么。这一过程是以从笼统到具体为起始的。

两类文献综述

分析性阅读可以用不同的方式完成。在下一章中，我们将介绍两种主要的文献综述类型：传统文献综述和系统文献综述，以及它们与各种研究的联系。

分析性阅读不是在一次阅读中或短时间之内可以完成的，你经常需要三个月、六个月，甚至一年来阅读和综述文献。一切取决于你的研究生学业水平和你可以投入研究的时间。在这段时间内，作为研究学者，综述者常会经历几个发展阶段。最初遇到的理解上的困难或者在太短时间内完成太多工作的难题通常都会通过做文献综述的过程得到克服或解决。

阅读过程

大多数人阅读的方式是一样的，往往是从笼统到具体——从理解大意到
寻找细节。不论我们通常读的是什么，我们往往先寻读（scan），然后选择一 76
些细节，再更仔细地读其他内容。当阅读一篇文章或一本专著时，寻读的程序（scanning procedure）经常是有效的。

问题层级

需要记住，在第 1 章中我们提到了为综述而阅读时要考虑的问题层级。不同的研究目标可以从不同的程序中获益，但所有的研究一般都遵循从笼统到具体这一等级顺序。

第一次阅读时，你要寻读标题、封面简介，然后再浏览目录结构和序言。在初始阶段常见的一个错误就是将自己困于逐句阅读当中。需要记住，一旦你熟悉了书的大体布局，细节可以之后再看。看看你读的文章的大体结构，尝试对研究种类、作者可能运用的理论进行一些分类。记住，一旦开始更细

致的阅读，这种初始分类要随时可以改变。表 3.4 简单展示了为综述而阅读中你要提取的信息成分。

表 3.4　阅读中要提取的信息成分

解释论证	思维方式	视角	理论
问题	假设	政治	依据
动机	解读	风格	观点
定义	难题	方法	伦理
事件	立场	概念	结论

在初始寻读和细节阅读之间预留一点时间也是很有用的。给你的大脑一些空间和时间去消化你找到的内容。人们经常发现在初始寻读和细节阅读之间暂停一天左右的时间能让他们更有效地阅读，也就是更轻松地理解文献。这是因为你给了自己时间以一种渐进的方式去熟悉材料，而不是一次性完成所有的事。总的来说，从笼统到具体是一种有效的为综述而阅读的基本形式，在这一过程中综述者通过重新阅读提取不同层次的细节和信息来逐步通读文献。此处推荐一个阅读专著和论文的方案。

77 **第一步，**初步浏览作品（书籍、章节、报告或文章）。注意其结构、主题、风格、整体论证、数据和参考书目。

第二步，审阅作品的各个部分。如果它是一本书，则意味着要翻阅每个章节，大致了解全书的内容结构，并锁定重点章节。

第三步，浏览并阅读序和前言。这一步的目的是确定该研究的思路、目标和逻辑。这些既可以在作品概述中找到，也可以在对某一种观点的详述中寻得。以下引言摘自弗林特（Flint，1993）《女读者：1837—1914》（*The Woman Reader*, 1837—1914）一书的序言，她在序言中简要解释了此书的源起：

> 这本书源于一次特殊的阅读。1981 年，我应邀为安东尼·特罗洛普（Anthony Trollope）的《你能原谅她吗？》（*Can You Forgive Her？*）写一篇前言。对这个标题，我思考了一段时间。《你能原谅她吗？》，这种疑问形式将读者代入进来，引起他们的反应。这个简短问句结尾的代词预示着，甚至是在打开小说前，我们都将会运用我们的道德判断去衡量

一些可疑的行径，即一位女性的小过失，而对她行为的评判则必然与她的性别有关。此外，事实证明，这部小说自始至终都在关注着19世纪中叶支配女性生活的时代环境。很快我看到，文章中的性别所包含的不仅是标题中的那个“她”，而且还涉及“你”。这一点可能很重要。我问自己，在最初出版这部小说时，在多大程度上我们能假定，一位女性和一位男性在读这个故事的时候，他们的反应不同呢？

弗林特研究的主题，以及其之后的作品，都来源于这次她对书名的思考。接着，她解释了她是如何开始思索男性和女性可能以不同方式阅读这一观点的，以特罗洛普的《你能原谅她吗？》为例：

我关于阅读的观点的论据积累得越多，汇集到的个体阅读实践的例子就越多，这使得我重新提起了最初的问题。当我开始意识到十九世纪和二十世纪早期的女性读者之间存在着巨大异质性时，去询问“一个女人如何阅读”已经变得越来越问题重重，实际上，无法回答了。文献资料往往表明，阅读实践为人们提供了一个讨论甚至是对抗的场所，而不是假设人们在此看法都一致。我开始着迷于为什么这场争论被证明是一个普遍和持久的问题（因为它的历史早在维多利亚时代之前就已经存在），而不是我最初关于女性与文本之间可能存在的关系的构想。因此，我没有写一本批判性的解读作品，而是选择研究女性读者这一群体，以及她们在从维多利亚女王登基到第一次世界大战期间在文化论战中的作用。

这些序言节选对这本书的思想做了简要概述。如果想要进一步跟进话题的延展，了解更多细节，可以在前言中查看。正是在此处，我们可以看到作者是如何将这本书的思路规划成一条目标线的。例如： 78

本书的一个目标是提供建议，说明“女性读者”为何在整个时期内都被如此频繁地提及。（Flint，1993：10）

接下来弗林特简要探讨了这本书所涉及的内容，然后阐明了这本书能为读者提供的帮助。例如：

> 这项工作拥有一个双重的、不断交融的核心。关于确定阅读方式及其效果的尝试，一方面，可以看作是认清主体的一种方式；另一方面，可以看作是获取不同类型知识的一个途径，并且，通过这种途径，我们还能知晓不同的社会期望和标准。……它展示了关于阅读的观念是如何根据女性的身体特性来定义女性的心理能力和倾向的，以及反过来，它们又是如何检验从前这些定义正确与否的。（Flint，1993：11）

有了如此多的信息，读者应该能够总结出弗林特这本书的主题和目标了。通过表 3.4，我们可以看到，关于弗林特的工作，我们已经收集了大量指示性信息。我们知道了她的研究方向、她想向传统观念提出的挑战、她的研究主题、研究事件和时间轴以及要使用的一些概念等。

第四步，阅读那些你认为最符合你的需求的章节片段。我们没有必要通读整本书，需要注意的是那些为研究提供理论支持的部分，例如总结理论和方法的章节。正是在这个步骤中，我们提取主要概念，并看看作者是如何定义并运用这些概念的。

以这个过程为出发点，我们现在可以更清晰地看到一个人在分析性阅读时所寻找的东西。总的来说，你应该从一个研究或一组研究中提取作者的主题，这意味着你会经常发现一个研究者总是出于一个特别的动机去做研究，并围绕这个动机去创建研究项目。这里的“动机”所包含的范围特别广：研究者可能从包括动机、道德、政治和方法论的角度出发，并以此作为研究的起点。你的任务就是“解压”项目，找出它们的研究逻辑，看看你能否明确
79 它们是如何进行的。图 3.1 解读了组成研究项目的几大部分，你需要把自己代入研究者的角色，去理解原始资料。除非你证据确凿，否则不要断言一部作品或一类学者的研究动机和方法论假设。

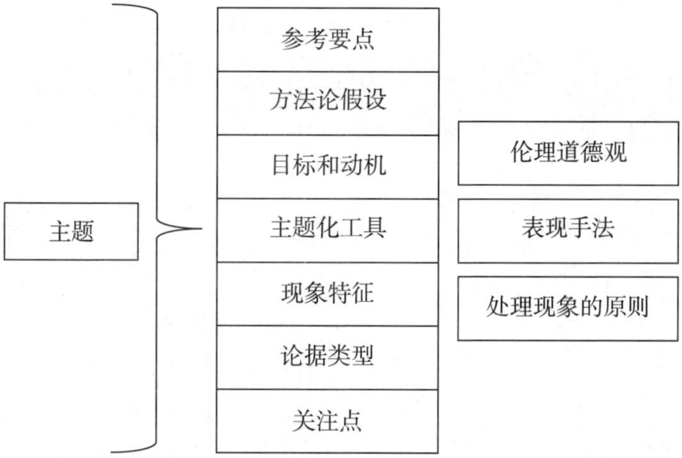

图 3.1　研究中推理分析的要素

我们的目的是从他们的工作中探寻他们希望通过努力达到的结果。这意味着我们要研究他们的工作或部分作品，以明确他们的风格和推理结构。如果这是一部理论著作，这可能意味着梳理论证结构，研究其如何为中心论点服务；如果是经验归纳法得出的结论，则可能意味着要分析使研究得以进行的方法论假设和研究设计。因此，你现在应该明白一个作者是如何决定采用某一理论或传统的，以及他为什么要做出某些研究设计。“为什么”这一点至关重要。你的目标是明确一个作者所选择的方法同他们收集的资料乃至二次加工资料之间联系的特点。因此，综述者必须具备评估不同作者在作品中所使用的逻辑架构的能力，以及评估各类研究群体都以之作为共同起点的逻辑架构的能力，这种能力使综述者能够批判性地评价和评判一位作者在其作品中所取得的学术成就。

范式与方法论假设 80

在研究中至少有三种主要范式：解释主义（包括解释学、现象学和符号互动论）、经验分析主义（实证主义）和批判主义（包括女权主义、马克思主义和精神分析学）。表 3.5 展示了七个基本问题，这些问题可以被用来指导阅读，并且在必要时使研究者的方法论立场显现出来。

表3.5 影响研究的三种范式比较

指导性问题	范式		
	经验分析主义	解释主义	批判主义
哲学/理论根源是什么？	实证主义，自然科学	解释学，现象学，符号互动论	马克思主义，女权主义，精神分析学
为何开展研究？	发现能做出预测或控制事件的自然规律	理解社会生活和描述人们如何构建社会意义	发现能解释社会关系的秘密或隐藏的真相，赋予人们力量去激进地改变社会
社会现实的本质是什么？	社会现实包括稳定的、业已存在的、可被发现的模式或秩序	社会现实是对人们通过与他人的社会交互而创造的情境的流动性定义	社会现实是多层次的、在历史环境中演变的、隐藏的、基于社会结构/力量的事件和关系
人类的本性是什么？	受到外部力量影响的、自我本位的理性个体	创造意义和不断理解周围世界的社会生物	有未实现潜力的创造性和适应性个体，受困于削弱和剥削他们的社会力量
对社会现实的解释/理论由什么构成？	以概率形式陈述的、相互联系的定义与公理，以及遵循因果法则的逻辑演绎系统	对群体意义系统产生和维持方式的描述；包括细致的背景信息和有限的抽象过程	对条件背后的社会结构的揭示，以及改进世界的方法
81 什么是可靠的依据？	建立在他人能复制的精确观察基础之上的	植根于流畅的社会交互环境之中，在交互中产生意义	以能揭示秘密/隐秘真相、解释何为社会的理论为基础
科学当中何处体现了社会/政治价值观？	科学是价值中立的；除了选择研究主题以外，价值观没有任何位置	价值观是社会生活不可或缺的一部分；没有一个群体的价值观比其他群体更高等	所有的科学必须从价值立场出发；有的立场优于其他立场

来源：改编自福塞等人的研究（Fossey et al.，2002；Neuman，1994；Guba & Lincoln，1994）。

尽管简化了很多，表 3.5 中对于三种范式的描述仍显示了基于不同的关于现实本质的方法论假设的研究方法之间的区别。三种范式都能够用于学术性（传统）综述或干预性（系统）综述（下一章有关于这些区别更详细的讲解）。不是说经验分析主义的假设对于干预性综述是必需的，也不是说三种范式的元素不能混合为一种方法。表 3.5 中的那些问题之下最关键的问题是“常识在研究和评价依据当中的作用是什么”。常识的主要问题在于它不能直接传授——或者，它可以传授吗？

评价研究

一旦你开始从文献中阅读和提取信息与数据，你就需要开始评判和评价这些文献的价值。这一活动综合了阅读各文献、了解和思考他人对这些文献的看法，以及思考这些文献如何结合起来产生不同目的的文献综述这三个过程。有很多评价标准可以评价不同类型的研究。在本节中，我们将关注和讨论基于标准的研究评价，但首先要问，什么是研究的目的？我们需要知道这个答案，才能知道该问什么问题。

研究的目的是什么？

显而易见的回答是，研究的目的是发现我们不知道的事物。在这种情况下，鉴于每年出版的学术期刊、研究报告和专著的数量，我们似乎发现了 82
很多以前知之甚少的事物。一个更加深思熟虑的回答是，很多以研究之名的“研究”其实并不是研究。其中，有些是对前人研究的总结性综述、观点性文章、对一些数据的意义或一个概念（方法）的应用的讨论和辩论。尽管如此，依然有大量的初步研究报告出版。有些是个人为了资格评定所写的研究报告。

有些是更大的项目的成果，常为国家性或国际性项目的研究团队所写。只有其中一部分对实践问题有应用价值。这不是重点，但这意味着我们需要理解研究有不同的种类、不同的方法、不同的目的。如果我们找到的一些研究没有以我们希望的方式完成，这并不表示它质量低或者对别人没有用处。

此处要强调的是，有很多出于不同目的的不同类型的研究。如果我们要寻找对做出决策有用的研究发现，如干预措施，那么我们可能需要关注一项研究是如何做的，评价其过程，再看其结果，评判（判断）它与我们需求的相关性。

评价与评判

一项研究的目标会影响它的组织方式和研究者使用文献的方式。在第 7 章和第 8 章，我们将更深入地讨论一些组织、分析和描述文献的方法。

因此，评价可能需要在评判之前进行。区别两者的一种方式是，评价关注的是依据（研究发现）的用处，而评判则关注一项研究的发现是肯定还是质疑了其他研究。这一区别的重点就在于研究发现（依据），我们将在下一章讨论这一方面。

评价不同类型的研究

为便于解释，我们可以说有两种研究类型——定量研究和质性研究。你可能会熟悉这两种研究，因为大部分教科书都会告诉你这两种研究是什么，通常使用什么数据收集方法（Hart，2005：191–234）。下面要说的是辨别这两种研究优缺点的一些简单但快速有效的方法，见表 3.6、表 3.7。使用任何一
83 套评价标准的前提都是你已经找到了核心文献并且要评估它们的权威性，以及其内容和观点的可信度和在你研究中的有用程度。要记住的是，几乎所有的研究报告都是针对某个读者群的重构性文本，然而我们依然可以从中提取信息以做出初始评价。

表 3.6　对质性研究的初始评价

关键问题	深挖的问题
报告有多可信？（可信度）	作者对研究对象的描述是否足以评估其解读的准确性？包含了多少原始数据？原始的数据量是否足够？解读是否可信？是否使用了推理进行论证？
研究者是否做到了信息透明公开？（透明度）	作者是否交代了所用的方法？是否陈述了研究目的？方法是否适合研究目的、人群和主题？是否提到了研究过程中的意外事件？
论断是否有多个来源的依据进行支撑？（可确认性）	使用了多少数据来源？每种来源有多可信？研究者可以获取哪些其他数据来源？数据是否可以接受外部审核？

表 3.7　对定量研究的初始评价

关键问题	深挖的问题
是否所有的概念和变量都有清晰的定义并可测量？（结构效度）	因变量和自变量是否都被清楚地区分开并做出定义？研究目的是做出预测（预测效度）还是确认或否定预测效度（同时效度）？
样本是否能代表总体人群？（内部效度与外部效度）	是否使用了概率抽样（如系统随机样本）？抽样方式是否已将偏误和外部变量的影响最小化？样本对研究结果的影响有多大？推广性结论是否严格基于样本中的数据？
样本和测量工具的准确性问题是否得到解决？（信度）	测量工具是否透明化，是否聚焦于变量并适合样本人群？测量工具的信度如何确定（测试间信度，重测信度，平行信度）？

你需要利用这些问题，通过自己对研究方法的阅读建立你自己的评价标准。

不论是质性或定量研究，研究的起因都是这三者之一：理论，实践或政策。研究目的会将其中之一作为首选，成为研究报告的重点。因此，任何用于评价研究报告的标准都需要对研究的起因保持敏感。如果改善实践是起因，那么主要的评价标准应该注意其应用价值、最佳依据和解决程序，以及同类研究间的比较。如果理论是研究的关注点，那么主要的评价标准应该关注对 84

主题的理解和解释。如果给政策提供依据是一项研究的起因，那么主要的评价标准应该关注政治经济问题和长期目标。

好的研究和不好的研究

研究可以有不同的首选目的，但这不表示所有研究都好，远非如此。有很多不好的，甚至很差的研究。不论是好的研究还是差的研究，都具有可应用（可观察）的点。好的研究报告往往能让读者看到该研究开展的环境和原因，重要的是，能让读者得出自己的解读或结论。好的研究：

- 有清楚定义的研究问题
- 注明了研究的资金来源或开展原因
- 对环境、已有数据或关于问题的假设进行了充分描写
- 总结和讨论了关于研究问题或已有数据的观点和视角
- 以适合读者的语言形式呈现了研究发现与讨论
- 以可理解、可复制的方式描述了识别和收集数据的方法
- 讨论了关于数据意义的其他解读方式和结论
- 描述了研究发现的局限性
- 批评他人研究时保持礼貌谦逊
- 对所有参考文献，而不仅是报告主体中引用的那些做完整、符合格式要求的记录

以上列出的条目本身就是一组评价标准，但不是很长，也不是强制性的。有些如今被视为经典、对我们理解世界有奠基意义的研究可能无法满足其中大部分标准。例如，马林诺夫斯基（Bronislow Malinowski）的《西太平洋上的航海者》（*Argonauts of the Western Pacific*）和《一本严格意义上的日记》（*A Diary in the Strict Sense of the Term*）可能就包括了一些如今不被认可的术语
85 和短语。“原始”和“野蛮”等词语是早期人类学的语言。然而，马林诺夫斯基在使用这些词语时挑战了很多将“原始”作为贬义词的先入之见。他很清

楚地提出特罗布里恩人（Trobrianders）有复杂的社会关系和结构，其中一些（例如女性较高的地位和性自由）比他所在的西方社会还要先进得多。因此，虽然《西太平洋上的航海者》不符合上面列出的评价标准，但是我们仍应将常识应用于历史研究当中，根据研究者提出研究假设时的环境挖掘他们的研究。在这种情况下，马林诺夫斯基挑战了很多被他的同代人先入为主地视为理所当然的殖民主义优越感的想法。

自从马林诺夫斯基与特罗布里恩人共同生活并将其记录下来，研究方法以及对方法论传统的理解在某种程度上便取得了很大的进展。尽管他的描写今天看来有些天真，不符合质性研究的严格标准，它们仍然是好的研究的范例。他的描述能让读者理解发生了什么，人们在做什么、如何做的，人们信仰什么、如何依据信仰做事，最重要的是，马林诺夫斯基留给我们解读这一切的空间。他的著作做到了研究应该做到的事。从结果而言，它提供了一面理论的镜子，用它可以理解（也可以批判性地应用）与我们的知识相呼应的研究方法和描述。虽然用今天的标准来说，对于马林诺夫斯基的研究，理解的产物与为了理解而创造材料的过程并不相配，但这些都不影响我们理解《西太平洋上的航海者》，因为马林诺夫斯基的描述具有可信度（对经历的可信的描述）和真实性（基于环境的解读）。

并不是所有不满足质量规定标准的研究都可以被当作好的研究。不好的研究当然是存在的。它们往往具有以下一个或多个特征：

- 研究问题模糊，或没有清楚的研究目的 / 问题，或研究问题偏向于某个答案
- 未经过深思熟虑就忽视或排除该问题的其他视角和观点
- 未能对研究的环境做充分解释
- 声称自己是一项研究，但语言浮夸，观点武断、偏颇，不知所云（Frankfort，2005）
- 数据收集方法不当，不能满足该研究问题的数据需求
- 对被试居高临下
- 只引用能证明研究者观点的文献
- 所提供的原始数据不能供综述者审核

86 深挖：评判研究的标准

有很多套标准和指南被用于评价研究的价值。对于那些为干预措施提出建议的定量研究，考克兰协作组织（Cochrane Collaboration）[①]等组织已经设计、实施和出版了清单形式的评价标准，其目的是为评价各研究和找出研究之间的异同点制定标准化方法，其整体目标是建设关于一系列特定健康问题的起因、传播和治疗的依据体系（一个图书馆），其结果多数以系统综述的形式出版，有的以多项研究的元分析的形式出版。通过应用常识，循证医学评价方案中有的标准可以被改编用于其他使用统计方法的研究。

使用考克兰协作组织和其他循证医学学术组织制定的评价方案所做的评估大多是机械性的。这些标准根据所有被综述的研究而制定，并应用于这些研究，可以辨认数据类型和产生数据的方法。

评估研究质量

研究质量不能仅仅用一个标准清单去评估，评估标准对于提取信息、提供焦点是有用的，但要理解研究不能仅依靠技术上的规定而已。

这使得综述者将围绕同一研究问题、产生相同数据类型、使用相同方法的不同研究的研究发现综合起来，从而为推荐干预措施收集依据。

基于统计数据的文献综述有清楚的规则，因为它们评价的研究大部分使用封闭系统法（closed-system approach），这种方法受到了现实主义、实验主义和预测的影响。现实主义认为存在一个独立于人们感知以外的真实世界。而实验主义的方法试图从因果关系的角度揭示世界的运行机制。

① 国际著名循证医学学术组织。——译者注

阅读建议：标准清单

如需评价标准清单的范例，我推荐阅读《红皮书》（*The Magenta Book*），这是英国财政部推出的指南。

一旦变量被分离出来、实验完成，人们就可以做出某种条件之下对因变量行为的预测。 87

质性研究可用于做出预测、为实践和政策提供信息，也可以从现实主义的本体论出发。然而，有一些被用于质性研究的评价标准却似乎存在矛盾。此外，评价方案中的有些概念难以应用，例如保真度、可信度、代表性和真实性。还有一些标准存在更大的问题，例如共鸣、连贯性和逼真度。因此，当你寻找评价质性研究的标准方案时，会发现很多争论、讨论和哲学交锋。这背后的原因是，质性研究就像定量研究一样，有各种起因。与一些实验性定量研究不同的是，质性研究往往以开放式方法而不是封闭系统法为特征。这并不是说它们作为研究价值更低，绝非如此。这意味着我们可能要比做统计实验研究投入更多的思考、更广博的知识基础。将任何一套标准应用于质性研究都可能意味着我们需要了解不同的哲学传统、这些传统内部的辩论、在方法论传统基础上进行实证研究的方法，以及如何理解复杂的论证。下面这个改编自斯潘塞等人的研究（Spencer et al.，2003：11–15）的列表就是一个用清单的方法评判质性研究的例子。

研究问题　这个问题是否可以通过研究解决？

提出了哪种研究问题？它的论证合理吗？这个问题暗示了要用哪种研究去解决？关于研究问题基于的主要想法 / 假设 / 理论思想以及它们如何影响研究设计，是否进行了讨论、提供了依据？（此处默认没有研究不含有潜在看法或理论思想。）

研究设计　研究设计是否合理？

研究策略的设计能如何应对研究问题和研究目的？研究设计是否有清晰的原理作为支撑？研究设计的各个特征（例如，设计研究各组成部分或阶段的理由，使用各研究方法或数据来源、方法组合、时间安排的目的）是否有令人信服的解释？对于研究场域的背景或历史发展及其社会性 / 组织性特征是否进行了描述？研究的目的和设计是否置于已有知识 / 理解的背景之中？是否找到了新的研究方向（例如与政策 / 实践 / 实质理论的关系）？

88

抽样方法 样本或个案的抽样设计 / 目标筛选是否合理？

对样本或个案构成有没有充分的解释和描写？研究地点 / 区域的选择是否有足够的解释？样本是否可以进行比较？样本或个案的不完整问题及其影响是否得到了解释？可及性问题与研究方法如何影响了研究对象的参与、覆盖率或数据收集？

数据收集 数据收集完成得如何？

数据收集由谁完成？使用了什么程序和（或）文件收集 / 记录数据，以检查文件的来源、地位、作者？原始数据如何记录？记录在何处？如果没有对访谈、讨论、对话进行音视频记录，相关解释是什么？对于实地研究方法或环境如何影响了数据收集是否有恰当的讨论？是否收集了足够的数据并达到抽样设计的规定？

分析方法 分析方法及其形成是否表达清楚？

对于数据管理方法、工具、方案的选择是否有清楚的原理？对于描述分析的类别、种类、标签等如何得出和使用有什么依据（通过报告中明确的讨论或描述）？对于构建的概念分析、分类法等如何制定和应用是否有举例讨论？有什么依据显示作者注意到了否定性个案或例外，以及相反或不同的立场？这包括讨论明确和隐含的解释，以及察觉潜在的因素或影响。是否找到和讨论了数据内部的联系与概念关系模式？是否讨论了研究设计、数据收集、数据分析中如何出现误差和偏见，以及这些如何解决？

研究发现　研究发现的可信度有多大？

研究发现或结论是否有数据 / 依据支撑，即读者是否能看到研究者怎样得出结论？分析和解读的每一部分是否都显而易见？研究发现或结论是否可理解或有连贯的逻辑？研究如何扩充了知识或对主题的理解，例如在结论中（适时）回顾文献综述，总结已有的知识体系、前人研究提出的关键问题和本研究的贡献？是否理性讨论了哪些结论可以推广到样本或个案所属的更大群体？

研究报告　研究报告是否清晰连贯？

报告中是否陈述了研究问题，并清楚展示了它与研究设计的关系？报告的写法是否呈现了一篇叙事（故事），或者清楚建构了对研究的主题性叙述，包括能有效引导读者阅读的结构和提示词？信息对于目标读者是否可理解，是否以适当的水平撰写？关键信息是否突出或得到了总结？影响研究或评价形式和成果的假设、理论视角、价值观交代得有多 89
清楚？对于研究发现如何为知识体系和主题理解（例如对政策、项目或被综述的理论的理解）做贡献，以及研究发现如何应用于新的政策发展、实践或理论，是否有可信及清晰的讨论？

研究伦理　有什么依据证明研究者注意了伦理问题？

有什么依据证明研究者对研究环境和签署知情同意书的研究对象考虑周到？知情同意程序和提供给研究对象的信息是否有记录？研究对象参与研究的潜在危害或困难在哪些合适的地方进行了讨论？

可审核性　研究过程的记录是否得当？

所有的文献引用都详细正确吗？所有检索过信息的数据库都列举了吗？对数据来源与方法的优缺点有清晰的讨论吗？如果需要，能提供原始数据吗？对研究设计的改动进行解释时是否突出了它对研究内容的启示？所有相关文件是否都可查阅（例如与研究对象的通信、主题指南、观察模板、数据管理框架等）？

有各种来源的很多评价标准清单，你需要去寻找它们，看它们如何发展为适合你所做的或所查阅的研究的评价标准。第 4 章讨论了哪些研究类型更适合使用正式的评价标准。

标准学与常识

通过查看评估研究的标准体系，我们实际在参与一场包含很多观点、立场和信念的辩论。标准是有用的，但必须谨慎待之。一种方法是提问“谁说的，为什么”。谁说这些是应该用的标准？为什么是这些标准而不是其他标准？这些标准为什么而建？如果研究不能达到这些标准会有何后果？西尔（Seale，1994：171）认为：

> 在质性研究中，制定标准这件事会遇到特殊的矛盾，因为这项活动的指导思想经常给创造性探索和精神自由造成压力，而对它们进行规范和限制尤为困难。

马林诺夫斯基就是个有趣的例子。我们讨论他的时候曾表示，几十年前的研究是历史性的，很多现在提倡的评价标准与当今的研究相关，因此可能
90 无法捕捉历史性研究的精髓。严格遵循标准会限制我们的理解，将我们困于狭隘的话语当中，从而抑制我们的创造性视角。不论什么标准，都需要透明化，也需要明智地使用。其目的是将研究项目的目的、研究开展的过程和提出的观点显露出来用以讨论。从综述者的立场而言，目的是能够以明智的方式谈论研究者的立场、研究的逻辑、运用的概念、接纳和拒绝的理论，以及该研究对后续研究的影响。构建确定性的标准这件事本身就应该接受批判性的评价。

结论

不同类型的研究因为不同的原因使用不同的方法论假设和数据收集方法。没有一种简单的方式可以理解这些（除非对研究方法论的书籍进行深入阅读），且这些方法论中的一部分有自己的哲学历史来源。

研究论文通常是对研究过程的重构性文本。你的任务是进行分析性阅读，找出其研究设计，从而找到研究者的动机。

应对开展研究的不同方法论立场是很重要的。有的立场你也许并不喜欢，但理解它们的逻辑是你的专业责任。否则你就不能合理地对它们做出评论或提出替代方法。

评价研究有一般性和具体性的标准，这些对于提取信息、做出比较和整合研究发现非常有用。然而，所有的标准体系都是从作者认为有用的某个特定立场设计的，他们认为这样可以找出“正确的”（有信效度的）研究。一些研究传统，例如有的民族志研究或历史性研究需要在判断其价值的时候应用常识——一种更加宽容的解读方式。同样的常识也需要被应用于那些在形式上与植根于“科学现实主义”、基于统计数据的研究相联系的研究。

对研究进行分析性阅读也意味着用质疑的思维阅读。不要将任何事情视为理所当然或全盘接受。有可能某位作者受到尊崇，其研究经常被引用，但这并不意味着你也要这样做。请用同样的质疑精神挑战所有的研究。

总结

91

- 关键的一点是要教会自己对研究进行批判性、分析性阅读。
- 了解研究中进行决策的各个因素是能够理解作者观点和研究项目的重要前提。这种意识可以通过阅读他人的研究和开展研究分析来得到锻炼。
- 要通过研究和阅读不同来源的资料，发展关于不同方法论传统的知识。这些方法论传统是研究者所使用但不一定讨论的，是他们研究的认识论基础。
- 练习分析和评价研究。寻找作者在研究中的推理过程，以及运用推理得出结论的方式。

第4章

文献综述的不同类型

关键问题

- 文献综述有哪些类型?
- 你需要做哪种文献综述?
- 对文献做激进的批评会有什么后果?
- 需要考虑哪些方法论及认识论问题?
- 综述者和文献综述本身需要展现什么特质?

核心技能

- 理解各种研究传统和方法
- 从一般性和具体学科的立场分析研究
- 展示理论和实践知识
- 评价研究的质量和价值
- 管理复杂信息时对出版物应用文献计量学分析
- 应用问题解决的技巧

93 导语

你需要做的文献综述类型取决于你的研究目的。目前存在两种普遍的文献综述类型，学术性综述（以传统综述为代表）和干预性综述（以系统综述为代表）。学术性综述已经用于学位论文研究很多年，典型的学术性研究往往专注于理论和研究方法，以分析和讨论为基础，通常对于干预人们的生活没有提供启示。干预性综述是新出现的，其目的是为干预措施提供最佳可用依据，为医学治疗和政策改变提供实证指导。需要做哪种文献综述取决于你的研究问题、研究目的和综述能力。

因此，本章要讲的是你需要如何做决策，以及文献综述怎样帮助你做这些决策。我不认为一种文献综述或知识来源优于另一种。只要是以透明化的方法完成，所有类型文献综述在当前研究中都占据相等的地位。

文献综述的不同类型

由于不同类型的研究使用不同的数据收集方法、基于不同的研究传统，因此文献综述也有不同类型。表 4.1 总结了两种主要的文献综述。注意这只是一个总结，需要读者自己推出大量细节。

表 4.1　两种主要的文献综述及其读者

学术性	干预性
大概目的是运用辩证推理，通过严谨的思维分析，审视观点，寻找和解决矛盾，挑战已有观点和做出推断。	大概目的是使用所有可用的、有效的和可信的依据做出决定，以应对一种情况（医学的、社会的或经济的等）或者预防性地减少一些事情的发生。

续表

学术性	干预性
读者是那些需要确定综述的作者已经达到了能应用逻辑技巧的某种认知能力水平，并能够使用高水平概念性思维的人，比如学位论文的评审者。	读者是那些需要对实践问题做出决策的人士，包括医学、教育、司法、交通、住房建设和环境行业的实践者和政策制定者。

动机和受众是人们写文献综述时选择类型的两个决定性因素。我们已经阅读了第二章中的一些学术性综述，下面的摘录则展示了一个受众为实践者的干预性综述。以下内容摘录自斯坦等人（Stein et al.，2009）关于保护孩童的文献综述。它的目标受众是从业者、决策者和研究人员。 94

他们指出，该综述的目的是：

1. 围绕对青少年的忽视这一问题，提供一份简单易懂的相关文献摘要，并就这一议题的进一步发展提出建议。

2. 提醒相关部门为多学科团队和年轻人编制指南。

然后，作者阐释了针对不同利益相关者的建议：

给青年人的建议

需要提高年轻人对忽视这一概念及其潜在后果的认识，以便使可能正在遭受忽视的年轻人有寻求恰当支持的期望与能力。正在编制中的青年指南将是实现这一目标的一种方式。

给从业人员和执业管理人员的建议

同样，有必要提高对忽视意味着什么及其潜在后果的认识，以便使可能正遭受忽视的年轻人能够寻求适当的支持。专业人员指南将有助于实现这一目标。

给高级管理人员和决策者的建议

在管理和政策层面，需要更多政府文件的支持，以便在可能被忽视的情况下对青少年按年龄段进行评估、对虐待的官方定义和判定进行可能的改进，以及对在这一领域开展进一步研究和试行新干预措施所需的

> 更多专项资金予以支持。
>
> **给研究人员的建议**
>
> 最后，这篇文献综述向研究界提出了一个重大挑战，即在虐待这一研究领域内更多地关注忽视和影响青少年的问题。由于先前工作的缺乏，研究人员有机会制定一套统一的定义和衡量标准，从而支持英国在这方面的一系列研究。
>
> **青少年忽视的潜在后果**
>
> 人们对儿童忽视，特别是青春期忽视的潜在后果有了更多的了解。然而，关于这些后果的证据有一些局限性，最明显的是，它通常表明的是相关关系，而不是因果关系。

95 斯坦等人（Stein et al.，2009）的文献综述是试图将各种来源的研究集中到一处，供一系列人员使用的典型案例。

我们要注意，这种二分法不是确定的、非此即彼的。不管做哪种类型的文献综述，综述者都应在搜索、处理信息和数据方面拥有相应的技能，并且能够思考数据和概念的含义。在第一章中，我们讨论了维泰研究者发展框架，概述了研究人员所需的技能。现在，我们来谈谈不同类型文献综述的特征。

学术性综述

典型的学术性综述与阅读研究文献以获得更高层次和更深程度的理解有关。这种理解可以是任何方面的，但通常包括理解一种思想的起源和历史、关于一个理论的各种观点、一种研究方法的发展和应用等。不能将研究文献当成消遣读物去读。学术研究是一项严肃的活动，也可能是一个挑战，其中包含了一些很费解的思想和复杂的观点。与干预性综述不同，学术研究者不一定会试图对改善某事给出指导，他们没有已经打包完毕、易于传播和消化的先期研究。学术性综述者的目的是理解他人对一个研究问题已做出的不同贡献，然后对其中每个贡献的含义进行解读。同样的目的也适用于为了实践和政策制定者而写的文献综述。这是因为，在社会科学和人文科学研究当中，有大量关于研究主题、论题和问题的信息和理解能为解读一项建议提供必要的背景知识。

学术性综述的定义

学术性综述不总是能与干预性综述区别开来。学术性综述的一般目的是找到与综述目标相关的文献，这些文献可能是初步研究、现有理论、模型与观点（包括其解读）。学术性综述可能集中于一个或多个目标，比如：

- 将关于一个主题或问题的现有知识观点整合起来，找到这一领域研究的边界和基本假设。
- 考察和评价理论立场对一个现象的描述或解释，或对研究的影响程度，看现有理论是否能够应用于新问题或者是否需要新的理论。
- 从不同视角分析研究中的特定主题，比较不同的方法。
- 评价不同研究方法和数据收集方法的有用性。 96
- 梳理主题或问题的历史性发展。
- 寻找最新研究，发现哪些正在形成的主题及批评热点可以融入对后续研究的建议。

从操作性定义的角度而言，我们可以说，

> 学术性综述可以考察关于一个主题的研究发现、发展或观点，或者相关方法论文献。得出的文献综述将是对一组合理选择的研究发现和解读的严密的、理性的、批判性的评价，并将从头至尾聚焦于一个清晰的研究问题。

因此，学术性综述中包含的知识和技巧对任何一种文献综述来说都是非常基本的。要想走向更复杂和更有深度的研究，具备这些知识和技巧是必经的一步。

学术性综述的不同形式

文献综述的概念对研究者来说并不陌生。社会科学和人文科学的研究者们已经，也应当熟悉多个研究领域的广泛文献资料。社会学的研究生不仅应当有本研究领域的足够的操作性知识，也应当了解学科的奠基人、关键理论与实证研究，以及本领域当今的主要争论点。学术性综述的范围往往比干预性综述要大得多，包括学位论文中的文献综述、概念讨论与澄清、观点论证、历史性描写和跨学科学习。

学术性综述的例子

有很多学术性综述的例子。可以根据你的需要寻找能解决你的问题的文献综述，如果有可能，寻找你的研究主题所在领域的文献综述。我们不建议你照抄他人的文献综述，但你可以使用前人的文献综述作为一种学习资源。下面的例子就说明了这一点。

认识论假设

文献综述的类型受到了研究者的认识论假设的影响。以下是一组简
97 单快速的术语定义：

主观唯心主义——在人类多种多样的主观理解之外不存在共同的现实；

客观唯心主义——世界是集体共享的理解的反映；

批判现实主义——关于现实的知识受到人的感知和信念的调节；

科学现实主义——知识是可以接近外部现实的；

朴素现实主义——现实独立于人的理解而存在，并可被直接获知。

（Spencer et al.，2003：45–46；Barnett-Page & Thomas，2009：11）

学术性综述也有不同类型，其相互之间的区别大多取决于研究者的认识论偏好，这种偏好可以从它们对特定范式世界观的遵从当中得到反映。巴尼特 – 佩奇与托马斯（Barnett-Page & Thomas，2009）对综合型质性研究与数据

所使用的方法进行了全面综述。通过对文献的直接阅读，他们对当前使用的研究方法做了有用的归类，发现了九种综合研究的方法，而且能说出每一种的独特之处。

巴尼特 – 佩奇与托马斯（Barnett-Page & Thomas，2009）依次描述了每种方法，引用了可以归入这些类别的研究。以下选段就是他们对扎根理论和对使用它来做综合型质性研究的研究者的描述。

> 卡尼（Kearney，2001）、伊夫斯（Eaves，2001）和芬夫杰德（Finfgeld，1999）都将扎根理论改造为一种综合型方法。格拉泽与斯特劳斯（Glaser & Strauss，1967）和斯特劳斯与科尔宾（Strauss & Corbin，1990，1998）最初制定的，之后又改良的扎根理论及其假设要点包括：数据收集与分析同步进行，归纳性的而非假设演绎性的，从数据中得出理论，不断使用比较法，使用理论抽样达到理论饱和，以及产生新理论。伊夫斯引用了扎根理论学家沙尔马兹（Charmaz，1983）和切斯勒（Chesler，1987）以及斯特劳斯与科尔宾（Strauss & Corbin，1990）的研究，并认为她的综合型方法受到了他们的影响。（Barnett-Page & Thomas，2009：6）

巴尼特 – 佩奇与托马斯的文章（Barnett-Page & Thomas，2009）是一篇详细的分析性综述的例子。它示例了对文献的综述和为研究而综述两种类别。他们分析的第一部分使得他们能够基于综合型质性研究的方法将研究分为九类。这一分类告诉读者当前使用的方法有哪些。这项工作是显示九种方法的认识论根源和其他特征的基本前提。从他们对九种类型认识论差别的讨论中，读者能够对哪种方法最适合自己的研究问题、符合自己的范式做出明智的决 98
定，从而能够对自己的研究需要哪种方法提出想法。

表 4.2 来自巴尼特 – 佩奇与托马斯的研究（Barnett-Page & Thomas，2009：23–25）。他们指出了分析这九种方法的几个维度，表 4.2 显示了其中两个维度：从唯心主义到现实主义的连续体，以及各组方法更倾向选择分析异质的还是同质的研究。

表 4.2 差异维度

唯心主义 ———————————————————————— 现实主义

主观唯心主义			客观唯心主义		批判现实主义			科学现实主义
元叙事	批判解读综合	元研究	元民族志	扎根理论	主题综合	文本叙事综合	框架综合	生态三角验证
异质			同质		异质			不明

来源：巴尼特 – 佩奇与托马斯的研究（Barnett-Page & Thomas, 2009）。

这种综述的长处是它显示了研究者在设计研究时可做的选择。最初的分类与之后对方法论假设的识别同样有价值。最初的九种分类对将看似混乱的文献变得清晰有秩序至关重要。从这里，研究者可以对阅读哪些研究做出明智的决定，这一决定是以他们自己的意图为基础的。巴尼特 – 佩奇与托马斯（Barnett-Page & Thomas, 2009）提出，有的方法更适合描述数据，而有的更适合对数据做出新的解读。

> 此处综述的方法在尝试超越初步研究和处理数据方面程度各异。有的方法——文本叙事综合、生态三角验证和框架综合——重点在于描述和总结原始数据（常以高度结构化和细致的方式）以及在不同研究之间进行转化。其他方法——元民族志、扎根理论、主题综合、元研究、元叙事和批判解读综合——企图超越原始数据，对综述的现象进行新的解读。

因此，如果你正在做本科论文，描述多项研究的方法也许适合你的需求。
99 如果你在做博士论文，那么对一个现象的数据做出新解读的方法可能适合你的需求。

学术性综述的关键特征和要求包括：

- 注重增加对一个领域中某个主题、问题或研究方法方面的知识
- 需要跨学科广泛阅读包括历史、哲学方面的文献，以理解复杂的假设和观点

- 能够分析观点、比较不同立场、挖掘方法论假设及其逻辑结果
- 需要对可找到的资源和文献来源（如数据库、档案等），以及组织方式和研究报告方式有足够的、大量的知识
- 需要理解研究过程，包括各种研究方法（经常还有数据统计技巧）的优缺点
- 要具备组织信息，以及找出思想、理论与观点之间关系的能力和思维能力
- 要能找到新的研究可能性，而不仅仅是重复前人的研究或观点

干预性综述

干预性综述本质上旨在通过尽可能找到起作用的方面来解决疑问，并使用初步研究或评价中获得的依据去指导决策。这种文献综述不限于医学实践，也常被政府部门使用以为社会经济政策的制定提供信息。在英国，很多组织，例如经济与社会研究委员会（Economic and Social Research Council，ESRC）承担着为依据的收集和传播制定标准的责任。在 2000 年，英国政府呼吁社会科学界开发研究方法和程序，提供关于何种政策奏效、哪些更可能有效等方面的依据。

> 社会科学研究的依据对政策发展和评价至关重要。……我们需要去依赖社会科学和社会科学家们告诉我们什么是奏效的、为什么，以及哪种政策举措有可能是最有效的。（Blunkett，2000：24）

干预性综述的定义

"系统综述"和"循证实践"这两个词比"干预性综述"更常用。"干预性"一词在本书中主要用于区分做文献综述的目的，挑战有关不同类型文献 100
综述价值的说法。这是因为"系统综述"中的"系统"一词暗示了其他类型文献综述都不系统。例如，斯威特与莫伊尼汉（Sweet & Moynihan，2007：1）说道：

> 系统综述为收集、综合和评价某个主题或问题的研究发现提供了系统、透明化的手段。其目的是将与单个研究和非系统综述相关的偏见最小化。

声称非干预性综述，即所谓学术性综述，是非系统性的，或者说它们不重视依据，这都是不对的。现在学术性综述的撰写和评价都有严格的规则。

阅读建议：元分析指南

英国经济与社会研究委员会国家研究方法中心（ESRC National Centre for Research Methods）提供了很多优秀的关于研究发现的元分析和综合指南，可在线获取。这些指南可以在美国经济与社会研究委员会网站（www.evidencenetwork.org）上找到。

干预性综述通常是一篇专门为支持一项改进决策、提高行动效率、采取正确行动提供依据的研究报告（或文章）。干预性综述不会告诉我们什么应该做或如何做，也不会提供确定的答案或解决方案。它会在决策者、个人或组织资源有限或缺乏当今研究的知识时为决策提供信息，而且在某个价值系统内发挥作用。因此这类文献综述能为研究转化为实践、解决具体问题提供支持性依据，同时旨在以机构和社会能接受的代价产生利大于弊的影响。

干预性综述的不同形式

所有关于文献综述的分类都是对由常识和解读支撑的一系列技能和流程的实践。干预性综述虽然通常遵循一套规则，也会基于综述者的需求有所不同。常见的干预性综述主要有两类——系统综述和元分析。但请注意这两类
101 综述都可以由不直接以干预为目的的研究者完成，也可以由希望理解一个问题的背景的学术性研究者进行。维克托（Victor，2008）总结了三种主要的旨在为政策制定者和实践者提供决策建议的文献综述（见表 4.3）。

表 4.3　社会科学政策研究中文献综述的类型

	传统型	扩展型	综合型
方法总结	源于临床医学，其设计是为了获得关于医学干预效果的严谨结论。	涵盖多种方法，包括对传统方法的扩展和（或）改造，以拓宽它在社会科学中的用法，提高其应用性。	一套正在形成的方法，其基于的观点是：知识必须以综合而非累加的方式积累。
关键的方法论特征	遵照严格规定的、分步骤的方法论。优先使用随机对照试验，其数据通过标准化模板提取，通过统计方法进行分析。	对传统的分步骤的方法论在不同程度上进行扩展和（或）改造。可能包括多种类型的研究，因此也包括多种质量评价方法。经常用叙事形式进行文献综合。	围绕理论发展。这是一个规定少、迭代多的过程，依赖研究者的专业知识和判断力进行。常采用目的性抽样，从而对依据做出评价。
这种方法最适合解决的研究问题	测量干预效果的问题，例如，一项新的政府项目减少了多少无家可归的现象。	缺乏随机对照试验依据时的干预效果问题，以及关于干预过程和被干预者对干预的看法的问题，例如，无家可归人士对新的政府项目的看法如何。	社会领域的理论建构问题，例如，什么理论模型能最好地解释政府解决无家可归问题的新项目的成效。

来源：维克托的研究（Victor，2008：2）。

干预性综述示例

有大量关于干预性综述的详细文献和资源。例如，坎贝尔合作组织（Campbell Collaboration）、英国经济与社会研究委员会循证政策与实践中心 102（ESRC UK Centre for Evidence Based Policy and Practice）、政策和实践信息证据与协调中心（Evidence for Policy and Practice Information and Co-ordination Centre）和考克兰协作组织等提供了大量的资源，包括开展元综述与系统综述等文献综述的指南。表 4.4 展示了政策和实践信息证据与协调中心提供的一些系统综述。

表 4.4 政策和实践信息证据与协调中心提供的系统综述示例

日期	标题
2012 年	晚期诊断的系统快速依据评估
2012 年	减少青少年再犯罪的选择性干预的系统综述
2012 年	健康、教育、社会服务委托：健康与社会服务机构联合委托的模式、相关研究文献和深度综述
2012 年	烹饪社群：推广成人家庭烹饪的干预措施的有效性与适当性的系统综述
2012 年	微信贷、微储蓄、微租赁是否是有效的普惠金融干预措施？能使中低收入国家的贫困人群，尤其是妇女获得有意义的经济机会吗？——对依据的系统综述
2012 年	关于低收入国家教育、技能与经济机会之间关系的依据：一篇系统综述
2012 年	中低收入国家国有健康保险对贫困人群及非官方部门的影响：一篇系统综述
2012 年	烟草的简易包装：一篇系统综述
2012 年	为低收入和中低收入国家的年轻女性提供经济支持：对依据的系统综述
2012 年	与男性相比，经济资源转移对女性的影响：一篇系统综述

表 4.4 中列出的系统综述往往使用了共同的模式和方法。穆迪等人（Moodie et al.，2012）关于烟草简易包装的研究是一个典型的例子，如图 4.1 所示。一旦定义和选择标准确定了（这本身是一个重要的研究阶段），一系列数据库就确定了，这些数据库与其他网络资源（例如档案库）一同被用于检索。报告里给出了关于检索策略和质量评估标准的完整细节。穆迪等人找到了大约 4518 篇文献，其中 3232 篇因为不满足标准被排除。通过检索摘要、
103 阅读文献、剔除重复性记录，最终有 37 项研究被提取用于分析。尽管有一些既往资料可供参考，该研究团队还是做了大量工作，通过确定检索词检索数据库以获得尽可能多的文献，为读者提供最佳的可用依据。最终选取的文献既包含了质性研究，也包含了定量研究。

104 另一种与干预性研究者相关的文献综述是元分析。对考克兰协作组织这样的机构而言，元分析

> 使用统计分析方法综合各研究的结果。它使得我们可以通过增强分析的功效最大化利用干预性综述中收集的所有信息。通过统计综合相似研究

的结果，我们可以提高对治疗效果估计的准确性，并评估类似情景中的治疗效果是否相似。（Higgins & Green，2011：15）

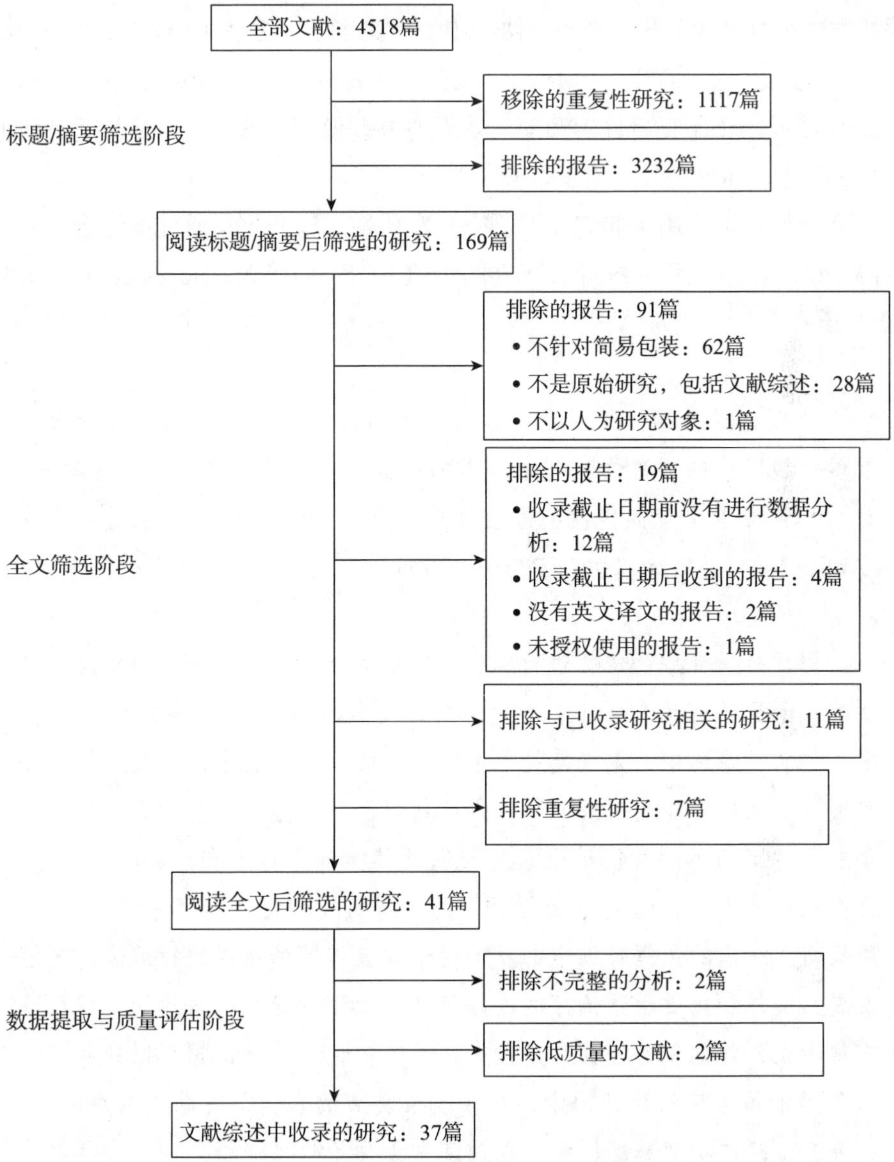

图 4.1　烟草简易包装系统综述的研究流程

来源：穆迪等人的研究（Moodie et al.，2012：109）。

元分析是一种特定的干预性综述。在医学当中，它几乎完全以对同一研究问题的随机对照试验结果的统计分析（而不是数字的累加）为基础。做元分析要花费时间，你需要知道并有能力运用必要的统计技巧。这是因为有不同的方法可以做元分析。考克兰协作组织讨论了三种方法（Higgins & Green，2011）：曼特尔－亨塞尔（Mantel-Haenszel）法（专用于两分法数据），皮托（Peto）法（用于罕见事件）和随机效果逆方差模型（默认可以估算所有研究的真实效应，而这些效应成正态分布）。

元分析也可以用于非统计性研究和对质性研究与定量研究的综合。考克兰协作组织已经认可非统计性研究的价值。诺伊斯等人（Noyes et al.，2013：3）写道：

> 从探究提供和接受干预措施的人的经历的质性研究以及评价影响干预措施实施的因素的研究中得出的依据，对于保证系统综述对政策、时间和消费者决策的价值有着重要的作用，这一点已经日益得到认可（Arai，2005；Mays，2005；Popay，2005）。
>
> …………
>
> 对质性研究中的依据进行综合可以探索诸如人们如何体验疾病，以及某项干预治疗为何（不）奏效、对谁奏效、何种情况下奏效等问题。在一些文献综述中，尤其是关于医疗供给的文献综述中，利用质性依据解决一些问题可能是很好的，例如：获取医疗服务的阻碍和促进因素有哪些，特定的阻碍和促进因素对人们及其体验和行为有何影响，等等。这些依据也许会通过对求助行为的民族志研究和访谈研究等方式获得。
> 105 质性研究得出的依据可以帮助我们对干预性综述的结果进行解读，理解发展、实施和接受干预治疗的人如何体验干预治疗，探索他们重视或不重视干预治疗的哪些方面，为什么，等等。这些质性依据可以让我们深入了解干预治疗的外部因素，包括政策发展的影响，促进或阻碍项目、服务或治疗成功实施的因素，以及某种干预治疗可能需要如何改良以用于大规模推广（Roen，2006）。

元分析不必然与统计相关。有的元分析研究关注很多采用多种研究方法的问题。例如，欧盟资助了众多与性别有关的元分析研究，它们对社会科学中与性别差异相关的很多主题、问题和论题的研究进行分析，涵盖了工资差异、刻板印象与身份、劳动活动、政策与整合等。欧盟还根据各个元分析报告得出了一份综合性报告。有意思的是，有的元分析的对象是民族志研究，它们体现了质性研究如何能被系统性地元分析并保证分析结果严谨有效。

总的来说，干预性综述的关键特征和要求包括：

- 焦点在于回答在某种条件或情况下有关干预的问题；
- 使用明确的、清晰陈述的检索词，以得出可复制的、关于文献筛选的行为和决策标准；
- 为一项可能费时的、多人参与的、高成本的项目分配足够的时间和资源；
- 需要对可使用的资源和文献的来源（如数据库）、它们如何组织、研究如何用统计术语进行报告等问题有足够的、广泛的操作性知识；
- 需要理解研究过程，包括各研究方法与统计技巧的优缺点；
- 需要尽可能全面地（可能意味着要囊括相反的依据）了解如何将被称为规则的广为认可和接受的方法应用于检索的设计、实施和结果报告；
- 对研究开展的环境和原因有广泛的知识，包括发表论文的压力和错误进行研究报告的可能性。

你需要做哪种类型的文献综述?

你需要做哪种文献综述取决于你做研究的原因。在很大程度上，你的研
究问题和初衷会指引你寻找能为你研究提供信息的材料。干预性目标会引导 106
你检索针对政策和实践的原始研究，而学术性目标会引导你检索关于概念和理论的各种观点以及不同方法论和政治立场的相对优缺点。你要做一个批判性的研究者，应该预见到凡事并不都是泾渭分明的。还有其他问题需要考虑，

其中主要的就是你如何理解文献综述——你是想对已有的建筑添砖加瓦，做证实性工作；还是想重新盖楼，做生成性工作？

添砖加瓦与重新盖楼：证实性综述和生成性综述

在思考和计划你的研究，尤其是文献综述时，你有几个选择。其中之一是在一个现有的研究体系内用同样的方法对已有知识进行扩充。第二个选择是考察一个问题的现有文献，创造出替代性的或不同的方式来理解这个问题。有两个类比或许对我们有帮助。

检索有关一个实质性问题或方法的文献时，你会发现一些作者的著作对这个问题或方法有重大影响。我们称这些作者为扔石头的人。其他做了类似工作的作者我们可以称之为滚石头的人。滚石头的人通过阅读现有文献制定了研究问题，并通过研究试图对现有的观点做进一步的证实。简单地说，他们试图证实扔石头的人提出的命题。所有的主题领域都有自己的领地，生活着少数扔石头的人和很多滚石头的人。后者不会改变领地，因为他们很小心地遵守着扔石头的人建立的理论、方法和政治传统，谨慎地将自己的研究滚入领地。而扔石头的人之所以是扔石头的人，是因为他们确立了研究问题，应用了从未用过的研究方法，或者发展了讨论该问题的理论隐喻。

还可以用建筑来类比这两种研究。大多数研究活动可以被视为结构相互联系的一系列元素，如同一栋建筑。建筑有结构、形式和形状。通过对一个主题的文献的检索和分析，我们可以建构对不同学科问题的图表式描述。

对现有著作的批评

请记住在第 1 章我们讨论过核心著作和对现有文献体系的批评问题。

107 这些图表能显示建筑的地基，也就是方法论假设，以及主要分区，即研究者在同样的地基之上使用的不同方法。借助于方法论这个地基和建筑内的其他研究者，研究者可以解释、证明和交流自己的研究。这意味着有的研究者会形成兴趣共同体，对一个问题、它的研究方式和研究立场享有共同的看法。换言之，他们有共同的、与其他群体相区别的一套认知基础。

阅读建议：研究教条

对核心著作的文献综述和批判性分析能揭示一些方法论假设背后的知识结构。要想了解对研究中教条主义和滥用权威的后果更详细的讨论，可阅读哈特一本著作（Hart，2005）的第 8 章。

这些基础，我们可以称之为信念或假设，不是所有已发表的论著里都对它们有清楚的解释，它们往往只有通过对一个问题核心文献的批判性分析才能显现出来。所有的文献综述都必须以厘清研究领域中的核心文献的假设为目的。问题在于你是否决定接受这些假设（理论的、方法论的或政治的）。

不论是石头还是建筑，都只是类比，你如何使用它们才会产生真正的影响。关键在于你需要选择。你可以选择扔石头，或者你可以给现有建筑添砖加瓦，甚至激进一点，给它扩建一个小小的房间。你甚至还可以重新给自己建一栋新的小楼。因此我们使用文献的方式可以是为一个观点增加更多依据，或者对扔石头的人进行批评，试图扔出自己的石头，甚至去另一个领地。需要注意的是，质疑有声望的研究者还存在内在的风险。对于专业地位和事业发展而言，挑战正统意味着在研究界中会遭遇孤独。对于新手研究者，尤其是还有些声望的研究者，这里有一些格雷厄姆 – 史密斯（Grahame-Smith，1998：7–8）给出的忠告：

- 不要对任何事绝对肯定；
- 绝不要压抑思考，因为人总会成功；
- 不必过于尊重他人的权威，因为总有相反的权威意见；
- 不要害怕自己观点古怪，因为每个观点都曾古怪；
- 在智慧的分歧中而非被动的同意中找到快乐，因为前者比后者更可能达成深层的一致；
- 不要羡慕那些活在虚假天堂中的人的快乐和满足，因为只有傻瓜才会认为有天堂。

108 混合隐喻

范式之间的界限一旦被划出，就可以作为一种资源，加以拓展或者挑战。这样做的一种方式是思考如何将不同学科和研究传统中的隐喻混合使用。例如，霍华德·S. 贝克尔（Howard S. Becker）的著作可被视为混合了社会科学当中的几种方法和传统。从乔治·赫伯特·米德（George Herbert Mead）的社会心理学，到格奥尔格·齐美尔（Georg Simmel）的欧洲哲学，再到埃弗里特·休斯（Everett Hughes）的实用主义，贝克尔采用了多种思想、概念和理论，以及处理研究和数据的方法。这种连续性的综合方法可见于他的多部著作和多个研究主题中，还有他对隐喻的使用中。关于隐喻贝克尔是这样说的：

> 发挥作用的隐喻是活隐喻。读活隐喻会给你展示你所读内容新的一面，以及这一面如何出现在表面截然不同的事物中。使用隐喻是一种严肃的理论活动，例如，当你要声明两种不同的实证现象属于同一类别时。但隐喻只有新颖得引人注目才能发挥作用。如果重复过多变成陈词滥调，你就无法看到新意。事实上，你会认为它们在字面上的意思就是它们暗示的喻义。

对贝克尔而言，综合各观点、隐喻和研究设计是富有成效的，这能让他研究很多社会过程，包括艺术生产、爵士乐制作、毒品使用、异常行为、写作、摄影、医学教育、方法论和依据的使用等。

贝克尔和其他跨越很多主题和问题的研究者们并不是在正常科学或实践之外工作，他们没有采用不同研究传统和理论不能相提并论这种立场。他们的方法是库恩（Kuhn，1970）所称的问题解决法，这种方法旨在理解他人在他们的研究和方法论传统中使用的语言，以理解他们在做什么、为什么做。因此，兼容并蓄的原则就要求我们理解他人的对话，去看是否值得将其加入自己的研究。用库恩的话来说就是，……当我们和研究对象遇到交流障碍时，我们能做的就是将对方认可为其他语言共同体的成员，然后做其中的翻译者。我们可以将自己所在群体内部和群体间的话语差异本身作为一个研究主题，可以先尝试找到在群体内部使用没有问题，在群体间讨论时却成为麻烦的焦点的术语和表达风格。（不存在这种困难的语言风格也许是根据读音翻译而来的。）将科学领域交流中的这些困难分离出来后，就可以使用群体间共享的日常语汇去进一步解释这些难点。也就是说，每个人在对一个刺激做出不同的言语反应时都会尽力去发现他人的所见所言。如果他们能克制自己不将反常的行为称为错误或疯狂的，那么他们也许终会成为彼此行为非常好的预言者。每个人都将学会将他人的理论及其结果翻译为自己的语言，同时用自己的语言描述该理论可应用的领域。这就是科学历史学家在处理过时理论时经常做（或应该做）的事。（Kuhn，1970：202） 109

这并不意味着向看问题和做事的其他方式转变，而意味着尽量理解更多的对现实的看法，探索其他隐喻和概念能否“提出需要新方法的新问题，以及可以产生导致新隐喻的混合使用多种方法的新问题”（Brewer & Hunter，2005：58）。一种解决方法就是，在开始检索和阅读文献之前透彻地思考你到底需要从文献中知道什么。

有关文献综述的问题

不同的研究目的需要不同种类的问题。这是因为有各种各样的问题、主题和难题已经被社会科学学家、人文科学研究者们以各种数据收集方法研究过了。不同的研究方式意味着有形形色色的研究设计。这既是好事也是坏事。好的地方在于研究丰富多彩，坏的地方在于很难对不同研究做有意义的比较。对这一问题的一种应对方式是：确定你的研究问题是一个可研究的问题。

你的研究问题是否可以被回答？这取决于数据。你的数据有足够的质量和数量吗？你有获取数据的途径吗？你知道如何分析数据吗？你有完成研究的时间吗？这些都是基本的但至关重要的问题。你对它们的回答部分依赖于你对不同研究类型，尤其是文献综述涉及什么的掌握。应在研究的早期阶段找出是否有研究已经回答了同样的问题，这也是常识。

做文献综述的阶段

有很多方式可以列举做研究和文献综述的基本步骤。根据库珀与赫奇斯（Cooper & Hedges，1993）的观点，做文献综述的基本步骤有：

110 1. 设定一个有焦点的、可研究的问题。

2. 发展检索策略，用检索词汇表找到可能相关的依据，包括收录和排除研究的明确标准。

3. 发展提取、总结和综合依据的方法。

4. 找出相关研究，评估其研究方法的效度或质量，包括内容选择和质量评估的明确标准。

5. 提取和综合相关信息、概念和（或）观点——可以用质性、定量或两者结合的方法。

6. 描述文献中主要的主题、问题、方法和方法论假设。

7. 对方法论假设、实践、政策或后续研究进行总结，并用依据进行支撑，考虑其数量、质量和一致性。

库珀（Cooper，1984）提供了一个典型的研究项目中做文献综述的各阶段的示例（见表 4.5），该表的用处在于帮助我们看到整个过程以及其中包括什么。文献综述与研究问题相结合，就能得出有依据的研究问题。

表 4.5　开展文献综述的研究阶段

	一、形成问题	二、从文献中收集数据	三、评价数据质量	四、分析和解读数据	五、公开发表
要问的研究问题	文献综述中应包含哪些依据？	应该用哪些程序寻找相关依据？	哪些检索到的依据应该收录进文献综述中？	应该用哪些程序对整个文献做出推论？	文献综述中应包括哪些信息？
文献综述的首要功能	建构定义，以区分相关与不相关的研究	决定要考察哪些可能相关的文献来源	应用标准区分“效度高”和“效度低”的研究	综合检索到的有效的研究	应用有立场的标准区分重要和不重要的信息
使文献综述的结论产生差异的程序性差异	1. 收录的操作性定义的差异 2. 操作细节的差异	信息来源中包括的研究差异	1. 质量标准的差异 2. 非质量标准的影响的差异	推论规则的差异	编辑判断的指导方针的差异
文献综述结论无效的来源	1. 狭隘的概念可能使文献综述的结论不够明确有力 2. 流于表面的操作细节可能掩盖了相互作用的变量	1. 获取的研究可能与要做的研究之间存在性质上的差异 2. 可获取研究的研究对象可能与目标研究对象不同	1. 不均等的因素可能造成研究结构的失衡 2. 研究报告中省略的内容可能破坏结论的信度	1. 区分符合规律的数据和异常数据的方法可能不恰当 2. 基于文献综述得出的依据可能被用于推断因果关系	1. 省略做文献综述的程序可能使结论不具可复制性 2. 省略文献综述的发现和研究程序可能使结论无效

来源：库珀的研究（Cooper, 1984）。

阅读建议：为你的文献检索制定计划

如需整个过程方面的实施指南，可阅读哈特的著作（Hart，2001）获得更多关于计划检索的指导。

尽管库珀在他的文献综述分类法（Cooper，1988）中没有纳入计划阶段，但这仍是研究的一个基本部分。在这个阶段，论文作者使用文献综述中的依据解释论文如何为该领域的知识做出有意义的贡献。这是在将你的工作置于已有的文献体系中或展示它与已有文献的区别。将这些概括性的方案转变为清晰的行动计划是做文献综述的必要部分。表 4.6 反映了两类质性研究文献综述包括什么。

112 **表 4.6　两类质性研究文献综述的阶段和过程**

对质性研究做文献综述	做质性研究文献综述的现象学方法
高尔等人（Gall et al.，1996）将小川与马伦（Ogawa & Malen，1991）的方法拆解为八个步骤。	现象学研究的目标是得出关于一种现象的生活体验的本质（Moustakas，1994）。被应用为综述技巧时，它的目标就是得出研究者对一种现象的实证性体验的本质。
第 1 步：建立审查记录。在这一步，综述者仔细记录所有步骤。审查记录清楚记录了支撑每个研究发现的依据、这些依据的来源以及如何解读它们。	第 1 步：建立审查记录。在这一步，综述者仔细记录所有步骤。审查记录清楚记录了支撑每个研究发现的依据、这些依据的来源以及如何解读它们。
第 2 步：定义文献综述的焦点。前文提到的问题形成阶段与这一步类似。在这个阶段，文献综述的结构被确定，从而确定了文献综述中应包括什么、省略什么。	第 2 步：联系。在现象学研究中，第一步是确定要调查的现象。然后研究者通过解释他对这个现象的自身体验或立场，将他的体验与这个现象联系起来。
第 3 步：检索相关文献。这一步与前文提到的数据收集阶段相似。根据小川与马伦（Ogawa & Malen，1991）的观点，除质性研究报告之外，非研究报告例如备忘录、报刊文章或会议纪要也应收录进文献综述中，且不应认为其价值比质性研究报告低。	第 3 步：收集数据。这一步要收集关于现象的数据。在初步的现象学研究中，研究者要访谈一组经历过该现象的人。在将现象学方法作为综述工具时，综述者要阅读研究过该现象的科学家的报告。与定量综述一样，综述者仍然必须决定收录文献的标准，确定研究策略。

续表

对质性研究做文献综述	做质性研究文献综述的现象学方法
第 4 步：将文献分类。在这一步，综述者根据文献代表的数据类型对文献分类。例如，有的文献可能是质性研究的一手报告，有的可能是对被研究议题的政策声明，而有的可能是对围绕该议题的项目的描述。	第 4 步：将文献分类。在这一步，综述者根据文献代表的数据类型对文献分类。例如，有的文献可能是质性研究的一手报告，有的可能是对被研究议题的政策声明，而有的可能是对围绕该议题的项目的描述。
第 5 步：建立总结数据库。这一步类似数据评价阶段。在这个阶段，综述者制定编码方案，试图提炼相关文件中的信息。	第 5 步：建立总结数据库。这一步类似数据评价阶段。在这个阶段，综述者制定编码方案，试图提炼相关文件中的信息。
第 6 步：找出理论构想和假设的因果联系。总结数据库建立之后，接下来的任务是找出文件的基本主题，创建有关主题之间关系的假设。与元分析不同，此处的目标是提高对研究现象的理解，而不是整合结果。	第 6 步：找出有意义的陈述。这一步的目的是找出有意义的陈述。研究者可以通过标注对研究现象的实证性言论、用某种电子表格程序或质性研究软件逐字逐句收集这些言论等方式，让数据更易管理。
第 7 步：搜索相反的研究发现和解读。在质性研究的传统中，有必要积极搜索相反的研究发现和解读。你可以在这一步重新通读文献，以搜索相反的依据。	第 7 步：赋予意义。找到有意义的陈述后，下一步是给这些陈述赋予意义。也就是说，综述者可以将这些陈述归类，然后一组组解读和解释。
第 8 步：用同事或被调查者证实研究发现。小川与马伦（Ogawa & Malen，1991）方法的最后一步——证实研究发现——也与原始的质性研究类似。这一步当中，综述者与同事或被调查者，例如文献综述中所收录文献的作者，分享报告草稿，请他们批判性地分析这篇文献综述。这样，基于被调查者的认可程度，综述者可以确定文献综述结论的合理程度。	第 8 步：深描。最后一步是深描原始研究者对该现象体验的本质。目标是透过关注该现象的研究者的眼睛描述该现象的本质。

113

对于系统性和政策性综述，研究问题必须能够影响和推动研究过程和阶段。研究问题必须：

1. 尽可能清晰准确。
2. 表明纳入和排除的范围。
3. 在有数据的情况下，能够找到答案。
4. 值得检索和综述相关文献所必须付出的努力和成本。

干预性综述经常使用一种名为 PICO 的规程确定可研究的问题。PICO 的 P 代表耐心、人群或问题，I 代表干预手段、预测性因素或暴露方式，C 代表背景或环境，O 代表结果，PICO 也代表其他你想要测量或实现的可评价的干预措施。下面是麦克莱伦（McLellan，2010）使用 PICO 的一个例子：

> 标题：对类固醇反应性肾病综合征的儿科患者采用皮质类固醇疗法的系统综述
> 114 人群：类固醇反应性肾病综合征的儿科患者
> 干预手段：皮质类固醇疗法
> 环境：随机对照试验
> 结果：最佳反应性，再入院情况减少

不是非此即彼的选择

并不是说我们只能选择学术性综述或干预性综述。两种综述都有自己的位置和用处，也能经常为彼此提供信息。哈默斯利（Hammersley，2002：4–5）评论："说传统文献综述不专注于一个具体的问题，所以是不聚焦的，就好像在抱怨一张地图的范围因为没有比我们目前感兴趣的更广，所以是无用的。"哈默斯利的评论一针见血——批评更适用于评价要综述的实际研究的质量，而不是做综述的不同原因。然而，当我们决定要做哪种文献综述时，有一些其他值得考虑的因素。在对不同种类文献综述的相对价值更广泛的讨论中，是综述的目的决定了对所需依据的选择。对于满足手头需求的依据，我们可以选择最适合的策略将它们找出。博阿兹等人（Boaz et al., 2002）总结了五种匹配不同干预性需求的依据的本质（见表 4.7）。

表 4.7　不同政策领域的依据与综述类型

政策领域	方法论偏好和争论	所基于的依据的性质
医疗（尤其是英国国家医疗服务体系中的临床服务）	偏好有额外方法论保障的随机对照试验黄金标准。对用质性方法提供互补观点的兴趣日渐浓厚。	昂贵，可通过考克兰协作组织等全国性组织和当地相关组织获得。
学校教育	很多研究被认为不够严密；范式战；各种方法相互竞争而不是相互补充；分析大量数据但真实验相对很少。	研究共同体零散；没有可获取研究依据的数据库（但有新的研究方案正在进行）；几乎没有系统综述。
刑事司法	普遍接受用实验方法来确定有效性；偏好理论驱动而非方法驱动的评价方法。	研究基础很广但依旧有限；在英国没有在线的、最新的研究数据库，但相关政府部门的研究报告可在线获得。
社会关怀	偏好质性研究方法；定量研究和实验研究经常被怀疑，甚至遭到抵触。	卓越社会关怀研究所（Social Care Institute for Excellence）网站上有关于研究发现的"关怀数据库"（Care Database）；依据的概念仍在火热的争辩之中。
福利政策（特别是社会安全福利政策）	不同的方法提供互补的见解；有一些纵向研究，但几乎没有实验研究（因为法律规定要提供公平的福利，所以存在法律障碍）。	为了应对可能的政策问题而创造依据；很少对稳定的依据资源进行明显的核对。

115

来源：博阿兹等人的研究（Boaz et al., 2002：7；Davies & Nutley, 2000）。

因此，做干预性综述（包括系统综述与元分析综述）是一系列旨在提取和综合过去几十年众多研究结果的技术性任务。主要的信息和数据来源是经同行评审的期刊论文及报告。学术性综述也包括与干预性综述类似的技术性任务，但涉及范围不局限于研究发现和期刊论文，书籍、专著、传记材料和灰色文献等都在学术性综述的范围之内。干预性综述者寻找的是能够提出建议的最佳可用依据，而学术性综述者寻找的是影响了与问题相关的理论、概念和观点的哲学、方法论与政治论述。具有干预性综述所要求的合格完成统计分析的能力不代表能很容易做好学术性综述，绝非如此。学术性综述需要的阅读量和阅读范围经常会比干预性综述大得多。绘制表 4.8 的巴尼特 – 佩奇与托马斯（Barnett-Page & Thomas，2009）就表示了这一点。该表格显示
116 了哪几种研究方法和类型最有可能使用评价标准进行评估，而哪些不适合。非标准化的研究方法往往是基于理论的，因此比标准化的研究方法需要更多的文献作为支撑。

表 4.8 标准化与非标准化的研究方法

非标准化的 —————— 标准化的

批判解释综合	扎根理论	元民族志	元研究	元叙事	文本叙事综合	框架综合	主题综合	生态三角验证

来源：巴尼特 – 佩奇与托马斯的研究（Barnett-Page & Thomas，2009：23–25）。

结论

不论哪种文献综述是你研究目的所必需的，它都需要满足你的读者期待的标准——它要完成它的设计目的。第 2 章中的评估方案也许能帮助你。当然，这里有两种主要立场。一种是你的立场，即要能从你的文献综述中得出一组有效的研究发现和解读。

另一种立场是要能对已经完成的文献综述质量进行评估，可能是你

自己的文献综述被他人评估，也可能是你需要评估找到的文献综述。在这一节，我们将讨论在为系统性评估文献综述制定方案之前要注意的一些普遍要点。

不论哪种文献综述，所有好的文献综述都有一些共同特征：严谨、透明、诚实，对研究方法、政策和实践有所启示。为此，要有一组虽少，却能不断扩充的文献用于对学位论文的评价进行规定。菲特等人（Fitt et al.，2009）这样总结文献综述中的文献：

> 博士论文是博士研究者展示自己有能力独立进行研究并已经做了必要准备的唯一机会（Isaac et al.，1992; Association of American Universities，1998；Council of Graduate Schools，1997，2004）。作为博士研究生的研究的唯一有形化依据（Bruce，1994; Hart，1999），文献综述可以让他们展示自己有能力批判性地分析本领域的前人研究及其开展方式，有能力综合本领域与其他领域的研究，还有能力解决专业词汇和文献中的分歧（Creswell，2008; Fraenkel & Wallen，2006; Gall et al.，2007; Gay et al.，2006; Johnson & Christensen，2004; McMillan，2008; Schumacher & McMillan，2006）。这样，博士论文的文献综述可以被看作博士研究训练整体质量的一个量尺。

在这部分，也许将本章提到的做文献综述需要的一般技巧和能力进行总结 117
会很有用。有四种非常重要的技能，需要研究者和实践者都特别注意：

> 1. 理解力：你应该展示对研究主题和方法足够的理解力。通常，文献综述和研究方法的章节会以此为重点。当然，后者经常主要使用研究方法方面的文献。因此，如果你的主要方法是调查型的，那么你应该显示对调查方法相关文献的熟悉度。这可能包括对提倡实证主义研究方法的关键著作进行批判性评价，确定核心作者和代表该方法的相关研究。这是因为你需要合理解释你的方法选择，而这需要进行论述。文献会为你解释自己的方法选择提供依据和内容。同时，你将对该方法的文献更加熟悉，并能在论文里显示出这一点。

2. 坚持与勤奋：你通常不会在几周之内就找到你需要的所有信息，所以你需要坚持不懈。尤其是在检索文献时，最初的检索策略也许不能帮你找到你想要的文献，所以需要随机应变，更广泛地检索或使用更复杂的检索词的组合。坚持意味着你的检索要彻底，意味着你需要对自己管理各项文件的方式进行细致记录。这是因为对一个主题的文献进行全面检索很大程度上就是对检索表、数据库、参考文献、获得的文献等进行管理。因此对所有相关来源和资源的使用就需要展示在你的论文中。这可以写在研究方法一章或文献综述中。

3. 合理解释的能力：一个主要的要求是你要提供足够的论述去解释你选择的研究主题。这就是说，要表明你提出的研究内容是值得被研究的。这通常包括使用现有文献聚焦一个特定背景，该背景可能是有关方法论的，你可能还会提议对一个领域的主题采用一种还未使用过的方法。也许还包括构建论述以展示这一方法与主题的联系，从而提出如果使用，其潜力是什么。或者，你可以提供一个总结性或综合性综述。这需要总结过去的研究，对你的研究如何为现有依据库做贡献提出建议。在这种情况下，你就要提议将一种验证过的方法应用于你的主题。不论你将什么作为解释的重点，你都必须看到一点，那就是来自文献的依据。因此，你应该避免使用个人化的观点和看法，并且永远不要在没有足够依据的情况下提出一个论点。

4. 学术规范：对于这一要求，前面的章节中已经提到了一些，但此处需要补充几点。你需要以正确的方式使用文献。在最基础的层面，这意味着用学术界认可的标准格式引用文献，也意味着以深思熟虑和周到的方式使用文献。你或许不能将你检索到的所有参考文献都
118 进行引用，因此需要判断哪些参考文献最重要，也就是与你的目的最相关。批判性评价的态度对于避免简单化总结文章和书籍内容是很有必要的，这要求对他人的思想保持包容，并同时评价这些思想对你的研究是否有用。

总结

- 文献综述有不同种类：主要的两种是学术性综述和干预性综述。两者没有优劣之分。
- 尽管如此，做学术性综述应在做干预性综述之前。两种综述都需要研究者能够理解不同的认识论及其相对的优缺点、观点和存在原因，包括理解每种认识论对于研究、实践和伦理问题的影响。
- 不同的文献综述类型及其相关的研究方法可以综合使用。选择做哪种文献综述大部分是由你的研究问题和假设决定的，每种文献综述都不是价值中立的。
- 你的目的可以是验证一个主题和问题的已有研究，也可以是就一个事件或行为创造新的观点或理解。不论你决定让什么成为你的研究目的，这都是一种价值选择。
- 最后，你对哲学争辩的认知越广，你就越能从文献中提取信息，越可能就你的研究领域发展出更深、更有创新的解读。

第5章

论证分析

关键问题

- 什么是论证?
- 为什么必须理解论证?
- 我们应如何理解论证的结构?
- 可以怎样分析和评价论证?
- 研究中，论证如何与争论的性质相联系?

核心技能

- 以清晰系统的方式评价论证
- 使用分析技巧突显研究使用的方法论假设
- 确定方法论假设用于政策和实践时的后果
- 批判性分析、综合、证实和评价不同来源的复杂论证
- 评估一项研究中不同立场和观点的可信度、质量和诚实度

120 导语

论证是很多学科的精神所在。能看到他人著作中的缺点、错误或其他可能性，并为其改进或改变提出建议的研究者，就是能使我们在人类研究的思想与实践中不断进步的人。认识论证的结构和内容是日常生活的必要能力，对于成功的学术研究者而言，尤其如此。如果你连最简单的论证逻辑都看不出来，你就不可能合理地拓展他人的工作、提出替代性的行动方式或解读现象的其他方式。

本章聚焦于如何分析论证，尤其是社会科学及人文科学中常见的论证类型。去一次图书馆就可以发现，几乎所有社会科学期刊文章都是建立在论证的基础上的，而大部分研究的基础是研究者选择作为研究起点的某种立场观点。这样的立场通常基于研究者认为什么方法能最好地了解关于一系列争论的知识或观点。例如，社会科学学家开展研究时面临很多问题：研究者应该告知被试他们正在被研究吗？当研究含有道德元素时，研究者应该保持中立吗？应该考虑被试的看法吗？还有很多这样的问题是研究者在工作中要应对的。本章主要关注的就是分析和理解论证的方法。

什么是论证？

论证即通过举出理据影响他人，使之相信你提出的观点是对的（Hinderer，1992）。不论人们用哪种方式进行论证，他们都是在试图说服别人相信他们的世界观的正确性（或逻辑），说服别人采用他们的世界观。因此论证至少有两个成分：论点和理据。

论证通过提供充足的理据（或依据）来提出论点（或陈述），使之被他人所接受。

这两个元素相互联系，而且这种联系可以从任一方向形成论证，或者从论点到理据，或者从理据到论点。这种联系的方向可以由被称为推论手段的其他成分进行支撑。在一些理据（或正当理由）基础上提出论点是有规则或 121
原则的，我们将在后面详细讨论。

在对以下几类论证的定义中，我们排除了纯粹基于所谓形式逻辑的论证。我们关注的是社会科学当中最常见的其他类型的论证，基于推论、断言和推测的论证（见表5.1）。这些论证相比基于形式逻辑的论证结构性弱得多，常常更难分析。我们很快要提到的费希尔的著作中举例说明了这一点，他将论证定义为“为某个论点提供理据：这些理据的提出是为了建立、支持、解释、证实或证明论点”（Fisher，1993：140）。他也展示了形式逻辑中的元素在分析断言和推测时是很有用的。他说道：

> 每一项论证都包括理据和论点：为论点呈现的理据通常被称为论证的前提。逻辑学家感兴趣的问题是，它们是否是证明论点的充分的理据。如果这些前提蕴含或暗示了论点，那么就可以说论点是根据理据得出的，或者是由理据暗示或蕴含的。（Fisher，1993：140）

表5.1　定义：推论、断言和推测

推论	在其他观察到的或被视为知识的事物的基础上所做的断言，使用演绎和归纳论证
断言	使用或不使用依据来对某事的存在或原因做出言论
推测	对一个案例或事态是什么或不是什么做出假设

不论一项论证有多少成分，或有多复杂，都可以被质疑和挑战。

论证在社会科学中的重要性

诸如逻辑、有效、前提、可信、理据和论点这些词组成了与论证相关的词汇表。一个专门研究逻辑和寻找不可否认的命题的学科已经发展起来了。我们不必做形式逻辑上的或哲学上的专家就可以建构和分析论证，但是为什么社会科学学家对逻辑和论证会感兴趣呢？我们有太多原因需要去理解论证，这些内容几乎可以另写一本书，然而主要原因可以用以下三点进行
122 概述。

1. 为举例之便，我们可以将大量研究的研究者分为互动学家、语言学家、女权主义者、马克思主义者、民族计量学家、后结构主义学家、行为主义学家等等。使用这些方法和其他方法的研究者往往对现实的本质（本体论）和如何获取关于现实的知识（认识论）观点各异，因此，对什么算作有效的知识也有不同看法。所以，研究者之间就有了辩论和论证的基础。

2. 很多研究者尤其了解对于“什么是研究和论证”持一种观点而非另一种观点所涉及的复杂性和影响，因此，他们能够理解不同类型的论证和不同观点的影响。这使他们成为自己研究领域的辩论中积极的参与者。

3. 对很多人而言，研究者之间的辩论似乎很深奥，经常令人困惑迷惘。研究者并不总是能将自己想法的来源说清楚，或解释它们的原因。研究者可能会疑惑辩论到底是关于什么的，为什么人们在其中投入这么多时间和精力。然而，如果我们工作的前提是将关于数据解读、概念意义、知识效度和研究主题等事情的不同观点作为科学进步的基础，那么就需要能够理解和分析各种论证。

经典传统

理解逻辑的起源是一个有用的知识基础，我们正是从这开始分析论证和理解观点辩论对研究的重要性的。本节中，我们将了解论证的经典传统和辩论在社会科学和人文科学中的几种表现形式。

演绎是什么意思？

演绎常常针对的是在体验或观察之前就已经明确真伪的一句陈述或一个理论（先给：在经验之前）——由前提得出结论的推理行为。演绎（或推论）可以从一般到具体，从一般到一般，或者从具体到具体。

我们通常认为，诸如苏格拉底（约前 469—前 399）、亚里士多德（前 384—前 322）和柏拉图（约前 427—前 347）等古希腊思想家们奠定了我们关注逻辑思维的基础。能够理解和挑战论证在古希腊是一项宝贵的技能。这是因为，在法律案件中你要为自己辩护。有的人的谋生手段是教别人如何提出论证和对指控进行自我辩护。正如他们所称的，诡辩家不仅教他人论证分析技巧，也教他们如何说服别人以假为真。今天，诡辩一词被用作贬义，指一个人运用错误的理据欺骗他人。然而，正是苏格拉底最先发展了论证分析技巧。他的方法被称为苏格拉底式对话（或苏格拉底问答法），由一系列问题和回答技巧组成。对手被提问不同类型的问题，这些问题将他们的论证解剖成基本的元素，包括论证所基于的未经证实的假设。 123

归纳是什么意思？

归纳常常是一种通过积累确认性依据来明确真伪的陈述（后验：基于经验）——在对现象事例观察的基础之上，对该现象做出陈述的推理行为。它论证的是，因为目前观察到的所有 a 都拥有 b 属性，所以将来对 a 的所有观察也会拥有 b 属性。

他们提出问题，诱使对手自相矛盾，或说出他们观点所基于的假设，或让他们承认从他们的立场会得出的极端后果，然后，重新打包或重新组装论证的元素，向对手呈现他们推理的漏洞。苏格拉底式对话尽管常常看起来是一种传统的艺术形式，但却是基于逻辑思维的，可以被大多数有能力的人学习。苏格拉底对这项技巧十分擅长，惹恼了太多自认为睿智的人，最后因异端邪说而被审判，并被判处死刑。很多人在苏格拉底面前感到很挫败的一部分原因是他的论证都很幽默。

对于希腊人来说，逻辑不是一种理论的或抽象的娱乐方式。对亚里士多德来说，逻辑是一种诗意的科学，或者是所谓的科学的工具。亚里士多德式逻辑旨在为正确的科学思维设定标准。他的方法本质上是演绎的（与归纳相反）。

演绎法的主导地位一直到 16 世纪才受到挑战，然后其他的系统性思维形
124 式开始发展。更有说服力的思维形式之一就是实证主义，它得出了一种基于数学概念的更抽象的逻辑方法。20 世纪的哲学家，如伯特兰·罗素（Bertrand Russell）和阿尔弗雷德·怀海德（Alfred Whitehead）意图构建普适性的逻辑系统，然而实证主义却无法为一个可以做出预测的基本描述性法则的普适性框架提供基础。

实证主义

逻辑可以用作研究世界本质的方法的基础，这种思想在 18 世纪启蒙运动时占据了主导地位。从以揭示宇宙运行的法则为目的，到关于现实构成（本体论）和了解现实的途径（认识论）的观点，我们常称之为科学探索态度的立场发展出来了。在某种程度上，这涉及一种适用于科学方法的特定学说，该学说包括一套关于科学（即有效、可信的）知识如何获取的原则。表 5.2 显示了这些主要原则及其含义。

表 5.2　科学方法的原则

原则	含义
观察	只有能观察到的现象才能被测量。所有基本概念在被使用（操作化）之前都必须有清楚的定义，例如，什么是长度，该测量什么。因此，系统性观察是科学所必需的。
假设	在系统性观察的基础上，科学家做出假设（公式化命题），以解释观察到的现象。
实验	检验假设，确定其效度。这包括试图通过证明假设是错误的（即可证伪性）来反过来证实假设是正确的。如果假设不能被证明是错误的，那么它必定是正确的。

续表

原则	含义
科学法则	从实验结果中，发展出完全或部分解释特定现象的一般性解释（或法则），例如重力法则。
理论形成	发现特定法则可以发展出更普遍的理论（或模式），使得更多的事物可以用统一方法进行解释。
灵活性	如果发现有新的依据能证伪或改变一种解释，科学家应该承认并改变法则和理论。
可复制性	研究程序，包括主要概念的定义及数据，都应开放给其他科学家进行审核，从而使得他人能够复制这项研究。
客观性	科学家应该做世界的中立观察者，既不涉足道德或伦理问题，也不应以追求知识以外的其他事为动机。

20世纪20年代，维也纳学派的逻辑实证主义者（Carnap et al., 1973[1929]; 125
Ayer, 1946[1936]; Hempel, 1965; Schlick, 1974[1918]）是实证主义相关辩论的主要人物，此外还有维特根斯坦（Wittgenstein, 1972[1921]）和波普尔（Popper, 1959[1934]）。对于逻辑实证主义者而言，科学关注的是使用可靠的方法来验证某物的意义或存在等问题。

阅读建议：实证主义者与现实主义者

如果你想阅读关于实证主义者与现实主义者对研究的基本假设和理解的完整陈述，可参考哈特的著作（Hart, 2005）。

他们将探究和观点限制在非常确定的事物之内，于是，关于审美、道德、伦理、判断和宗教等的思想被称为形而上学——被排除在他们视作正确的逻辑实证科学之外（Hospers, 1988; Trigg, 1993）。

研究者的辩论

实证主义（尤其是逻辑实证主义）要求科学所采取的立场受到研究社会

领域的科学家们的质疑。很多社会学家特别热衷摆脱实证主义的过于严格的形式。社会秩序、社会关系模式和思维模式并不符合所谓的存在唯一绝对逻辑和唯一理性理解方法（即真相）的信念。因此，人类推理和实证科学的程序之间的联系成为辩论的主题。为了反对绝对论，有人提出存在很多逻辑方式。这种被称为相对主义的反对观点，在语义学和心理学中都有所表现。皮亚杰与英海尔德（Piaget & Inhelder，1955）提出，自然语言和行为的多样性与复杂性意味着存在不止一种逻辑，人们可能遵循多种学习到的、在大脑中完成编码的规则。于是，什么是理性、逻辑甚至真相都成了辩论的内容。

逻辑变成了一种规范，即行为标准要遵循文化传统，而不是由形式逻辑建立的理想的理性标准（Turner，1984）。例如，经济学发展了模型和理论去描述现实生活中的决策行为（Simon，1957），设计了各种范例和例证，开展了很多个案研究，以展示真实的决策过程如何偏离理性模型——将实际发生的事与
126 理想情况下应当发生的事进行比较。其目的是通过确定所有有效决策需要的关键变量来改善决策行为。通过这种方式，一些理论家，如科恩（Cohen，1986），坚持规范性逻辑是有用的，因为它提供了他们认为理想的比较标准。

扩展示例：阿赞德人与巫术信仰思维

然而，并非所有的社会科学家都致力于将日常思维与科学逻辑进行比较。例如，人类学家埃文斯 – 普里查德（Evans-Pritchard，1937）对苏丹南部的阿赞德人进行了研究，他的关注点就是当时常被称为“原始人”的阿赞德人的精神生活。当代观点认为，部落民族往往有一种原始心态：他们在智力上不如欧洲人。将西方科学逻辑与部落人的迷信和神话相比较是研究的标准，埃文斯 – 普里查德的实地调查驳斥了这种比较和看法，它打破了“我们”和“他们”之间的鸿沟。

埃文斯 – 普里查德通过关注阿赞德人的神话信仰和实践做到了这点。阿赞德人的生活特点是普遍相信巫术。例如，没有一个阿赞德人会在没有事先

问卜神谕，看看他们在旅途中是否会遭遇不幸，或者是否有人对他们施了法术的情况下，冒险去旅行或进行类似的活动。对欧洲科学来说，这种信仰不是宗教，也不是逻辑思维的基础，它是衡量部落社会原始性的尺度。埃文斯－普里查德反对这种观点。他表明，任何社会的形而上学思想都可以像任意一个伟大的世界性宗教一样被严肃对待。除此之外，他还指出，这种信仰的逻辑是情境性的，取决于文化习俗或特定群体看待世界的方式。

因此，埃文斯－普里查德认为，西方科学只是理解世界的一种方式，尽管在技术方面取得了成功，但它并不是人类文明中唯一或占主导地位的理解形式。如果想要理解像阿赞德巫术这样的信仰，我们就需要了解阿赞德人在日常生活中所体验到的这些信仰的用途和性质。埃文斯－普里查德认为，试图比较和衡量智力优势的理念是不恰当的，因为西方科学和阿赞德巫术是无法比较的，它们是认识世界和组织日常活动的两种不同方式。

因此，就我们的争论而言，我们可以确定两个关键点。第一，埃文斯－普里查德强调，不识字的人看似明显的非理性（不合逻辑）信仰形成了一个连贯的、合乎逻辑的思想体系。第二，埃文斯－普里查德理解阿赞德人信仰和实践的思维逻辑。埃文斯－普里查德的研究方法受科学影响，这个论断是基于他对阿赞德人文化活动的密切观察、询问和探究得出的，这引导着他和我们以一种更加平衡、不带偏见甚至更客观的观点看待这种信仰。因此，科学程序可以帮助我们理解科学本身、不以科学为基础的现象以及被认为是富有道理的任何事物。

通过这段浓缩的逻辑发展史，我们可以看到部分社会学家是如何因为自 127
己对特定的（有些理想化的）方法论传统的忠诚度而被划分为不同阵营的。要注意的另一点是，当我们说到不同的立场，我们其实正在进入社会科学和哲学之间的灰色地带：在这里，对事物的理解不但变得困难，而且会揭示社会科学内部很多基本差异的成因。这个地带是哲学的领域，在这里，关于现实的本质和我们如何获取知识等问题是它的研究内容。

然而，很多研究者仍然坚持实证主义的可能性。甚至那些想要反对极端实证主义的理论家也仍然想要加入关于实证主义的辩论当中。所以，实证主义对社会科学思维的目的与结构以及论证的性质依然有着强烈的影响。我们可以重申对于社会科学中辩论的性质的观点，那就是辩论中的分歧源于对与研究相关的方法论策略、视角与立场等问题的不同解决方法和回答。表 5.3 总结了研究设计所涉及的一些问题。

表 5.3　研究设计所涉及的问题

什么是现实？	本体论问题关注什么是我们相信存在的，而且可以被研究的。例如，心理学的研究内容是什么？现实是单一的、客观的、独立于我和我的意识及文化偏见而存在的吗？或者，现实会受到我原先的理解和假设的影响吗？
可以用什么程序确定哪些事物能被认为是真实的？	认识论问题关注我们如何了解事物。例如，我的知识是完全通过感官获得的，因此是客观真实的，还是我的知识与我对世界的感知有关？我可以通过直觉、个人经历得出论断还是只能通过数据得出论断？
什么样的研究过程可以保证我们获得有效的知识？	方法论问题关注我们如何证实我们声称为知识的内容。例如，我们如何拥有一种探究逻辑以使我们确信自己的知识？我们应该使用演绎法还是归纳法？目标应该是概括和解释，还是基于对环境的描述发展逐步成型的研究设计、类别和理论？我们感兴趣的是预测、解释还是理解？
价值观和伦理的作用是什么？	价值观问题关注研究者的个人价值、道德和伦理。例如，如果要选择立场，研究者应当站在哪一方——底层还是精英？我应该忽略研究内容的道德问题和我自己的感受，还是应该将其作为研究的一部分？
128 有什么可信的方法可以收集关于论断的数据？	数据收集问题关注哪种方法最有信度，哪种数据更准确。例如，问卷调查比个案观察更好吗？我是否应该使用定量数据而不用质性数据，因为人们认为前者更客观？或者，质性数据是否更好，因为它能表示所有数据都依赖于对其的意义解读？
研究使用何种语言？	修辞问题关注如何谈论研究和撰写研究报告。例如，用第三人称写作比用第一人称更客观吗？我应该语言正式、定义准确、以量化为目标，还是应该使用更易理解的非正式语言以展示对问题的理解？

因此，关于我们应当用什么作为立场去思考和研究社会领域的问题，很多不同阵营之间存在持续的辩论。我们可以在不过度简化的情况下厘清这一辩论，可以说，其中有两个主角——现实主义者和反现实主义者。现实主义

者采取实证主义立场，认为有一个独立存在于人类信仰、感知、文化和语言之外的世界可以研究。所以，现实和真相是要被揭示和发现的。反现实主义者采取另一种看法。他们相信世界是存在的，但它的特性和我们理解它的方式是由我们用以描述它的语言构建和塑造的。根据反现实主义者的观点，我们所理解的现实不是统一的而是多元的：有很多或多重现实，它们相互分开而且基于不同的理解。

在广义上，逻辑指的是为什么应该用一种立场而非另一种立场去研究一个特定研究内容的各种推理形式。没有一种绝对的逻辑可以得出普遍真理。在社会科学中，逻辑推理有很多形式，呈现为很多不同的风格。一项研究或一个研究流派的逻辑不一定总是很清晰，因为它可能建立在一些未说明的方法论假设之上。这些假设影响了这些研究者看待社会领域的方式，以及研究社会并报告研究结果的方式。

理解方法论假设（比如我们在第3章提到的马克思的方法论假设）很重要，因为它们指导研究者以某种方式思考他们感兴趣的研究内容，并帮助他们决定如何开展研究。这些假设限定了研究者对概念的意义和操作的看法，影响他们对社会科学研究目标的确定。在这种情况下，马克思主义研究者的
主要目标是对导致明显不平等和压迫的隐藏力量与关系进行结构性分析，因 129
此，理论解释性分析主导了很多受到马克思主义启发的研究。通过理解研究者从哪些方法论假设出发，你可以分析这些假设在任何声称应用它们的研究中的使用情况。例如，你可以比较不同的马克思主义研究如何使用异化这一概念。这种比较可以试图分析解释这一概念的使用为何与其他研究不同的各种论证。用这种方式可以分析所有的方法，不论其是否有明确的论证。

分析和评价论证

如果我们的目标是分析而后评价论证，那么我们就需要一些方法来这样做。不论使用什么方法，它们都需要做到清晰、一致和系统。正是这些特质给

分析和评价以连贯性和可理解性，它们也可以帮助我们解决评价时遇到的困难，展示已经完成的步骤及其原因。我们需要这种基本规则，因为社会科学有着充满分歧的性质和论证风格。我们将提到两种智慧，公平地处理我们遇到的任何一种论证的方法。选择它们是因为其灵活性，以及它们能为我们提供的系统的分析评价方式。第一种方法“论证分析”是由斯蒂芬·图尔敏（Stephen Toulmin）在 20 世纪 50 年代提出的，他发展了一种植根于实践而非逻辑理论的论证分析法，提供了一种检查实践性论证中使用的实际程序的灵活方式。与图尔敏的哲学方法互补的是费希尔（Fisher，1993）提供的一种系统阅读文本的方法，这种初始的阅读技巧使得读者能够出于评价的目的，系统地提取任何论证中的主要元素。这些灵活但明晰的论证分析方法对于社会学家尤其有用，因为它能够让其在确认和忠于方法论的基础上完成分析和评价两件事。

图尔敏的论证分析法

斯蒂芬·图尔敏在他的《论证的使用》（*The Uses of Argument*，1958）一书中创造了一个论证模型及分析方法。图尔敏的方法相对比较简单，他提出，论证可以被拆解成一些基本元素，图 5.1 展示了这些元素和它们之间的关系。

130

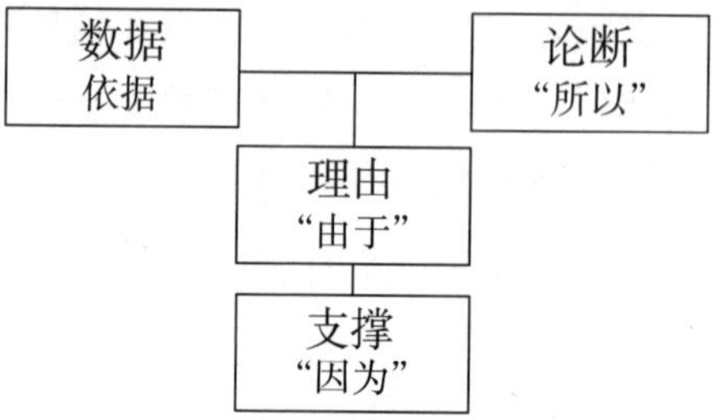

图 5.1　图尔敏的论证结构

例如，如果我们说“大学成绩取决于年龄和性别”，我们就是做出了一个论断。这个观点是有争议、会被质疑的，它声称学习成绩、年龄和性别之间存在联系，于是，我们有了三个变量。什么依据（数据）可以让我们接受这样的论断？我们也许会期待这样的论断是建立在可靠的研究者使用可信的方法进行的实证研究的基础之上的。如果是这样，这个论断就是以依据为基础的，而依据将会在研究报告中呈现。研究报告的“血统”可能会体现在它的创造者身上，也就是开展研究的人身上。如果开展研究的人是受人尊重的学者，那么最初的论断就有了支撑。

任一或者全部元素都有可能被质疑。论断有合理解释吗？依据、理由和支撑有合理解释吗？除此以外，我们还可以问该论断有没有经受住主要的质疑：它是无懈可击的，还是需要重新组织？例如，对理由的质疑可能关于以下任一或全部方面：研究过时、报告中的结论与收集的数据之间缺乏逻辑联系、依据不恰当、数据收集方法不可靠。

因此，我们有论断、依据、理由和支撑：

> 论断——一句可争论的陈述
> 依据——支持论断的数据
> 理由（或可能性）——在依据与论断之间提供联系的一种预期
> 支撑——用以支持理由和依据有效性的环境和假设

图 5.2 是一个取自日常生活的例子。在干燥的夏季，我们要求和期待消费者能够以小心、有节制的方式节约用水。正常情况下，人们会认为水只能
用于基本用途，而给草坪浇水、填满游泳池、洗车是被禁止的。这一问题的 131
论证可能有以下结构。

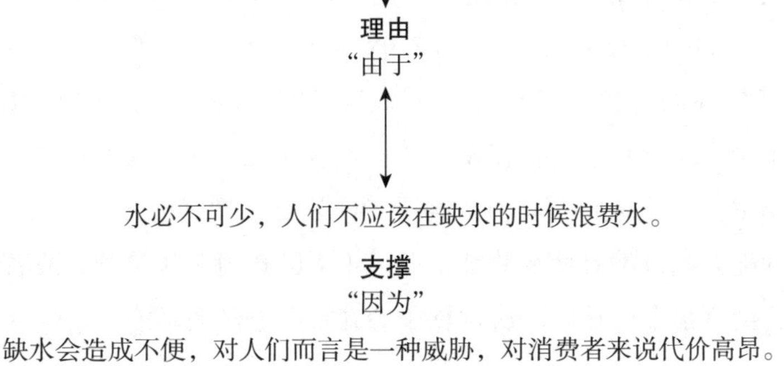

图 5.2　节约用水的论证

这些主要元素有很多方式可以组合在一起形成论证，每种元素的使用也有很多变化。例如，论断主要就有五类：事实论断，价值论断，政策论断，概念论断和解读论断。表 5.4 对此进行了解释。

表 5.4 论断的类型

事实论断是可以被证明真伪的陈述。例如，伦敦是英格兰的首府这一论断，或者曼彻斯特有三所大学这一论断，都是非真即伪的：它们可以被证据，例如权威参考资料（如百科全书）等证实或驳斥。基于事实的论断和其他形式的论断之间的区别，是其他论断需要额外的理由和支撑才能被接受。
价值论断不能被证明真伪：它们是关于事物价值的判断。例如，有人可能会说观看《加冕街》（*Coronation Street*）是浪费时间：这是一个判断性陈述。要支撑这个陈述就要补充能解释它的标准，例如看肥皂剧对提升思维或理解周遭的世界毫无用处。人们可以同意该价值论断，也可以通过相反的论断挑战它，如现代生活压力很大，人们需要放松，观看《加冕街》是一种放松的方式，因此对人们有益。
132 政策论断是关于该做什么而不是做了什么的规范性陈述。例如，有人可能会说，公共图书馆是一个文明国家文化的基本部分，因此要保护它，不能缩减预算。在这种情况下，我们看到的是一个政策论断与价值论断的结合。
概念论断与定义和对其语言使用的认可有关。例如，当比较对堕胎和安乐死的不同观点时，论断的措辞就很重要。有的组织如“生命组织”（Life）宣称堕胎是对胎儿的谋杀，这一论断使用的定义不但有约束性而且有情绪性。因此，它的语言使用并不完全遵照字典中的定义，而是一种解读性的用法。
解读论断是关于数据或依据应被如何理解的提议。没有解读，事实就没有任何意义，而解读可能也经常会有所不同。

可以建构论证的论断类型之广表明几乎所有事都是可以争论的。事实可以证实，但它们的解读可能会有分歧。针对解读的各种观点也像结构性论证一样需要实质性的支撑。光有事实不一定足够，也不一定能找到相关事实。思维辩论也会运用设想、举例说明、类比和模型对一种解读提供内容和支撑。

在区分观点与个人偏好、判断与推论时还会出现其他困难。对于一品脱[①]的黑啤酒的配方也许没有什么分歧，但关于它的味道是甜是苦，或者是否可以喝酒等等，会有很多分歧。解决这种争论并没有条理清晰或约定俗成的方式。

---

① 1 品脱≈ 0.57 升。——译者注

然而推论和个人偏好是可以被辨认和分析的。推论就是我们在观察其他事物的基础上所做的解读。例如，也许看到一个学生站在图书馆的椅子上大喊“火！”，我们就会推测图书馆着火了，因为人们通常不会站在椅子上喊“火！”。

像论断一样，理由（或许可）也有不同类型。两种主要的类型是已陈述理由和未陈述理由。所有理由的功能都是在论断和论断的支持（支撑）内容之间建立桥梁。因此，理由是基于论断的基本假设，是对某事的基本信念或前提，根据理由人们可以做出陈述。例如，在美国的《独立宣言》中，托马斯・杰斐逊（Thomas Jefferson）说明了他的设想：“人人生而平等，他们都由造物主赋予了某些不可转让的权利，其中包括生命权、自由权和追求幸福的权利。”他在这一宣言（论断）之前使用了这一理由：“我们认为这些真理是不言而喻的。”

在社会科学领域，大多数方法都有关于社会秩序的方法论假设。我们可 133
以举一个社会学的例子来说明。采用结构主义方法的社会学家往往将社会秩序看作机构与主导价值观之间互相作用的结果。他们对这些关系的看法导致了他们之间的显著区别。结构功能主义者认为，关系是建立在意见一致基础之上的；而冲突结构主义者认为，关系是建立在一方统治另一方的基础之上的。虽然每种方法都有悠久复杂的哲学背景，但正是每种方法的理论家们的基本假设，影响了他们对于世界的论断所用的理由的本质。

一个更常见的论证的例子是很多英国人对他们选举的议会代表的态度。选民们和新闻界普遍的想法是，选举出的议会成员应该负责、诚实，展现高标准的道德行为，但实际中不一定如此。用图尔敏的话来说，实际情况可能是这样：有的议会成员德不配位，收钱才会在议会中提问。这些就是数据，有具体的例子可以说明。那么，可以做此论断：议会成员不能借由提问收取钱财或其他奖励（价值论断）。这基于的理由是：议会成员应该诚实，从普通大众的最大利益而不是少数人的既定利益出发做事。

《独立宣言》的选段是一个陈述了理由的例子，但不是所有的假设都会在论证中陈述出来。对此可能有很多原因，比如作者认为读者很熟悉论证的基本假设或者作者希望掩盖其所用的假设。

扩展示例：论证中未被明确陈述的假设

下面的摘录来自一段论证，其中的假设没有被明确陈述，作者是希尔兹（Shields，1990）。

> 任何关于视觉传达的批判性研究都必须解决视觉图像如何传达意义这一问题。文本的意义不是由专业的学者错综复杂地编织而成的，也不是仅由个体的心理来定义的。视觉文本传达意义的能力涉及在文本产生
> 134 时被编码到文本中的代码和信息与观众的主观文化体验之间复杂的相互作用。视觉文本在占主导地位的意识形态结构中生成。因此，文本有能力反映或再生产有关性别、种族、民族、阶级、年龄、教育和性取向的主流文化语言。

本文节选自一篇文章的引言。我们得到的是一篇面向志同道合的友好观众的文本。此文本中运用的语言和概念是模糊不清且没有指向性的。修改之后，这些概念和词语会变得更通俗易懂。作者也希望她的主要陈述，例如“文本的意义不是由专业的学者错综复杂地编织而成的，也不是仅由个体的心理来定义的”之类的陈述是有意义的，并且读者也应知道她所指的是哪些作品。

这就把我们带到了朱迪思·威廉森（Judith Williamson）在 1979 年出版的《解码广告》（*Decoding Advertisements*，1979）一书中，该书是广告领域女性主义分析的一个重要里程碑。同样地，“视觉文本传达意义的能力涉及在文本产生时被编码到文本中的代码和信息与观众的主观文化体验之间复杂的相互作用”这一论述也有文献背景。这可能来自德索绪尔（de Saussure，1966）和巴尔泰斯（Barthes，1967）的症状学研究方法，或者是被尼克斯（Bill Nichols）这样的学者应用到他的著作《意识形态与图像》（*Ideology and the Image*，1981）里的方法，抑或是杰哈利（Sut Jhally）运用到《广告的奥秘》（*The Codes of Advertising*，1987）里的那种。因此，我们的调查研究将带我们

走进文化研究的一些有趣领域，给我们提供机会去阅读和理解在过去十年或更长时间内研究使用的方法论和技术的重大发展、论证和应用。

关于这篇简短的摘录，还有一些值得注意的地方：它总体的方法论和辩证法特征。对宽泛的社会概念，诸如阶级、种族、年龄、教育、民族和性别的引用表现出了对文化研究中结构主义方法的偏见。所以，你会发现许多结构语言学的方法论假设成了希尔兹主体论证的一部分。并且，如果我们想深入研究她的论证，就需要熟悉结构主义学家们运用的这些假设和论述风格。我们需要了解这种方法的传统——陈列论据和分析的风格与使用这种方式的流派之间宽泛但微妙的差异。特别需要注意的是，我们可以看到，这些假设是由马克思著作的立场或观点所推动的。这可以从“占主导地位的意识形态结构”等词组的使用和“文化语言的再生产”的概念中看出。那么，从这个基本的起始点，读者可以着手将这个论点的假设描述为受到道德观点驱动的假设。虽然这些都未曾被明确陈述过，但在摘录的字里行间显而易见。

批判性评价

请记住在第1章我们用一篇对广告文献的批判性评价探索了这一辩论的另一个方面。

当读者本就了解并同意你的立场时，写作是更容易还是更困难？这个问 135
题未有定论。你没有理由不同意一个作者的道德、政治、宗教或方法论态度，但你的责任是，分析思考你读到的论证，然后评价它。论证分析的行为和过程要求你具有反思性的态度，你必须将你原先对方法的理解、偏好、偏见和政治对立放置一旁（排除）。

有的偏见式的假设可能源于民族优越感——相信自己的文化比其他人的更重要、更优秀。社会科学的很多理论奠基者，如涂尔干、滕尼斯和西美尔都做出过有民族优越感的假设。他们认为现代的工业化的城市社会比农村的非工业化社会更优越，也就是说，工业化社会的人在智力上和社会性上比具有原始思维的所谓部落式人群更先进。这种脱离实际的民族优越感遭到了马林诺夫斯基和埃文斯－普里查德等在其他文化中真正生活过的人类学家的挑战。尽管如此，等级对比的文化发展观念仍然是西方社会思想的主要传统。

除了辨认理由这一任务，读者还应该寻找修饰语和限定词。有的论证使用诸如很可能、有的、很多、一般而言等词，这常常代表修饰语。修饰语的功能是限制一个论断的范围使它更易被接受，并限制它的应用。例如，在英国，有一个关于武装警察的持续辩论。有些人主张，大部分警察都应该被武装，这里“大部分”就是个修饰语：它通过允许例外限制了武装警察的范围。这个论断在说，不是所有的，只是大部分警察应该被武装。它允许有可能出现的限制条件。也许只有接受过训练并在心理上有能力使用武器的警察，才应该被允许携带武器。

论证的另一主要元素是支撑。支撑可以采取的形式有额外信息、个人经历叙述或者假设的场景。在英国警察的例子中，支撑可能包括讲述非武装警察面对武装犯罪分子的事件。具体的例证通常比假设的或概括性的想法有说服力得多。然而支撑的主要和最常见的形式，是使用学术风格的语言赋予论证以合理性。

费希尔的批判性阅读方法

费希尔（Fisher，1993）给我们提供了一种系统的批判性阅读方法，他的方法能通过分析论证的形式结构对任一论证进行评价。用来结构化论证的言
136 语是分析的焦点，要标出“因此”和“所以”等词，因为它们被用来联系依据与论断，并表示推论、理据和结论。从中可以看到论证的结构，甚至可以画出论证图。像图尔敏的方法一样，费希尔的方法有效是因为它能让你透彻思考你分析的论证。费希尔的方法与图尔敏的方法的不同之处在于，费希尔的方法给我们提供了分析和后续评价论证的一套系统的程序。我们来看看他的方法如何系统分析论证。

下列程序改编自费希尔的研究（Fisher，1993），其目的是提取论证的结论（C）和原因（R）。

1. 快速通读文本，获得对项目及其目的的最初印象。

2. 再次阅读文本，同时圈出所有推论标志词（因此、所以等）。

3. 寻找结论和所有导致此陈述的原因。用下划线划出结论，用括号“< >”括出原因。

4. 在这一步尝试总结作者的论证。如果没有清晰的论证，就寻找作者想表达的观点及其原因。

5. 找出你认为是结论的部分，标上C——记住，可能有暂时结论，也可能有主要结论。结论的典型标志有以下词汇：所以、因此、从而、最终等等。当心！不要以为作者在文中对论证所做的总结或阐述就一定是结论。

6. 对于主要结论，要问自己文中摆出了什么理由可以让你相信这个结论，或者问自己为什么要去接受这个结论。典型的原因标志词有因为、由于、根据等等。

7. 论证的原因可以按重要性排列，看看每个原因（R），问自己它是论证的主要还是次要支撑。这样你就会看到论证的核心原因，就可以用以下结构建构一个论证图：

R1 + R2 =（所以）C [组合原因]

R1 或 R2 =（所以）C [独立原因]

这些结构经常会有变体。例如，一个主要结论也许由一个暂时结论和几个基本原因支撑，所以上面的第一个等式可变为：

R1 + R2 =（所以）C1（暂时结论）

C1 + R3 =（所以）C2（主要结论）

这是个相对简单只需要细读就能使用的方法。我们还没有追问找到的原因是否是好的（合理的）理据，这一步只是分析而不是评价。这不是一种能 137
瞬间揭示论证本质的规定性方法，尤其在社会科学当中，很多论证建立在断言和假设性陈述的基础之上，熟练辨认这些论证、避免将假设的构想当真是很重要的。假设性和断言性论证的典型标志词是：如果、设想、在……情况下等等。最后，你能正确分析评价论证的程度取决于你对主题特有词汇及问题定义的掌握。记住这些，我们现在就可以看看如何评价论证。

运用费希尔的标记法可以使大部分合格的研究者提取任一论证的细节。至关重要的是，在评价之前要先将论证的结构展现出来。评价论证时，你要做的不仅仅是评估整个论证及其各部分的逻辑，还要评估其背景结构。费希尔的论证评价方法可以应用于大多数形式的分析，他的方法是基于他所说的可断言性问题的，即对论证的前提和结论提出的问题。主要的可断言性问题是：什么论证（你需要相信什么）或依据（你需要知道什么）能使结论被合理接受？

注意这个问题并不是想确定真相，而是试图确定接受一个断言的合理理据。因此，这个问题并没有深入哲学怀疑主义的领域，在那个领域中，关于真相、现实和意义的陈述都要接受抽象的辩论和质疑。费希尔的方法用的是普通的日常评价和判断标准，因此，任何有基本能力的人都可以使用他的方法。所以，在实践中，可断言性问题默认大多数人都可以应用一个适合的标准，这一标准需要被证明，也将面临批判性审视。于是，费希尔将论证评价个人化，从而避免使之成为规定性的教条，因为规定性的方法会遏制想象力和横向思维。回到可断言性问题，我们现在可以将它当作一种实用的评价方法，因为真正的论证是通过质疑前提和结论之间的关系来获得评价的。

对于大部分论证，你应该问，结论是否可以由前提得出。为了结论能够被接受，分析者必须很好地确认以下条件：

- 它的结论必须由前提得出。
- 它的前提必须是对的，或者如果是推测，必须有充分的理由。

即使论证的前提是对的或合理的，结论仍可能是错的或可疑的。与此相
138 似，结论也许可以被接受，但一个或所有前提却可能存在问题。在更复杂的分析中，你可能发现前提是合理的，但结论却反转了；也就是说，前提可能导致的结果有两种。费希尔指出，可以通过回答以下关于论证的问题来使分析更加清晰：根据恰当的依据标准或可能性标准，有可能前提是正确的而结

论是错误的吗?

因此，你需要问什么论证或依据可以让你接受这个结论。这是因为标准不是统一的，而是在历史、文化、主题背景下特定的，需要慎重对待（Turnbull，1971；该研究中有一个有趣的例子，该例子描述了在环境改变下文化的剧烈变化）。不同的文化，像不同的学科一样，所接受的证明标准是不同的。当面对特定学科的主题时，要问自己什么应该被当作依据、为什么。然而，要避免将这个学科所接受的断言结论当作理所当然，或者将该学科的人所认为的知识也视为理所当然。换言之，你应该自己思考你要理解的论证和假设，并得出结论。这样，你就能更好地理解，因为你运用了健康自然的怀疑精神。将其用于实践并不太困难。

社会科学中的很多观点和视角都有其在道德、政治和伦理立场上的根源。例如，卡尔·马克思在早年就在政治上信奉，资本主义在道德上是堕落的，应该被代替。他穷尽一生发展了一种研究方法去说明怎样代替资本主义，为什么它会被代替。因而，他所有的工作都是在付出巨大努力去丰富他原本立场的基础。通过断言结论，人们提出了一个自己认为正确的命题，有的论证的基础就是断言。并不是说这样的论证是错的，只是说，它们的建构需要非常谨慎，要尽可能严谨地注意其推理过程、系统连贯地使用依据，并将想法串联起来。所以，你可以由断言发展出一项论证，并用同样的方法分析一项论证。下面基于马克思的例子展示了由费希尔的程序（见前文）发展出的标记法，其中标出了表示推测的标志词，使作者的论证结构更加清楚。

扩展示例：卡尔·马克思——论证的逻辑

以下案例节选自马克思的《价值、价格和利润》（Value，Prices and

Profit，1950[1898]）[1]，这是一个研究马克思主义的学者们都熟知的论证（见表
139 5.5）。它被广泛地用于证明马克思论证分析中无懈可击的逻辑，特别会被应用到对《资本论》这样又长又复杂的作品的分析中。马克思分析的目标是这样一句断言：当工人阶级为了追求更高的工资而联合起来（即成立工会）时，他们的行为是非理性的。马克思把这一断言归咎于"公民韦斯顿"（Citizen Weston）。马克思巧妙地剖析了韦斯顿的论点，并展示了韦斯顿的前提之间如何相互脱节，以及他的结论是如何脱节于前提的。此外，他还将韦斯顿得到的前提重塑为自己的一个逻辑论据，从而证明工会提高工资的合理性。理解此摘录的一个可行方法是先通读它，然后阅读其旁改编自费希尔的注释。值得注意的是，马克思的分析不是线性的，而是综合的——马克思希望他的读者能反复阅读这个论点，在不同部分之间反复揣摩。

表 5.5　分析马克思主义：示例[2]

引自马克思	论证分析
公民韦斯顿的论证，实际上是根据两个前提： 首先，国民产品量是固定不变的，或者像数学家所说的，是一个常量或常数； 其次，实际工资总额，也就是说，按照能够用以购买的商品的数量来测定的工资总额，是一个不变额，一个常数。	在第一段，马克思从韦斯顿的论证的前提出发开始自己的论证。韦斯顿的论证前提是：（1）生产值是一个固定量，因而（2）工资也是固定的（由用工资可购买的商品来衡量）。所以在（1）和（2）的前提下可以得出的结论是：工人阶级不能通过联合斗争（比如加入工会）来获得更高的工资。在接下来的两段中，马克思开始表明（1）和（2）是错误的，（2）无法由（1）得到。并且即使结论是正确的，因为（1）和（2）的缘故，论点也不会正确。马克思的分析推理如下。

① 本报告是马克思 1865 年在国际工人协会中央委员会会议上用英语做的报告，1898 年，报告由马克思的女儿以《价值、价格和利润》为题发表。这篇报告的德语版标题为《工资、价格和利润》。——译者注

② 对引自马克思的段落采用了中共中央马克思恩格斯列宁斯大林著作编译局的译法，参见《马克思恩格斯选集：第二卷》（第 3 版，第 18 页至第 19 页），人民出版社 2012 年出版。——译者注

续表

引自马克思	论证分析
他的前一个论断显然是错误的。<你们可以看到，产品的价值和数量在逐年增加，国民劳动的生产力在逐年扩大，而这种日益增加的产品的流通所必需的货币数量也在不断变化。><一年告终时是如此，就可相互比较的各个不同年度来说是如此，就一年中每个平均日来说也是如此。>国民产品的数或量总是在不断变化。它不是一个常数，而是一个变数，撇开人口的变化不谈，它也必然如此，因为<资本积累和劳动生产力总是在不断地变化>。的确，假如工资水平普遍提高了，这种提高本身，无论其后果如何，决不会立即改变产品量。这种提高最初可能是由当时的实际情况造成的。但是，如果在工资提高之前，国民产品是一个变数而不是一个常数，那么，在工资提高之后，它仍然是一个变数而不是一个常数。	生产价值和劳动生产力每年都在提升，流通的货币数量是可变的（在变化），因为不断增加的生产量需要货币流通量的改变。因此，国民生产值和货币流通量是变量而不是常数。据推测，国民生产值可以减少，也可以增加。因此，马克思声称韦斯顿的断言是错误的。为了证明自己的观点的有效性，马克思需要提供足够的历史证据来证明国民生产值、劳动产出量和货币流通量的可变性。
但是，假定说，<国民产品量不是变数，而是常数>。即使如此，我们的朋友韦斯顿当做逻辑结论的东西，也只是一种武断。<如果我们有一个已知数，比如说是 8，那么这个数的绝对界限并不妨碍它的各部分改变其相对界限>。<如果利润为 6，工资为 2，那么工资可能增加至 6，利润减少至 2，而总数仍然是 8>。因此，产品量的固定不变，无论如何也不能证明工资总额也是固定不变的。那么，我们的朋友韦斯顿究竟怎样证明工资总额是固定不变的呢？不过是武断而已。	马克思通过一个阐述指出，韦斯顿的观点是一种断言，而不是合乎逻辑的论点。他指出，即使该断言是正确的，也不应该认可这一结论。马克思通过该阐述表明，总量可能是恒定的，但构成总量的要素，即国民生产值、工资、劳动产出量和货币流通量等，在数量上是可变的。这些要素可以相对改变而不影响整体。因此，正如马克思指出的那样，韦斯顿的结论是一种断言。因此，马克思系统地反驳了韦斯顿的推理，并证明出它是有缺陷的。但是，马克思的论证并不止于此，在提出自己的论断之前，他根据韦斯顿的理论依据继续进行分析，这是睿智之处。

140

续表

引自马克思	论证分析
但是，即使同意他的论断，那么它也应当在两方面都说得通，然而公民韦斯顿却使它只能说明一个方面。如果 <工资总额是一个常数>，它就既不能增加，也不能减少。因此，如果说工人争取暂时增加工资很愚蠢，那么资本家争取暂时降低工资也很愚蠢。我们的朋友韦斯顿并不否认，在一定的情况下，工人能够迫使资本家增加工资，但是，他觉得工资总额是天然固定不变的，工资增加后必然会有一个反作用。另一 141 方面，他也知道资本家能够压低工资，而且确实经常想压低它。依照工资不变的原则，<在这种场合，也应当像在前一种场合一样，随后有一个反作用>。所以，<工人对降低工资的企图或对工资已经降低的现象进行反抗是正确的>。所以，他们力求增加工资也是正确的，因为 <任何一种反抗降低工资的行动都是一种争取增加工资的行动>。依照公民韦斯顿的工资不变原则，工人也应当在一定情况下联合起来，为增加工资而斗争。	在这一段中，马克思提出了“如果……会怎么样”的问题。他问：如果有人赞同韦斯顿关于工资是恒定量的断言，会怎么样？提出此问题时，马克思便试图表现该断言的双重性质。如果工人在追求工资增长时采取的是非理性行动，那么资本家在要求降低工资方面也同样采取的是非理性的行动。这是马克思迈出的第一步。他的第二步就引出了他的主要结论。马克思指出，如果资本家强制减薪，劳动人民在抵抗这种压力时就会采取理性的行动。这是因为劳动人民会遵循韦斯顿的断言来保持工资的恒定。 马克思阐明了他的主要结论，但是同时强调了此结论是受限于特定情况的。
如果他否认这个结论，他就必须放弃那个所以得出这个结论的前提。他就不该说工资总额是一个常数，而应该说工资总额尽管不能而且不该提高，但是它随时可能而且应该降低，只要是资本家想把它降低。如果他否认这一结论，他就必须放弃它所依据的前提。他不能说工资是一个恒定的量，而得说，尽管它不能也不应该增加，但只要资本家愿意降低工资，它就可以，而且一定会下降。	马克思以典型的苏格拉底风格向对手呈现了自己推理的过程。韦斯顿可能必须得赞同马克思的论点，因为马克思没有给他留下任何可以争论的逻辑基础。

正如你们所见，马克思的主要结论是，“工人也应当在一定情况下联合起来，为增加工资而斗争”。这一结论的聪明之处在于，马克思把这个结论建立在韦斯顿自己关于工资不变的前提之上。通过摘录中的推理，我们可以看到马克思论证逻辑的系统性和几近完美的论证风格。

虽然对这个摘录的阐述（在右栏中）是纵向进行的，但我们也可以从结论出发并在多个方向上进行。从该结论得出的推论是，“工人……力求增加工资……是正确的”，我们随后会揭示马克思是如何得出这一结论的。为此，请带着推论去阅读，寻找支持该主要论述或结论的推理结构。但是，不管以哪种方式解读马克思的论点，都会得出与韦斯顿相反的结论。

在这个简短的例子中，另外一点也值得注意：马克思的方法论假设以何种方式支撑了他关于韦斯顿论点的分析？在第3章中，我们概述了马克思所发展的方法论假设。我们可以使用它们再次说明方法论假设的重要性以及如何将它们变成另一个挑战的起点（见表5.6）。

表5.6 马克思的方法论假设与韦斯顿的方法论断言的比较 142

马克思的方法论假设	韦斯顿的方法论断言
一切事物都处在变化的过程中，因此，变化即合理。	世界上的结构体是固定的，因此，变化即不合理。
单个事件之所以显得零乱，是因为我们不去寻找将事件连接成整体的关系结构，因此，我们需要探寻是什么将事件和现状联系起来。	为了避免产生混乱，必须抨击和预防对现状的挑战。
变革的力量在于社会各阶层之间的经济关系，因此，我们需要观察阶层之间的经济关系来解析变革。	社会阶层是有关联的，但阶层之间不应发生冲突。因为冲突是非理性的，它不会使任何事变得更好。
人们被鼓励孤立地看待自己的处境，而不是从更广泛的社会不平等结构的角度，因此，他们可能会采取有害于社会的行动。	人们应该接受现状，因为它不会变得更好。但变革会导致混乱。

续表

马克思的方法论假设	韦斯顿的方法论断言
人们本质上是理性的，但是资本主义的独有力量使他们变得自私。所以，某些形式的组织（社会）会比其他形式更好，因为它们能激活人类本质中的理性特征。	人们本质上是非理性的，因此需要由更聪明的人来控制他们。自我中心和个人主义鼓励了自助、创新和进取，这对整个社会都有利。

论证的谬误

谬误一词来自拉丁语 fallere，意思是欺骗。是亚里士多德首先发现了谬误推理的本质。我们稍后会介绍一些常见的谬误，但重要的是，要注意学术作品的作者欺骗读者是不正常的，尽管这一准则有一些著名的例外情况［例如西里尔·伯特（Cyril Burt）的丑闻（Beloff, 1980）］。所以，第一条操作性假设就是，作者是诚实的，没有为了给自己的论证提供更有说服力的理由而隐藏信息、曲解事实或诽谤反对者。然而有时候作者会误导自己，他可能会做出错误假设、没有检验之前的假设或者没有注意自己推理中的错误。

有两种谬误：他人在论证中的谬误和你评价他人论证时出现的谬误。我
143 们这里要看的是，人们在建构论证时最常犯的一些错误。在举例之前我们先从一些简单的谬误开始。

很多作者强调论证中常见的主要谬误。例如欣德勒（Hinderer，1992）讨论了混乱导致的一些主要谬误，而 R. H. 索利斯与 C. R. 索利斯（R. H. Thouless & C. R. Thouless, 1990）提供了常用来支持论证的一系列技巧。在他们确定的 37 个技巧中，最有可能在综述研究文献时遇到的那些被列在了表 5.7 中。

表 5.7　论证中常见的谬误

谬误	含义或避免方法
1. 定义模糊	指向没有清晰定义的事物。一定要定义你所指的事物，尤其是概念。

续表

谬误	含义或避免方法
2. 定义不合逻辑	用限制性定义排除其他选择。要认可其他选择，表示你知道有其他选择存在。
3. 含义变化	将某事定义为 A，之后却将 A 用成 B。
4. 语言情绪化	使用带有价值观和伦理观的术语。
5. 过度概括	用简单的概括包含所有变量，从而忽略矛盾的例证。
6. 忽视其他选择	只用一种解读或一个例子，似乎其他的解读或例子可以用同样的方式处理或归类。
7. 选择性示例	选择反常或不具代表性的例子。
8. 勉强的类比	使用类比，但不认可其他与之矛盾的类比的适用性。
9. 伪相似	声称两件事物间没有真正的差异，但事实并非如此。
10. 孤立的类比	使用类比，但不联系现实世界的例子。
11. 虚假资历	为说服他人相信你的权威性，夸大自己的资格或经历。
12. 专业语言	故意使用专业术语以给读者留下专业的印象和（或）掩盖论证缺乏基础的事实。
13. 特殊的理由	用一个特殊例子让自己的论证压倒其他论证，经常通过使用情绪化的语言进行论证。
14. 利用读者	告诉读者他们想听的，而不是挑战他们的思维和假设。
15. 表示偏见	对对手怀有偏见，破坏其信誉。
16. 寻求权威	声称其他某个权威人士做出了和你相同的论证，以加强你的论点。
17. 虚假背景	给出没有背景信息的例子或只使用虚假的场景。
18. 极端	只强调选项范围内的极端情况，忽视中心基本立场。
19. 恒真命题	使用语言结构诱使他人接受你的论证，常见形式是："过多 X 不好"，因此 X 本身是好的。

144

研究和论证分析的正反例子

有很多好的和不好的研究例子，第 3 章列举了两者的特征。本节中，我们要看的是貌似合理、实则不然的那些研究，然后分析一个更长的例子，展示如何通过一系列聚焦的问题使复杂论证中的谬误暴露出来。

扩展示例：错误的逻辑和食物恐慌

这个例子与面包有关。下面是关于面包的 12 点知识。

1. 重罪犯里超过 98% 的人都是吃面包的。

2. 在吃面包家庭里长大的孩子，有一半孩子的标准化考试成绩都低于平均水平。

3. 十八世纪，当几乎所有的面包都是在家烤制的时候，人均寿命不足 50 岁，未成年人死亡率高得难以置信，许多女性因难产而死，并且，伤寒、黄热病和流感等疾病在整个国家肆虐。

4. 超过 90% 的暴力犯罪发生在吃面包后的 24 小时内。

5. 面包由一种叫“生面团”的物质做成。已经被证实的是，仅一磅生面团就能使一只小白鼠窒息而死。然而，美国人平均每月食用面包所用的生面团量远高于此！

145 6. 在没有面包的部落中，社会表现出低疾病发生率，比如在癌症、老年痴呆症、帕金森症和骨质疏松症方面。

7. 面包被证实会使人上瘾，失去面包而只有水的受试者在两天之后就开始乞求吃面包。

8. 面包经常诱惑食用者摄入高脂肪食物，比如黄油、果酱、花生酱甚至火腿。

9. 面包被验证出是吸水的。因为人类身体里超过 90% 都是水，所以食用面包可能会有极高的脱水风险。

10. 新生婴儿会被面包噎住。

11. 面包是在400华氏的温度下烤制的，这个温度可以在一分钟内杀死任何一个成年人。

12. 烤面包的过程会污染空气，包括产生浮尘（面包粉尘）和挥发性有机化合物。

给出了这些数量充足、层次丰富的关于面包的明显事实，我们就能顺理成章推测出面包的制作和食用与社会和身体健康问题有必然联系吗？再者，我们就能正当地称面包是导致这些问题的罪魁祸首吗？在这些要点和数据的基础上，我们确实可以得出一些结论和建议。如果我们仅从表面看，那么面包确实是十分危险的。所以我们可以建议采取措施来最小化或者预防这些危险。证据要点表明，有必要采取行动，因为如果事态继续发展下去，可以说这些问题将一直存在，并可能变得更糟。那么我们应该做什么呢？是发起一场警告面包危害的公共意识运动？是颁布一个关于面包和面包制品的广告禁令？抑或是将面包生产业迁移到不发达地区？我们可以继续去探讨，但重点是：

- 正当合理的数据可能会被应用到错误的逻辑中，从而支持荒谬的论点。
- 联系并不能证明或者顺理成章地被认为是原因。
- 图尔敏和费希尔关于论证分析模型的应用以及一些常识能够揭露看似专业的论据里荒唐的言论。

下面是一个关于一氧化二氢（dihydrogen monoxide，DHMO）的例子，摘自一个名为美国环境中心协会（United States Environmental Association Centre）的协会官方网页（www.dhmo.org/facts.html）。

一氧化二氢（DHMO）是一种无色、无味的化合物，也被一些人叫作氧化二氢、氢氧化氢、水合氢离子氢氧化物，或者简称为氢氧酸。它的基础是高度活性的羟基自由基，其能突变DNA、变性蛋白质、破坏细胞膜而且能通过化学作用改变关键的神经递质。DHMO 的原子成分存在于许多具有腐蚀性、爆炸性和毒性的化合物中，如硫酸、硝化甘油和乙醇。

更详细的资料，包括预防措施、清理程序和储存要求，请参阅 DHMO 的化学安全数据表（Material Safety Data Sheets，MSDS）：

146 - DHMO 的坎普（Kemp）合规性和 MSDS 安全数据
- 化学安全，包括 DHMO 的 MSDS 安全数据
- 氢酸在应用于石油化工研究时的 MSDS 安全数据
- 初始 DHMO：DHMO 的 MSDS 安全数据

下面列出了 DHMO 的一系列危险：

- 意外吸入 DHMO（即使是微量）会导致死亡。
- 长时间接触固体 DHMO 会导致严重的人类身体组织损伤。
- 过量摄入会引发一系列令人身体不适的副作用，虽然不会威胁生命安全。
- DHMO 是酸雨的主要组成部分。
- 气态的 DHMO 会引发剧烈的爆炸。
- 会加快水土流失。
- 能导致许多金属的氧化和腐蚀。
- 受到其污染的电力系统经常发生短路。
- 与汽车制动器接触会降低其机动性。
- 发现存在于癌前肿瘤和病变的穿刺中。
- 最近咬人致死的恶狗摄入过 DHMO。
- 通常与美国中西部和其他地方的强飓风，以及佛罗里达、新奥尔良和美国东南部其他地区的一些致命风暴有关。
- DHMO 中的热变化有加强厄尔尼诺现象的嫌疑。

使论据中的信息有意义是很重要的。之前面包的例子就能说明这一点。在这个例子中，DHMO 听起来比面包要危险得多。这个例子说明有必要对任

何来源，特别是来自互联网上的信息持怀疑的态度。在这个例子中，我们看到有人提出了问题。在这种情况下，我们只需要提出两个问题。

1. DHMO是什么？
2. 美国环境中心协会是什么？

分析多次被引用的文献

所有学科都有它们“必须引用”的文献。这些文献可能是被认作核心文章的出版物。在消费者保护主义的辩证理论领域，朱迪思·威廉森的《解码广告》就是这样的一个来源。下面的例子就说明了如何应用批判性思维得出可视的方法论假设，从而使它们成为后续研究者们心中理所当然的假设。

扩展示例：关于方法论谬误的争论 147

在对朱迪思·威廉森《解码广告》的分析和随后的评论中，弗朗西斯（Francis，1986）提供了一个很好的例子来说明在社会科学中出现的关于谬误和理解的争论。他的研究还展示了一个使用现象学阅读技巧的例子。在分析这场争论之前，我们需要明白两件事：为什么弗朗西斯决定研究《解码广告》，以及我们所说的现象学阅读是什么意思。

弗朗西斯之所以选择阅读威廉森女士的书，是因为在20世纪80年代初期，这本书是广告研究中女性主义分析的一个重大进步。它展示了在结构主义和精神分析的方法论假设下，女性主义的观点所能创造出的作品。因此，选择什么作品来批判是很重要的，特别是当你要对一个主要论点进行批判时。所以，无论弗朗西斯在他的研究中想要做什么，他都需要高度注意他分析《解码广告》中论据的方式，以及他如何论证它们是一些基于方法论的假设，而这些假设偏偏是错误的。

现象学阅读

在弗朗西斯的研究中，他运用了或许可以被称为现象学阅读的方法。此方法的基础来自一位主要与现象学有关的哲学家的工作，这位哲学家就是埃德蒙德·胡塞尔（Edmund Husserl，1859—1938）。虽然他的工作很复杂，但是我们可以通过一些简单的分析来了解它。比如，实验心理学可能对饥饿与食物意象之间的关系感兴趣。胡塞尔不会对饥饿与食物意象之间的关系产生兴趣，而会对一个更基本的（本质的）问题感兴趣。他会问：究竟什么才是食物的形象呢？胡塞尔对关于人类体验的现象（本体）的纯粹描述感兴趣。也就是说，他对这种体验产生的原因或这种现象的历史并不感兴趣。胡塞尔认为，如果我们想知道一个东西是什么样子的，以及它的基本特征需要是什么样子的它才能被当作这种事物的例子，那么，我们必须为我们理所当然的理解和假设加上括号[1]。胡塞尔认为，关于伦理、道德、政治、结果，尤其是现实（本体论）的问题，不应该是我们首要关注的。

当弗朗西斯等社会学家运用胡塞尔的现象学时，他们将重点放在描述人们的意向如何影响他们对自己日常生活的理解上。例如，珠宝店的抽屉里可能装满了戒指，其中的一些被归类为婚戒。一旦被买走，这些结婚戒指，对于佩戴者来说，就产生了情感上的意义，它们就象征着爱与承诺。而对于珠宝商来说，它们却有着与此不同的意义：它们是可供出售的商品。因此，同一事物的意象可以根据不同人的意向以不同的方式建立起来。这里需要注意的一点是，这两种现实必须是真实存在的。

148 把这种观点应用到科学领域，那么物理学的数学方法和符号学的分析方法就只是理解世界的两种方式。这导致了对弗朗西斯而言很重要的第二点。在科学领域，无论是在自然科学还是社会科学领域，人们都理所当然地认为存在一个先于当前世界的世界，而科学家的目标则是描述当前世界中事物之间的因果关系。我们存在的世俗世界就是这种科学领域产生的来源。

因此，根据胡塞尔的观点，弗朗西斯认为，科学家所做的分析是对我们所生活的世界的抽象化和理想化，与我们日常生活中所遇到的事物的性质几

---

① 即“悬置”起来，排除成见，摒弃预先假设。——译者注

乎没有关系。我们在描述世界的过程中看到的是分析程序的运作，这种运作基于的是分析者对研究现象的意图的假设。因此，那些被划分为属于这一类或那一类的事物（或现象），并不是作为该事物（或现象）的一部分被研究的。除此之外，还存在一个许多现象学社会科学家提出的观点：对一种现象的任何科学分析的“正确性”都不能通过将其与日常生活经历进行比较来验证。相反，一个问题的有效性是通过确保在科学研究内部所使用的程序是正确和合理的来保证的。具有讽刺意味的是，当分析者使用日常生活的例子时，它的目的是给研究者所假设出的我们对于现实的片面看法提供一个补充和修正。因此，舒茨（Schutz，1967），胡塞尔理论的追随者之一，坚持认为科学领域的程序操作及目的，和人们在现实生活中所使用的程序及目的是不可比较的。

虽然这里出现了很多观点，但我们应该可以看出，弗朗西斯的工作方式和威廉森有很大不同。弗朗西斯主要对以下两种事情感兴趣。第一种是威廉森所认同的关于广告的假设，以及她是如何运用一套程序来完成对广告的分析的。第二种是如何描述一个广告的基本特征。这种方法我们可以从下面弗朗西斯列出的关于《解码广告》的问题中看出。

1.（威廉森）做了哪些假设使得这个解释说得通？

2. 对于理解事物（即现象）本身，这些假设得出的结果是什么？

3. 如果我们停止这些假设会发生什么？

4. 我们需要做出什么样的假设，才能将现象本身作为一个事物来分析，而不是将其作为其他事物的例子来分析？

5. 这些结果对我们理解这种现象有什么影响？

弗朗西斯对《解码广告》进行了批判性解读。他声称发现了一些《解码广告》关于广告、产品和观众的假设中的重大谬误，这个发现影响了结构主义及其应用于广告分析的几种方法论假设的地位。弗朗西斯认为，《解码广告》 149
是基于三个主要谬误而产生的。他称它们为描述性谬误、阅读方法性谬误和形式知识性谬误。

据弗朗西斯所说，《解码广告》中的描述性谬误假设广告的作用是描述产品的细节。弗朗西斯认为，威廉森对那些没有描述商品的广告的批判基于的就是她的这种假设，即广告的作用就是描述商品，而不这样做的广告是具有欺骗性质的。她举了一个香奈儿五号香水广告的例子，广告中，法国模特兼演员凯瑟琳·德纳芙（Catherine Deneuve）拿着一瓶香奈儿五号香水。威廉森认为，像香水类的广告是“空洞的参照型”意象，因为它们无法提供任何实在的信息。然而，弗朗西斯察觉到，“如果我们不再将描述作为广告本质的必需，威廉森关于其欺骗性的指控基础就不复存在了”（Francis, 1986：209）。他接着说，我想威廉森并不是指我们无法描述气味。事实上，在日常的生活中，我们经常描述它（Francis, 1986：209）。弗朗西斯在这里展示了关于假设某事物功能的谬误，在这个例子中，指的是广告。他还表明，如果人们改变或者放弃这个特定的假设，那么对广告的许多批评实质上就消失了。

弗朗西斯说的第二个谬误是阅读方法性谬误，即威廉森认为，广告的观众没有足够的心智能力去看到广告真正起作用的结构。她认为广告背后有隐藏着的结构，这不能轻易地通过看显性的图像来察觉。弗朗西斯指出，威廉森把“对广告的两种观点”混为一谈了，即她将日常观看广告和对广告技术的兴趣混为一谈。正因如此，威廉森才会说，作为普通观众的“我们”并没有“看到”广告的“真实”结构和目的（Francis, 1986：210）。弗朗西斯认为，威廉森没有意识到的是，广告技术结构的全部目的在于展现一个能被所有人理解的产品（Francis, 1986：221）。

弗朗西斯在《解码广告》中发现的第三个谬误是形式知识性谬误。基于广告的目的是传递信息的假设，威廉森提出，构造广告并发生作用这一过程是在很多人意识不到的水平上进行的。广告的观众们并不知道他们接收到的是一个强有力的广告推销语。弗朗西斯参照图尔敏的著作，指出了其中的形式重言式。在将客观存在归因于无知的观念和隐蔽的结构时，威廉森将具体实际（错位的具体性）归因于一个构想的概念。但是为了使这个概念成立，她必须继续假设观众们看不到广告是如何构造出的。因此她声称，认识这些结构的唯一方法就是分析并使用精神分析理论的要素。但是正如弗朗西斯所阐明的，“除非我们清楚地区分现象和我们用来描述它们的表象，否则我们的理论会一直是自说自话的赘述”（Francis, 1986：213）。总之，《解码广告》所
150 做的就是宣称形式结构的存在，然后应用形式分析来证明这种方式的合理性：

它不描述广告或者产品，它描述的是理论本身所蕴含的程序。

我们可以看到，弗朗西斯并不打算把广告作为一种现象来考察，而是将其特性当作现象来考察。我们不应该只看到了弗朗西斯的批判而否定威廉森的作品。我们甚至可以看看，对于弗朗西斯关于《解码广告》的解读，有什么可以批判的。评估初始论点和批判是社会科学中一个常见的主题。就弗朗西斯的批判而言，我们可以看到一种想要澄清威廉森意图的相反论点正在发展，并试图纠正弗朗西斯带给我们的解读。比如，这种观点可能认为威廉森并非是因为广告缺少对产品的描述而批评它。如果是这样的话，我们只能通过亲身阅读《解码广告》来判断是否如此，那么弗朗西斯对于威廉森将广告视作欺骗的说法便会陷入质疑中。但是，如果威廉森确实认为广告不包含真实的信息，那么我们就得到了一个问题：我们在这里所说的信息指什么。这又把我们带回到胡塞尔的现象学中：我们需要研究的是，是什么让信息成为信息。因此，威廉森可能对“信息是什么”有了一个概念，而弗朗西斯正是在批判这个概念。正是这类问题常常引出新的研究课题。再有，我们可以为威廉森辩护说，她认为像香水这样的产品是难以描述的。所以，她所批判的是香水与某种特定意象的联系。威廉森关心的是说服的问题。如果是这样的话，那么她分析的是广告用来说服人的策略。但是这一澄清是否偏离了弗朗西斯最初的批判呢？从现象学的角度来看，威廉森更关注的依然是分析的过程，而不是其中的事物，无论是广告还是信息。

但是为什么威廉森会对现象学的方法感兴趣呢？与大多数研究一样，答案是：研究主题和如何研究是由研究者所决定的。然而，弗朗西斯可能注意到，研究者也有责任去了解他们所做的选择的后果。在这种情况下，他可能认为，威廉森所做的选择更多是为了表现她对广告的预想，而不是为了描述广告的特性。在这里，弗朗西斯会设法表现威廉森对广告感兴趣的动机。我们还可以这样辩护，是弗朗西斯误解了威廉森正在研究的方法论传统。因此，他误解了她关于香水的气味是如何包装的，以及这对消费者有何意义的论证。那么，这条思路可能会把我们带到辩论的另一个方面——理解不同研究者工作的传统。

我们不能低估这点的重要性。在解释现象学阅读技巧时，我们已经说明了这一点。同样地，我们也可以这样对待威廉森的工作传统。再有，这些调

151 查也可以成为进一步研究的基础。研究表明在论证和假设中发现的还未被定义的未知领域经常能够成为一项新研究的起点。例如，我们之前发现，威廉森可以被认为对香水的象征、文化内涵和重要性感兴趣。如果是这样的话，那么弗朗西斯的批判就可以成为研究香水的起点，比如这一问题——是什么让某种气味被归类为香水的味道。

问相关的问题是一项核心技能

就维泰研究者发展框架所概述的核心技能而言，弗朗西斯表现出了其中的创造性：拥有探知欲强的头脑、敏锐的洞察力，并且能够将方法论假设和结果联系起来。这些都从提出相关的问题开始。

这就把我们带回了这场辩论。弗朗西斯可能会因为没有定义他认为的广告是什么或者他认为香水的特性是什么而受到批判。他可能犯了许多错误，主要是因为他的论证里包含了一些没有被明确定义的东西。但是，这就是对弗朗西斯的全部严肃批判吗？对这个问题我们还没有明确的答案。如何理解这个论点取决于作为读者的你：这大概基于你对社会科学作用的兴趣、关注和观点。正是威廉森和弗朗西斯在社会科学许多方面的不同观点，使得他们的立场互不相容。威廉森的研究是在一种试图运用符号学理论的传统中进行的，这种传统的目的之一，是表现信息是如何被构造，从而传达出某种意义的。她的作品《解码广告》从女性主义的角度，在综合结构主义和精神分析主义的工作上迈出了重要的一步。然而，弗朗西斯却在另一种不同的传统中工作。正如我们所知道的，他的兴趣集中在一些基础性的问题上，这些问题的核心是研究“是什么”，而不是“怎么样”和“为什么”。他想要把我们的注意力转移到什么是广告这个问题上，即想让我们在进行研究前首先思考这项研究是什么。

批判性评判和评价

在这一章中，我们讨论了三种主要的论证立场。一是你批判性评价他人的论证时的立场，二是你所评价的他人的立场，最后一种是你发展自己的论证时的立场。

论证的提出者需要列出充足的相关依据去支持论证，要完成这一点，方法是提出有效、合理、连贯、没有谬误、不易推翻的论证。论证的评价者需要找出论证所用的推理结构，细读前提和结论，努力说明为什么提出的结论是或不是从所提供的理由中得出的唯一结论。费希尔（Fisher，1993：129）给出了一些合理的建议： 152

> 从主要结论 C 出发，提问：
> 文本中呈现了哪些能够接受 C 的直接原因?
> 或者
> 为什么（在文本中）我要相信 C？

评价论证、依据和实践需要批判性思维。关于批判性思维是什么和如何做有很多建议，其中有的过于复杂。出于实用目的，可以如下文一样描述批判性思维。

> 批判性思维就是根据项目的需要以恰当的程度发展的怀疑的能力。

费希尔（Fisher，1993：128–139）的方法是一种怀疑论的方法，它在持续应用可断言性问题的基础上，以系统的方式对论证进行提问。一个普遍的问题是，很多作者对非形式逻辑的理解都很有限，遑论形式逻辑，因此，他们对如何构建一项清晰、正确、精准、透彻和公正的论证知之甚少。

批判性评价的步骤

批判性评价有下列基本步骤。一旦你找到了要综述的主要出版物，就要根据论证的相似性将它们大致分类。

- 在每一类中，将得出结论的理由列出，尤其注意推论标志词。将理由和所有提供的依据排在一起。再把结论归在一处。挑选出每个作者能清楚公正说明其论证的原话。
- 思考理由和结论。思考作者做了什么假设，假设的根源（传统），这些假设是否必要，以及可能使用了哪些其他假设。要以这样的层次进行研究，你必须熟悉方法论假设和传统。
- 思考基于假设得出结论的逻辑是什么。如果将这些假设应用于其逻辑推导所得出的结论，可能出现什么结果？寻找清晰的推理链与创新的想法。
- 分配重点——偏重于思考后能得出结论的强逻辑推理链，而非弱逻辑推理链。
- 使用思维导图（Buzan，1995）和关联树等工具，组织和评价不同阵营与个人研究的相对有用性（长处）。

153 避免偏见的方法

反思你的评价，对其深思熟虑。看看你是否在评价中明确或不明确地带入了偏见。此处你有很多方法可以使用，苏格拉底问答法和爱德华·德波诺（Edward de Bono）的六顶思考帽的方法会很有用。

苏格拉底问答法是对他人和对你自己的观点与信念的系统性置疑。例如，关于你给出的评价，问：我这样说是什么意思？我如何得出那个结论？为什么我相信自己是对的？如果我错了会怎样？那些文献与我的观点相反，为什么？为什么这很重要？这个现象还有其他解释吗？

德博诺认为我们有多种思考类型、取向和方式，但大多数人只用一到两种，人们只用自己习惯用的方法。他提倡我们学习使用多种方法，这样就可以变成更有效的思考者。他建议我们使用一系列“帽子”（不同的方法）去思考问题。这些“帽子”是：

白帽子	（白纸）	信息与报告（客观）
红帽子	（火）	直觉，观点和情感（主观）
黄帽子	（太阳）	夸奖，正面（客观）
黑帽子	（法官袍）	批评，负面（客观）
绿帽子	（植物）	替代方法，新方法，“怎么都行”（猜测）
蓝帽子	（天空）	“大局”，“指挥帽”，整个过程，“元帽子”，“元思考（整体）”

结论

论证、分析和评价旨在解构并以不同方式重构他人的想法。不可避免的是，有的东西会丢失或不能被纳入在内，而其他的可能难以转化。这里我想说的是，对文献体系的任何分析与评价都会承受一定的代价：某些事物会被牺牲以获取其他事物。清晰、一致、连贯不易做到，为了使一篇分析易于理解，不是所有分析的细节和背景信息都需要包括在最后的合成报告中的。没有必要为了回避这个问题而在呈现分析的时候造成选择很容易的假象，或者不同的想法之间完全对立的假象。这样做必定会导致过度简化和粗糙比较。

这个问题的核心在于，不是你感兴趣的所有事都与你的主题或方法有关。154
例如，如果一个人研究“经济决定论”，这就意味着他要读马克思和韦伯的著作，这相当于加起来有成千上万页的艰深复杂的论证和分析要读。还有非常多的二级文献需要阅读。如果一个人感兴趣的是经济决定论的社会思想发展史，这个任务可能不是问题。但如果一个人的兴趣点在于经济决定论思想的应用，这个任务就太大了，它会妨碍人们实证研究工作的开展。因此，一定程度的忽略也是不可避免的。实用性的考虑意味着有的文本不能细读，而有的只能有选择性地大概读一读，有的文本也许根本不用读。正是因为这些原因，安德森等人（Anderson et al.，1985）提出了一些建议。其中一条是学者需要在解读和处理他人著作时有包容之心，这种态度能让我们认清自己的局限性、展示学术研究的一些特点：谦逊和理解。

解读的包容性意味着，在评估他人想法的优劣时保持公正。尽管可能听起来老生常谈，但公正确实是学术活动的重要部分。对不同的想法、其他世界观和研究方法抱有好奇的态度，是在践行一种知识分子的态度，这种态度可以把差异性的想法综合为令人兴奋的新想法。这种态度的价值能成倍地回报践行它所付出的努力。一个主要的益处是，它能使我们避免成为被自己俘虏的傻瓜。社会科学充满揭示新发现的文章：形成了新想法，或者做出了新突破。我们应该摒弃现有的想法，追随新思想。常见的是，人们会发现所谓新突破只不过是安德森等人（Anderson et al.，1985）口中克里斯托弗·哥伦布情结（Christopher Columbus Complex）的又一个例子——去了趟迪士尼就以为自己“发现”了美国。这种情结的主要原因是自我和懒惰，研究者很容易成为自我的俘虏：相信自己作为当代世界的一部分，对社会有深刻的见地和智慧理解。结果就是，过世的社会理论家，如索罗金（Pitirim Sorokin）的作品没有人读，或者只通过衍生文献去理解。所以，前人的思想因为被认为对学科的当今议题或问题没什么价值，而轻易地受到批判。正如安德森等人（Anderson et al.，1985：70）指出的：

> 这种情结的俘虏往往高估了我们当代的成就，因为他们低估了前人的成就、其要面临的也许失败了的任务，这大多是因为有这种情结的人没有亲自应对过那些任务。

155 因此，解读的包容性和公正精神也是出于现实的考虑，而不仅是学术上的利他主义。将它们综合起来，不但可以让论证分析更有价值，而且能使之成为激发思维的活动，从而促进研究者有理由进行其引以为豪的真正的发展。

总结

- 我们有必要了解、精通和熟练分析论证和提出论证的方法。
- 关于阅读论证、从中提取基本的方法论假设、挑战他人的论断，有一些实用的、简单的方法。重要的是你能够使用这些方法。
- 我们推荐用苏格拉底问答法作为阅读和思考论证时的主要方法或态度。通过实践和耐心，这一方法和态度可以变成你的自然行为和基本的思维技能。
- 在整个研究中，你会找到关于方法论、数据收集方法和数据解读的论证。因此，所有的研究都是可以被挑战和质疑的。

第 6 章

依据、评价与批判实在论

关键问题

- 我们说的依据是什么意思?
- 有多少种依据?
- 哪几种依据最可靠，为什么?
- 寻找依据来源时我们需要意识到哪些问题?
- 哪几种依据能支持你的解释?
- 我们如何批判性地思考和评价研究中的依据?

核心技能

- 批判性分析、评价复杂信息和依据
- 发展辨认其他学科中的模式与联系的能力
- 培养开放的思想和思维灵活性，提出有用的、有挑战性的问题
- 了解和能够应用针对专业研究行为的标准和要求
- 认识、理解和欣赏研究对政策制定的重要性以及依据在政策决策和解释当中的作用
- 认识学术界以外的思想的价值，并适时将其融入你的研究
- 培养探究质疑的态度以辨认新趋势、发展新见解和发掘深度
- 自信地探究、挑战和质疑理所当然的事物

157 导语

提供依据是论证、解读和建议的核心要求，要遵循你的学科或常识给出的定义——要满足证明、验真、产生的标准。也就是说，关于某个现象的陈述必须（在现在或假设的未来）有相应的证明，它必须是真实的，不能是虚假的、残缺的或是替代品。它必须能够完全生成，而且如果可能的话，以原始状态生成。在研究当中，如果依据产生于一种研究方法，那么它必须是可复制的，其他研究者应该（实际上或原则上）能够使用同样的方法产生同样的结果。图 6.1 总结了专业实践、论证与批判性思维之间的关系，并将依据置于这些活动的中心。

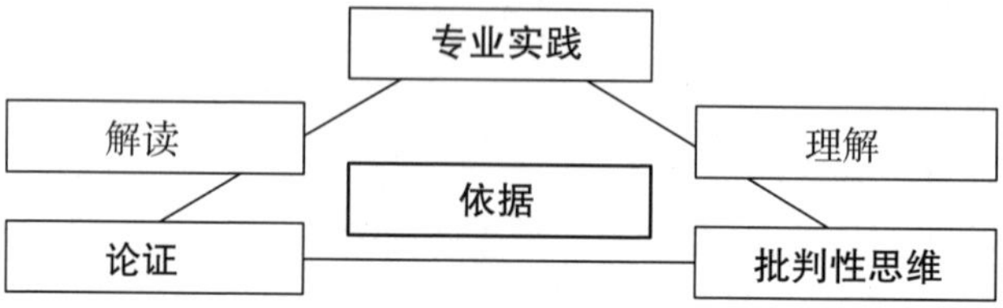

图 6.1　依据、论证、专业实践与批判性思维

依据实际上是什么，这一点人们并不清楚，用来产生依据的方法也不是普遍被认同的，两者都会受到批评和质疑，产生的数据也会受到充满异议的解读。依据如何产生取决于方法的信效度和方法的使用过程与应用等问题。依据一旦产生，其优点、完整性、是否可用于建议或变革，都会受到评价。对依据的批判性评价，对于综述文献、提出一项实践或程序（如医学治疗）的变革措施，或者为一个现象的发生提供解释都至关重要。依据发表在各类文献中，如果你的兴趣是提出干预措施或解释，那么你关注的焦点应该是有依据的文献而不是辩论性的文献。

本章开头会先讨论最复杂的问题，那就是依据和证明是什么意思。我们要看看在三种文献综述——干预性、学术性和现实性综述——中使用的依据种类。在这三种文献综述中，重要的是理解每种文献综述把什么当作依据。
158 这是因为当我们综述的研究对接受某一论断的依据的本质有相同假设时，我们需要知道如何评价和批判性地评估这一论断及其基础。在这个过程中，我们要警醒，即不要仅仅因为某条文献难以理解或因为别人引用了该文献就轻信其重要性。

我们说的依据是什么？

依据可以是各种形式的，可以是目击者证词、一张照片、一封信、一次DNA检验、一些指数、一件轶事、你的个人经历等。随着科技不断发展出获得依据的新方法，依据的形式与来源也随之增加。例如，近年来虚拟民族志本身已成为一个新领域，互联网成为行为模式数据的来源（Dicks et al., 2005; Coleman, 2010）。虚拟民族志例证了我们关于依据的一些问题。当阅读一项基于互联网行为观察的研究时，我们可以像读任何研究发现报告一样提出以下问题：

数据来源是什么？
数据是何时收集的？
数据是如何捕获的？
测量单位是什么？
如何定义和操作化这些现象？
使用了什么数据分析方法？
我能看到所有依据吗？
我能收集到同样的依据吗？

然而，一个学科的依据不一定适用于另一个学科。虽然对于什么算作和不算作依据有一些跨学科的统一看法，但这并不表示所有的依据对于所有的学科都有相同的地位，绝非如此。自从20世纪70年代中期起，人文与社会学科发展了这样一个观点，即依据和我们对外在现实的信念是通过语言在社会中建构的。于是，这一观点的支持者相信，没有不带偏见和文化中立的观察。结果就是，科学家的工作与发现被认为是根植于经济文化环境当中的，并因此而带有偏见。一些作者，例如斯诺（Snow，1963[1960]）、金博尔（Kimball，2008）、布罗克曼（Brockman，2013）和古尔德（Gould，2003），对于科学与非科学之间的对立发表了赞同或反对的评论，这个例子反映了可追溯到利维斯（F. R. Leavis）、阿诺德（M. Arnold）与赫胥黎（T. H. Huxley）的关于人文科学与自然科学之间差别的持续性辩论。这些辩论当中包括了依据的地位，以及怎样为论断提供充分必要证明等问题。

159 顺便说一句，根据上面给出的几条引文，我们看到的是关于这样一个主题的文献：系统性理解社会领域和自然世界的研究之间的区别。对这样一个主题可以做文献综述。

依据的种类

正如研究有不同种类，不同种类的方法也可以产生不同种类的依据。研究项目的目的经常决定了需要哪种依据来证实或证伪一句主题陈述（理论知识），或为一个问题提供答案（实证知识）。依据不是固定的，而是我们认识某事（研究知识），进而对所知进行质疑的过程中的一部分。虽然看起来复杂，但这就是认识论，它限制了人类所获得的知识。在日常生活中，我们运用知识和认知能力探究事物和环境时很少遇到问题。在研究中，“事情”则不同。在做出论断时，我们需要有充分和必要的依据给予“它”支撑。当我们针对一项干预措施提出建议时，当“真实的”人们会被这一决定的实施而影响时，这就变得尤为重要。因此，当我们用研究方式去思考（采取研究态度），我们就需要更加仔细、系统地反思为证明某事而产生和援引的依据的质量与数量。当采取某种研究态度时（你可以将其视为你所遵循的科学方法），我们需要对采纳的证明更为谨慎，对想当然的事提出质疑。

依据的等级

质性和定量研究产生的依据都能根据其产生的方法和数量进行排序。对依据及其产生方法的排序可以有多种方式。例如，很多人的谨慎质疑比少数人的观点能提供更有力的依据。这样排序的基本理念在于，有的方法提供的依据比其他方法更为可靠。这些标准不是统一不变的，而是有条件的，任何研究方法的确信度及其产生的依据等级都取决于所问问题的种类、获取数据的方法和使用者的需求。根据使用者的需求，不同种类的依据会被赋予不同数值的权重。表 6.1 显示了健康医疗实践者在做循证决策时对方法和结果的等级排序。权重越大，方法和结果的确信度就越高。

表 6.1　研究方法及其应用的确信度

干预措施	研究类型				
	质性研究	病例对照	队列研究	随机对照试验	系统综述
诊断			√	√√	√√√
治疗			√	√√	√√√
筛查				√√	√√√
管理创新	√	√	√	√√	√√√

来源：格雷的研究（Gray，2001：118）。

这种矩阵大多基于医疗依据的等级，这一等级可用表 6.1 表示。它反映了在生物医学和非生物医学医疗环境下工作和研究的实践者的普遍需
求。虽然对于随机对照试验能用于所有研究问题的程度存在争议，但是人 160
们普遍认为结合了系统综述和元分析之后的随机对照试验比其他类型的方法更加权威。

医学领域中的和其他基于决策的依据权重体系，通常会排除直觉、逸事、个人经历等依据来源，然而，这三种来源连同证词和科学家的专业观点，却是法庭上的主要依据来源。法庭呈现的证据说明了依据有争议的本质。法定代理人会在证据中加入物证，从而能让自己的证据比对手更可信。尽管法律

证据经常带有个人化性质，但任何诉讼服务提供的证据都要遵照理性证明的规则。不论是法律证据还是干预措施的依据，或是政策依据、辩论观点的依据，它们之间都有相似点。这些相似点不在于对一个统一不变的等级体系的使用或应用，而在于它们需要能够表示：

1. 研究者使用了恰当的方法收集依据（效度与信度）。
2. 依据具有可确认性（透明度和可信度）。
3. 研究者可以做出被依据检验过的合理推论（理论 / 解释）。

不论我们在来源、数量和质量上如何衡量依据，都没有泾渭分明的、自动的、统一的、可简单应用的标准。我们可以在下面关于依据和解释，以及关于依据在因果关系和相关关系中地位的讨论中看到这一点。

依据与解释

我们工作、研究和阅读文献所指向的学科往往影响我们做研究的方式、
161 对依据的看法和解读的方式。但不同学科的研究者之间的一个共同点就是，他们大多都知道研究是要花费时间的。想想完成博士学位需要多久。然而有时候，我们需要循证研究为决策提供信息，但我们却没有足够的时间去做这样的研究。

快速依据评估

快速依据评估（rapid evidence assessment，REA）是对面向政策制定者的研究的综述，可以作为获取某个主题或方法论指示性综述的很好的资源。

政府、慈善机构和商业组织经常需要循证研究。政府要从多种可替代的

政策中做出明智的选择，慈善机构需要依据来证明它们在保障资金方面对公众的价值，商业组织需要关于竞争者、市场和产品开发的信息。关于如何为不同的组织部门开展研究，有很多资源，也有一些组织和资源能提供快速依据评估，它们包括：

- 循证干预中心（The Centre for Evidence Based Intervention，CEBI；www.cebi.ox.ac.uk/home.html）

循证干预中心调查哪些干预措施有效，对谁、在何种情况下有效，尤其是通过高质量的随机试验、系统综述和其他评价设计来调查，其也对社会问题的起因开展基础研究，以更好地理解干预措施如何起效、为何有效，其最终目的是帮助开发可以成功转化为有效社会政策和项目的干预措施。

- 在线期刊《系统综述》（*Systematic Reviews*；www.systematicreviewsjournal.com/#）

《系统综述》涵盖了系统综述设计、操作和报告的各个方面。期刊旨在出版高质量的系统综述文章，包括系统综述规程、与广义医疗相关的系统综述、快速综述、已完成的系统综述的更新信息、与系统综述科学相关的方法研究（如决策建模等）。期刊的目标还在于，保证所有优秀的系统综述结果都能得到发表，无论其成果如何。

- 有效证据联盟（Alliance for Useful Evidence；www.alliance4usefulevidence.org）

这是一个开放准入、可自由加入的网络，提供的资源来自很多对循证实践和政策感兴趣的组织。

- 英国财政部的指南——《红皮书》（*Magenta Book*；www.hm-treasury.gov.uk/magentabook）

《红皮书》的目的是帮助我们理解和使用依据，尤其是为当前政策改善和 162
未来政策发展提供参考。它面向所有对政策、计划、项目或服务的评价进行委托、管理、实施或提供咨询的人士。诸如《红皮书》之类的著作对依据有共同的假设，即某些种类的依据优于其他种类。随机对照试验中得出的依据被认为优于个案研究及其他非实验研究得出的依据。这种观念包含两方面的内容，一是或明确或隐含地坚信依据是有等级体系的，二是与产生解释的研究策略相关的内容。

- 研究鱼（Researchfish；www.researchfish.com）

自 2014 年起，英国的多家研究委员会［艺术人文研究委员会（AHRC）、生物技术与生物科学研究委员会（BBSRC）、工程与物理科学研究委员会（EPSRC）、经济与社会研究委员会（ESRC）及自然环境研究委员会（NERC）］开始收集它们资助过的研究，以追踪它们所提供的资金的影响。这一资源目前在被 100 多个资助机构使用，以整合其研究成果的信息。

因果关系与相关关系

对于因果关系的含义及其确立方式人们有不同的看法，然而出于对一致性的考虑，我们有必要对下面要说的内容及其在文献综述中的作用提供一个提纲。可以说当谈到解释时，我们使用的是原因的概念。在所有学科中，因果关系的概念——一件事物是另一件的原因——贯穿始终。围绕和基于这一概念，已发展出了一套系统性和制度化的调查一件事物及其原因的方法与程序。在所有研究领域中，确认相关关系和因果关系的推论都已经获得了令人瞩目的成功。有广泛的文献记录了研究发现史和研究方法，这类文献的一个特征是，它们对于如何确立推论，或判断在提出推论时哪些依据是可信的，并没有统一的认识。由于诸多原因，这种共识的缺乏其实是一种积极而非消极的研究特征，它允许对推论进行争论和批判性评价，以及对研究方法和政策保持持续的机构性警惕。然而，它没有否认一些学科关于不同种类研究程序的价值的看法，也没有否认依据的等级性。在表 6.2 中可以看到这些区别，其中包括本书重点提到的不同综述类型，即干预性综述和学术性综述。

表 6.2　本体论、因果关系、依据和文献综述 163

	实证主义 / 分裂性	现实主义 / 生成性	建构主义 / 构造性
本体论假设	在研究者的信念或视角之外存在一个外在世界。通过客观的方法可以揭示真实、普遍的现实。	物质现实和社会现实是存在的，两者通过感官、语言和文化的结合相互作用，产生不同的理解和解读。	我们所知的现实是个体使用知识和语言来对理解与意义进行分类、表达和建构的结果。
因果关系概念	通过实验和控制，因果变量与其他变量得以区分，线性关系得以确立，并可以从中得出推测。	事物关系被认为不是线性的，而是多面的。当行为（规律）出现在开放性系统中，不同机制和环境中的行为（规律）可能存在不同的变化。	比较可观察现象的个案的异同。找出有能力影响更大社会体系中的情境（事件、行为、信念）的属性（比如变量）。
依据类型	依据的类型是从测量自变量和因变量关系的实验和调查中得出的数据组。通过使用数据显示自变量（x），以使因变量（y）产生变化。	依据来源于对该研究问题的初级研究和二级研究，对依据的排除标准没有严格规定。依据是用来发展理论以解释环境、机制、结果（CMO）框架的，可以包括常识。	依据可以是定量数据与质性数据的结合，通过找出和描述一系列属性而获得，这些属性通过与其他属性组合进行比较，最终从该属性的角度解释一个事件，即该属性在某个特定时间地点展现成为事件发生的原因。
在文献综述中的使用	通常包括随机对照试验的数据，且通常排除非随机对照试验的数据。关于特定问题的不同研究采用相同或相似的纳入与排除数据的标准，从而可以使用元分析回答什么可能有效、什么可能没有效的问题。	为研究而发展的理论与假设可以在变化的环境和行为模式（结果）下进行检验。这一生成性过程使得后续研究者可以继续建立和产生积累性的解释，其中一部分将有可能用来研究其他行为的不同规律（迁移性）。	研究包括数值型和非数值型数据，以及同时期和（或）历史性、跨文化的数据来源。收集相似条件下的研究，分析其属性的变化。研究通常用来反映对解读研究结果有用的参照标准，或者反映数据缺陷、合理解释研究方法。 164

续表

	实证主义 / 分裂性	现实主义 / 生成性	建构主义 / 构造性
示例（包括方案）	马斯特斯等人的研究（Masters et al.，2006）、恰波尼的研究（Ciapponi，2011）、道登和安德鲁斯的研究（Dowden & Andrews，1999）、汉森和琼斯的研究（Hanson & Jones，2015）、雅各布斯等人的研究（Jacobs et al.，1999）、理查森等人的研究（Richardson et al.，2015）。	洛登施泰因等人的研究（Lodenstein et al.，2013）、加文塔和巴雷特的研究（Gaventa & Barrett，2010）、杰克逊等人的研究（Jackson et al.，2009）、米尔斯等人的研究（Mills et al.，2014）、奥特－特罗杰尔等人的研究（Otte-Trojel et al.，2014）。	卡基尔的研究（Cakir，2008）、雅各布斯等人的研究（Jacobs et al.，1999）、坎塔尔的研究（Kantar，2014）、米尔斯等人的研究（Mills et al.，2006）、特罗夫勒的研究（Trowler，2010）。

实证主义立场大多与传统的干预性综述相关，正如在考克兰协作组织图书馆中可找到的那些。建构主义立场大多与学术性综述有关，例如在基于论证的综述中可以找到的那些。而处于中间的生成性立场，最常见的是与现实性综述（和评价）相关的内容。这种匹配方式当然有点粗糙，但它便于我们思考依据在不同的研究方法中发挥的作用，以及不同学科赋予不同依据类型的不同地位。当然，这种分类中引入了新的变化。传统的干预性和学术性综述在本书其他章节中已经讨论过，考虑到有的现实主义学者对依据和理论所持的观点，我们还未讨论现实性综述。为了理解现实性综述，了解更多关于实证主义立场的知识会很有用，我们可以通过一个例子来这样做。

扩展示例：代祷（intercessory prayer）[①]

不管本体论和认识论的假设有什么不同，很多早期的研究和文献综述都已经研究过祈祷和其对病人康复产生的效果之间的联系。马斯特斯等人

① 即代替他人做祷告。——译者注

（Masters et al.，2006）提问过代祷是否有效。下面的引用来自一个关于这类研究的具有代表性的元分析。在这个案例中，我们可以发现，在研究的选择中依据是如何被纳入和排除，并且如何被呈现的，以及如何对其意义做出特定的解释，从而用以回答常见的问题。

165

要点	摘录
文中把一个为补充性疗法而成立的官方机构作为该元分析的参考点。 出现了术语“疗法”（medicine）。它与医治（treatment）和治疗（therapy）有什么不同？它们之间是否存在不同之处？各自的意义是什么？	对于疾病的非医学治疗，无论是业余人士还是专业人士，都在近几年表现出更加浓厚的兴趣。能体现这个趋势的最有利证据也许就是美国国家卫生研究院（National Institutes of Health）所辖的美国国家补充与替代医学中心（National Center for Complementary and Alternative Medicine，NCCAM）的成立。据报道，在 2002 年，62% 的美国人使用了某种替代性疗法。
祷告被定义为替代性疗法和非互补性治疗。它进一步被定义为一种临床试验。这意味着一些类型的祷告被视为旨在进行生物干预的祷告。不过作者也补充提醒到，因为没有生物医学性能，祷告不能被称为医治方法。如果是这样的话，那么为什么起初把它归类为一种医治方法呢？这时我们需要考虑到，作者所运用的作为元分析参考点的方法论范式，即唯物主义。	在美国最常使用的十个替代性疗法中，为自己祈祷（占比 43%）、为他人祈祷（占比 24.4%）是两项最常见的，加入祈祷小组（占比 9.6%）排名第五。祷告是一种典型的临床试验，它体现了根植于祷告者心中的对于生命和宇宙的个人信仰和哲学方向。虽然如此，值得注意的是，因为缺乏使其表面上合理的生物医学解释，祷告本身可能并没有资格作为一种医治方法。
尽管祷告目前是一个开放的领域，祷告者秉持着形而上学的信仰，但是作者依然将他们定义为干预者，就好像其中是有因果关系的。 在方法论上，作者迅速地转向控制变量和研究变量的问题。这一点是通过被祷告者并不知道自己是否在被祈祷，从而可以被视为对照组的一部分来实现的。这一分析进一步突出了作者的唯物主义假设。	简单来说，代祷就是祷告者为其他人祈祷，但是这个做祈祷的人（即代祷者）不在被祷告者身边，因此祷告显得有距离感。当代祷者为不在身旁的人们祷告时，事实上被祷告者甚至可能不知道别人正在为他祈祷，这时，祷告悄然发生了。很多人相信祷告本身是有效的，它不需要被祷告者积极地参与到为他祷告的活动中，或者知道有人在为他祷告。 在一个元分析中，研究证明参与者（大部分是病人）不知道他们正在被他人祷告，也

续

要点	摘录
他们把祷告视为一种有因果力量的物质力量。 因此，关于祷告作用的假设将通过选择有对照组的研究来确定。	就是说他们对于他们在实验组还是对照组一无所知。通过实施严谨的方法论程序，这些研究人员排除了已知的心理过程或安慰剂对于结果可能的影响。该研究的解释也许能被算作重大发现。
166 这个论断称该元分析是最全面的，但这是真的吗？这需要一定数量的研究来证实，而且其挑选研究的标准需要有公正公开的说明。其他的综述还没有得出一个关于祈祷效果的肯定结论，这似乎对于研究人员来说是个难题。为什么会这样呢？他们是否坚信存在着关于所研究问题的唯一的、普适的答案呢？	这个元分析是该领域目前最全面和最前沿的定量文献综述，并且包含了一份首次发表的多元参与的代祷干预研究。这样的研究成果是先前的研究人员无法获得的。有趣的一点是，关于这个研究未来的发展方向，先前的作者们得出了截然不同的结论。
这是有趣的一段。它解释了为什么一项研究被排除。作者们对于他们已经选用的研究表现出批判的态度。 新闻报道可能增加了该研究的不可信度，但是，除非有明确的证据，它们不应该是排除一项研究的唯一原因。这是一次好的实践，并且所有的研究者都应该坚守这样严谨的立场。但是，作者们是否对其他被纳入的研究做了同样的审查？	最终，一项效应量很大的研究证明了代祷的效果，它表明代祷在许多方面都表现出了不同寻常的功效。在最初出版的时候，这项研究有三个作者。然而，其中一位作者删去了研究中他的署名，声称他仅仅负责这项研究的内容编辑工作，不值得被列为作者。另外一位作者沃斯，不久前被判犯有欺诈罪，不过与研究是无关的。除此之外，某报纸中的一则报道对研究中出现的祈祷小组是否真实存在表达了极大的怀疑。我们认为，围绕这篇文章的奇怪现象使得对于研究整体结果的检查显得很有必要，包括在纳入这项研究和排除这项研究两种情况下。
这套分析数据被作为结论的主要依据，这一结论回答了研究所提出的问题。数据是描述变量的行为和推断变量间关系的有力证据（也许在这个例子中并非如此）。	代祷对随机分配的参与者和非随机分配的参与者的影响没有表现出显著差异（$Q = 0.038$，$p = 0.85$）。除此之外，参与者多为日常祷告者的研究相比较参与者多为偶尔祷告者的研究，在平均效应量大小上也没有表现出显著不同（$Q = 0.33$，$p = 0.57$）。一项早稻田语言大

续

要点	摘录	
	学的回归分析研究发现，平均效应量大小和祷告的时间并没有联系（$\beta = -0.02$，$p = 0.94$）。前面提到的分析说明，研究设计的特征在分析中并未作为调节变量。同质性检验产生了不显著的结果（$Q = 15.07$，$p = 0.30$），表明这些研究很可能聚集在一个共同的平均值周围，这个平均值合理地代表了集合中的每个研究。	
在之前的阐述中，研究设计方案里的方法论并没有被视作问题。这个问题是针对所纳入的研究而非元分析本身的。尽管如此，研究人员仍声明这对于对照组还是非对照组都没有太大的影响。因为这被视为方法论上的缺陷，所以元分析的结论必须将这个缺陷囊括到自己的分析中。问题是，它为什么被摆在了第一位？这对元分析的结论造成了什么影响？	所有的这些研究都存在一个重大的、难以解决的方法论上的缺陷。那就是，祷告的接收是不可控的，因此，研究人员是不可能知道对照组的被祷告者在多大程度上确实接收到了代祷。没有明确的科学证据证明，由研究团队发起的代祷和那些不是由研究团队所发起的代祷存在不同。	167
先前的研究被认为没有提供实证性的数据。没有清晰的理由为这个论断提供证据。文中提到了奇布诺尔、杰若和切鲁洛，但是没有涉及他们批判的实质。这个引用试图为研究缺乏实证性的数据这一情况提供证据。但是它是没有说服力的，因为它没有提供对奇布诺尔等人批判的内容的说明。 “正确的视角”真的存在吗？这是否意味着其他的角度是不正确的，或者说没有它好？ 这里表明了作者对于祷告的作用和其他处于健康状态的人如何看待祷告的独特视角，而这正是他们努力想要证明的。	在缺少实证性数据支持的情况下，如果要继续进行这一研究，有说服力的理论基础的作用就会更加凸显。然而，随着理论基础的发展，它本身的可靠性可能会受到挑战。奇布诺尔等人（Chibnall et al.，2001）对这个研究的理论和方法论基础提出了精彩的批判，并且指出了很多代祷研究中具有重要影响和看似不可克服的逻辑上的难题。 最后，我们想为大家提供一个正确的视角： 为自己祷告的祷告者和在被祷告者面前祷告的祷告者不在研究范围内。这项研究对这些做法只字未提。我们并不试图说服信仰者停止他们的祷告，因为这是在他们的信仰传统中进行的。我们并不认为代祷会对病人或者其他被祷告者造成什么健康风险。事实上，我们相信	

续

要点	摘录
作者虽然声明不把特定情况的人列入研究范围内，但其实他们依旧秉持着适度原则。鉴于某种尚未清楚的或者说可能存在的原因，作者承认祷告可能有好处，同时作者声称，理解这些“有说服力的结构和相关模型”是有必要的。这些是来自高尔顿唯物主义范式，还是来自其他方法论立场？这一点并不清楚。 168 最后，作者建议不再为研究代祷进一步投入更多的资源，因为他们分析的对照组还没有取得统计学上显著的结果，或有合理的理论基础——但作者并没有说明清楚这种基础应该是什么样子的。	这可能对于被祷告者本身有些用科学无法衡量的益处。我们鼓励那些对精神变量可能影响健康感兴趣的人去探索那些基于理论上的有说服力的结构和相关模型。尽管如此，因为那些代祷的研究在对照试验中缺乏理论或神学基础，而且未能取得重大发现，所以我们建议不要为这一领域投入更多的资源。

马斯特斯等人（Masters et al.，2006）对于传统实证主义文献综述中常见的医疗方案——代祷进行了元分析。马斯特斯等人所提出的批判性评论，体现了对证据以及方法论框架秉持批判性立场的重要性，在这一立场中，实证依据被视作论断或者建议的基础。统计计算的数据是马斯特斯等人提供的一部分证据，他们提供了三张值得探讨的表格。表6.3（马斯特斯等人研究中的表2）总结了相关的统计计算。

表6.3 马斯特斯等人研究中总结的代祷的效果

	对照组的数量（人）	g①	z	p
总计	14	0.100	1.35	0.18
病人	11	0.169	1.93	0.05

① g 是正值代表代祷有积极的效果。

续表

	对照组的数量（人）	g	z	p
健康的参与者	3	–0.061	0.58	0.57
病人［不包含查和沃思的研究（Cha & Wirth，2001）］	10	0.066	0.72	0.47
总计［不包含查和沃思的研究（Cha & Wirth，2001）］	13	0.012	0.17	0.87

来源：马斯特斯等人的研究（Masters et al.，2006：24）。

马斯特斯等人的这张表格似乎展示了综述内所包含研究的清单。当查和沃思的研究被排除在外时，我们就不清楚这是否是实际研究所用的清单了。这是因为还有一个用星号标记的清单。

马特斯特等人同时也通过绘制森林图（即组间差异对比图，见图 6.2）为他们的结论提供依据。森林图是元分析中的一种图形表示方式。每一行都展示了一个独立研究体现的关系的方向。在图左侧的线条表示有利于实验。这
表明接受某种代祷的参与者比那些接受另外一种代祷或者无代祷的参与者表 169
现出更多的变化。底部的黑点代表研究的平均效应量。白点表示每个研究的标准化均差（干预组和对照组的平均得分的差异）。图 6.2 中的黑点稍微偏左，因此是对代祷者有利的。这虽然没有达到一个非常有利的程度，但是它确实呈现了对代祷积极的结果。

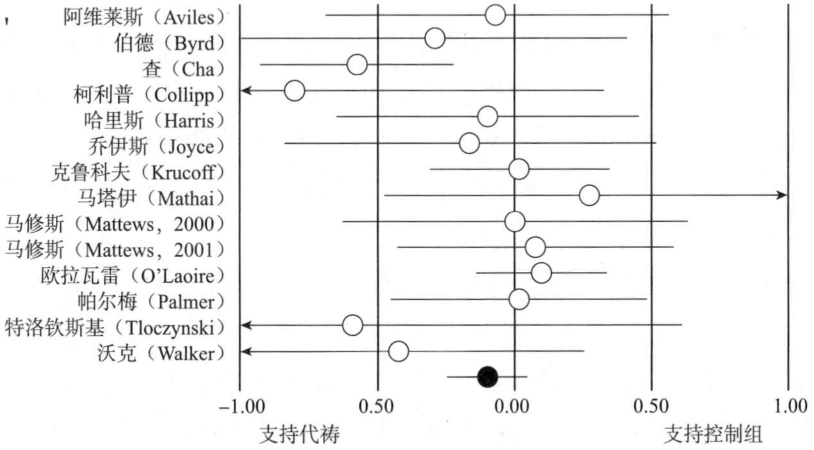

图 6.2　马斯特斯等人的森林图（Masters et al., 2006）

对这一积极结果（尽管效应量比较小）的应用不应该到此结束。它们应该作为依据在一定的背景下被解释和分析。这一背景即对元分析里的研究的同质性和异质性的假设。如果相似的研究提出了相似的问题和采用了相似的干预手段，那么我们可以合理地假设这些研究具有较高水平的一致性。如果是这样的话，那么为什么这 13 个研究（查和沃思的研究被排除在外）并没有得到一样或者非常相似的结果？马斯特斯等人的森林图展现了高度的异质性。为了分析这个结果，马斯特斯等人进行了异质性测试。异质性 / 同质性的测试是这样进行的：如果计算结果的百分比高于 50%，那么研究之间的异质性是高的；如果计算结果的百分比低于 50%，那么研究之间的异质性是低的。因此，异质性的计算目的在于，探究研究之间存在的不同之处及其影响，并在必要时为明显的差异寻找平衡点。异质性测验包括 Q 检验和 I^2 指数［见韦多－梅迪纳等人关于科技的讨论（Huedo-Medina et al.，2006）］。马斯特斯等人得出的结论数值大于 30%，因此他们声称，“这些研究可能聚集在一个共同且合理地代表这组研究中的平均状况的周围”。

172 尽管结论数值大于 30%，马特斯特等人仍然有很多亟待解决的难题，而它们大部分是关于元分析里的一些细节问题的。文章中呈现出来的表格缺乏必要的可被全面评估细节。传统的元分析都至少有一张囊括所有细节的表格。在图 6.3 和图 6.4 中，里德（Ried，2006）展示了如何分析元分析的数据。

图 6.3 和图 6.4 之间的差异实质上是元分析中正在研究的变量的不同。它们展示了干预组和对照组之间的比较。二元变量的结果为是或不是，即干预是否有效。结果通常是以比率大小衡量的。图 6.4 展示了如空腹血糖等连续变量的使用情况。结果通常以加权平均差来度量。因此，基于对统计和各种变量的基本了解，我们可以发现马斯特斯等人采用了连续变量测量。0 代表无效果，在运算加权平均差的时候使用。在分析了图 6.4 之后，我们发现马斯特斯等人的研究中关于此的细节信息比较少。

代祷的例子提到了一个叫高尔顿（Francis Galton，1822—1911）的人。这一提及是与研究相关的，因为当我们赋予某项研究意义时，比如元分析，我们认为它或多或少地包含一些假设。这些假设与现实和知识的本质有关。马斯特斯等人在他们关于代祷的元分析中，秉持了在西方文化中可以追溯到的高尔顿和他推广的唯物主义的世界观（Levine，2010）。

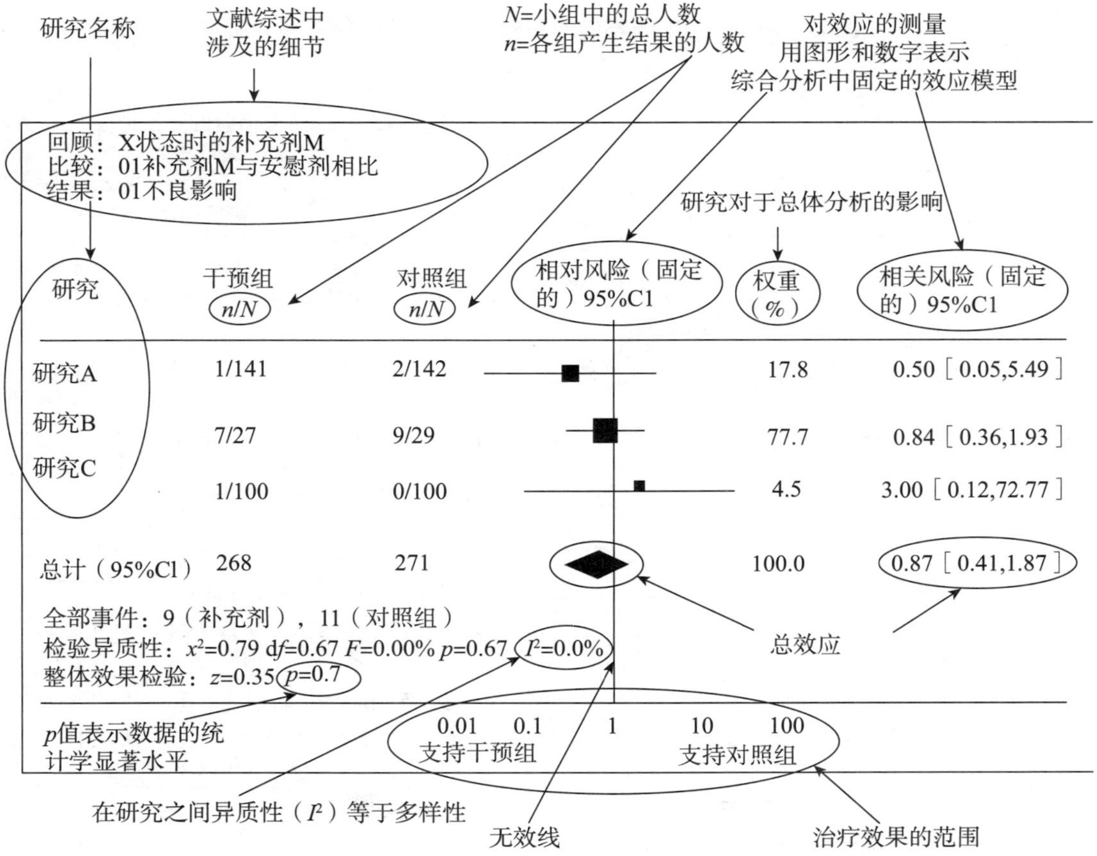

图 6.3　一项综合分析的例子（二元变量测量）（Ried，2006）

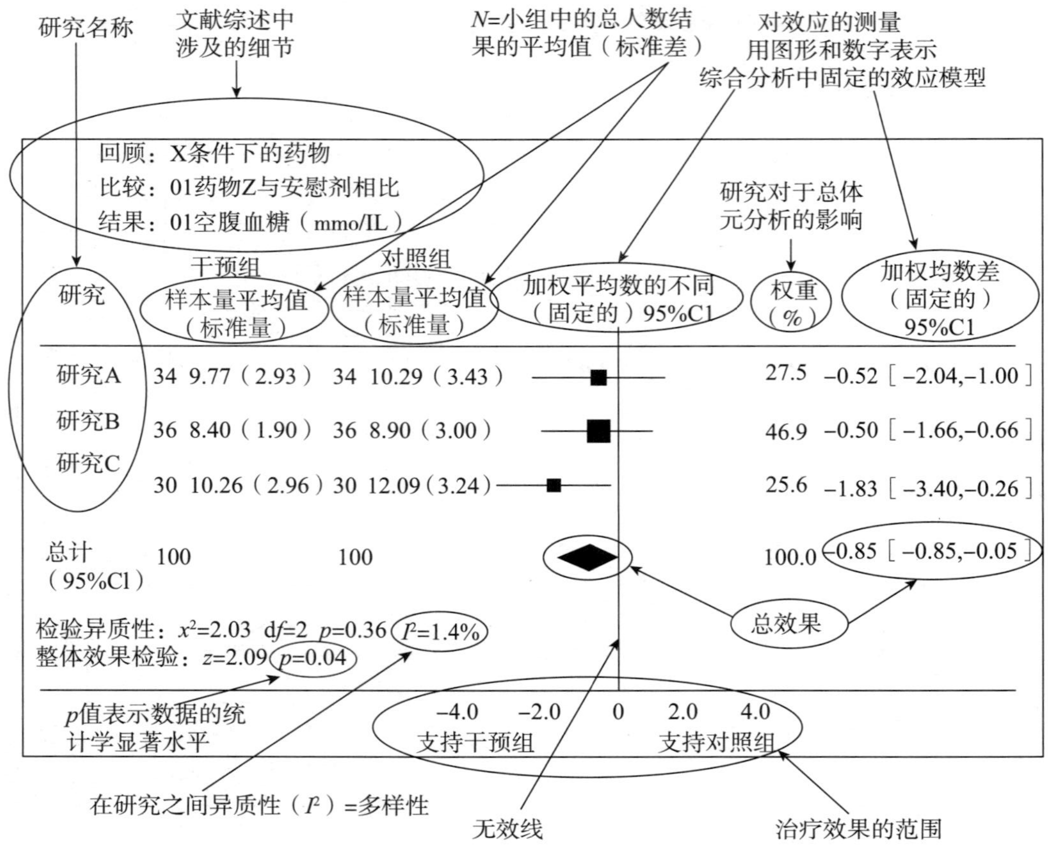

图 6.4　一项综合分析的例子（连续变量测量）（Ried，2006）

为研究发现提供背景

传统的干预性综述，比如考克兰协作组织图书馆中的那些，是有力的决策工具。然而那些旨在改善政策的综述有一个主要的问题，就是它们会问“什么方法有用”，而这时他们应该问的其实是“什么方法对什么人、在什么环境下和在什么方面中有用，如何能有用”。波森与蒂利（Pawson & Tilley, 175
1997，2004）在现实性评价的假设基础上使用这一区别，并对一些建议和研究项目进行了总结。

为了理解波森与蒂利（Pawson & Tilley，1997）的研究和他们的方法如何使用，我们会将他们的论证置于文献综述的情境之下。表 6.4 展示了干预性综述的典型选择标准。

表 6.4　实证主义与现实主义选择标准的比较

实证主义选择标准（示例）（Jadad et al.，1996；Treadwell et al.，2011）	现实主义选择标准（示例）（Lodenstein et al.，2013）
研究是否被描述为随机研究？ • 随机对照试验研究的数量 • 重要的未测量混淆因素的存在 • 与随机研究关键问题的相关度 • 研究结果是否有害 • 随机化过程是否符合伦理（例如干预措施之间是否平衡） **研究是否被描述为双盲研究？** • 双盲研究的数量 • 使研究对象“盲”或保持“盲”的难度 • 研究对象对干预组的了解是否影响结果 • 此类研究的相关性 • 结果是否有害 • 盲操作是否符合伦理（例如是否需要不合伦理的对照组） **对退出者是否有描述？** **研究目标是否明确？**	**相关性** 文献所述的干预措施或改革明确地（在它们的目标中）以加强市民在卫生部门（卫生服务提供和 / 或卫生政策制定过程）中的参与度或社会责任感为目的，或者文件描述了市民对参与卫生活动或具备相关社会责任感的观点与相关经历（个案研究，描述性研究）。 文献所述的干预措施（在研究过程或结果中）隐晦地与市民针对卫生活动的参与度和社会责任感相联系。在这些文件中，只有那些报告意见、反应措施和（或）相关问题的研究会被收录。 **背景** 文献涉及至少一个具有中低治理能力与治理质量的国家，国家清单源于世界银行的全球治理指标（WGI）数据库。

续表

实证主义选择标准（示例）（Jadad et al., 1996; Treadwell et al., 2011）	现实主义选择标准（示例）（Lodenstein et al., 2013）
对结果的测量是否有清楚阐述? 176 **对选择的标准是否有清楚描述?** **对样本大小是否有合理解释？** **对干预措施是否有清楚描述?** **是否有至少一个控制（对照）组?** • 此类研究的数量 • 疾病病程是否能让干预效果在没有独立对照组的情况下被准确预测 • 如果研究对象依次接受两种干预，是否有实质性的延滞效应 • 结果是否有害 **是否描述了负面效果的评估方法?** **是否描述了统计分析方法?**	文献有关于地区（社区、行政区）或国家级别的干预措施。 **研究的类型与特点** **文献基于原始研究** **文献是2003年到2013年之间撰写/出版的。** **对于灰色文献，其可信度与质量以这些标准开展评估：** • 研究过程可识别，而不仅仅是逸事性报告 • 作者的独立性（如果来自某机构，应有一定程度的外部同行审查） • 提供了机构或作者的联系方式 **排除标准** • 干预措施具有全球特征（如全球动员运动等） • 文件基于二手研究或是概念性文章

传统的干预性综述通过应用选择标准排除研究。这些标准广为人知，是用于评价文献综述的普遍应用的标准。在卡尔等人（Carr et al., 2011）的研究中，他们起初检索的研究有269项。

标准化规程

以下手册和指南中包括了一些纳入和排除研究的标准化规程的例子：

• 文献综述与传播中心（Centre for Reviews and Dissemination, CRD）的系统综述指南

• 政策和实践信息证据与协调中心的手册

• 系统评价和元分析优选报告项目（The Preferred Reporting Items for Systematic Reviews and Meta-Analyses, PRISMA）的指南

• 卫生保健研究和质量管理局（Agency for Healthcare Research and Quality, AHRQ）的指南

• 美国国立临床规范研究所（National Institute for Clinical Excellence，NICE）的指南

应用标准之后，243 项研究被排除了。在剩下的 26 项研究中，23 项是随机对照试验。其余 3 项为非随机对照试验，包括 1 项民族志研究。然而，决定纳入和排除研究的并不是这些标准，而是综述的目的。卡尔等人（Carr et al.，2011）的目的是：

> 找出、描述、分类和分析目前为了提供与健康相关的生活方式建议 177
> 或培训的众多模型，以及其在提高个人及社区的卫生与健康水平方面的有效性、效果机制、成本效益、公平性和接受度，特别关注其在减少美国不平等方面的表现。

文献综述完成之后，卡尔等人总结道：

> 总体而言，目前的依据不足以支持或否定使用生活方式顾问（lifestyle advisor）提高健康和改善生活质量的做法。尽管因为关于有效性的依据基础薄弱，对干预的成本效益的陈述可能存在相当大的不确定性，但我们仍可以从对被收录研究的现实主义分析中吸取经验。（Carr et al.，2011：x）

卡尔等人（Carr et al.，2011）撰写了一份长达 284 页的报告。我们当然知道这需要大量的工作。在整体结论的基础上，他们基于文献综述得出了一些积极的建议，但都与具体的生活方式与行为相关。卡尔等人（Carr et al.，2011）的著作本身没有任何问题，我们能注意到的是，他们选择文献的标准也许过于局限。这是因为将依据划分为不同等级主要基于的是对研究严谨度的方法论假设，它的使用排除了那些可能提供了环境历史信息，以及与研究问题相关的理解的研究。卡尔等人（Carr et al.，2011）列举了很多排除的标准：

> 本综述将排除没有明确表示以卫生改善为目标的干预措施。例如，基于社区的慢性病二级预防措施会被纳入，但急性病治疗或护理当中的生活方式建议及训练将被排除。其他的排除标准包括：排除只聚焦于对儿童或青少年提供训练或建议的干预措施，因为它们的干预方法和有效性的决定因素很可能与成年人的不同；排除不做评价只细致描述项目的研究或报告。（Carr et al.，2011：190）

以卡尔等人的研究（Carr et al.，2011）作为传统及非现实主义的综合性综述的一个范例，我们可以将其与那些考虑情境因素的文献综述进行比较。所谓情境，在波森与蒂利（Pawson & Tilley，1997，2004）那里指的是研究对象、环境与项目机制之间的互动，包括的因素有组织的历史和工作人员，研究对象的经历、信念、人员配备、所在地区、种族、年龄、性别、性征、所处地方的地理环境，以及任何可以辨认为情境的一部分的因素。重要的是，情境也包含研究对象对环境及项目的不同理解和解读。

178 现实主义分析：理论驱动的综述

现实主义分析和评价是现实主义综述的出发点。要理解现实主义综述，我们必须先抓住现实主义评价运动中重要拥护者所持的立场与研究方法。现实主义综述由现实主义评价发展而来（Pawson & Tilley，2004），两者都是基于理论收集和综合依据的方法，主要焦点是理论而不是项目。项目传统上被视为旨在产生变化的干预措施。传统的干预性综述通常聚焦于项目，将其作为主要分析单位，它们认为对来自不同研究（尤其是随机对照试验）的数据所进行的分析与综合，可以为支持或反对实施一项干预措施的建议提供有力的依据。波森与蒂利（Pawson & Tilley，2004）认为重点应该是关于项目运作的理论，这种从项目到理论的重点转移并不是无足轻重的，它代表了在如何对干预项目做评价和做文献综述上的一次重大的思维转变，也改变了我们看待依据等级制的方式。所以，为什么要基于理论？波森与蒂利（Pawson &

Tilley, 2004：3）解释道：

> 项目是理论的化身。它们从政策缔造者开始，经过实践者的手，有时还会进入项目受试者的心中或思维中。这些猜想源于对导致不合理的行为、歧视性的事件、不平等的社会条件的原因的理解，继而猜测其可以对这些模式做出何种改变。干预措施总会被嵌入已有的、被认为是支撑并导致现有问题的社会体系当中，并通过给这一体系带来新的输入而导致行为、事件和条件模式的改变。

因此，现实主义综述就如同现实主义评价一样，始于关于某个项目的理论，一旦收集到依据，理论就会受到检验。也像现实主义评价一样，现实主义综述结束于一个关于项目的改良性理论。产生改良性理论的过程可能会检验多个初始的或粗略的理论。

现实主义分析的资源

如果你想阅读更多关于现实主义分析和评价的内容，我推荐以下易于检索的在线资源：

- www.betterevaluation.org.
- www.betterevaluation.org/en/evaluation-options/realistsynthesis.
- www.ramesesproject.org.

这些理论不必是现实主义的，但必须在解决“会发生什么结果”和“为什么它会有效”等问题时是有用的。在文献综述中，不同的“项目理论”可以使用比传统干预性元分析通常使用的更广范围的依据来进行比较。因此，在现实主义综述中，项目的依据以及项目本身被视为“开放的系统”，而不是“封闭的系统”。理论层面的分析会导致抽象化，这意味着理论间的抽象比较使得文献综述能将项目中内含的假设和思想外显化。这种从封闭系统到开放系统的转变可见于干预性问题的延伸当中。传统的干预性综述者会问“什么是有效的”，而现实主义综述者会问“什么对于何人、在何种情况下、在哪个 179

方面、以何种方式有效”。因此，每一项干预措施（项目）都在检验一个关于“什么能引起变化”的内隐或外显理论。所以现实主义综述者的目标是将项目的基础理论显现出来以供分析。这是通过做出“项目对何人、在何时和何种情况下有效的问题”的假设而实现的，检验这些假设的依据来自采用众多不同方法的研究，而不仅是随机对照试验。

在现实主义综述中，有研究者（Wong et al.，2013：10）列出了需要从理论出发的主要原因：

1. 你在文献综述中提出的问题永远比你能够回答的问题要多——运用理论能帮你聚焦，决定提出哪些问题。

2. 你要阅读的文献永远比你已获得的文献要多——理论能帮你决定哪些文献最相关。

3. 文献综述中收集的信息永远需要被解读，理论能为你的解读提供指导。

4. 文献综述中收集的信息通常错综复杂——理论为抽象化和理解“数据中的模式”提供基础。

5. 鉴于在不同的情况下（或对不同的人群）对“同一个”（或同类别）项目的评价几乎永远会产生不同的结果，理论可以为解释结果的形成提供基础。

6. 将结果归因于项目是个复杂的过程——在初步评价中，理论为归因提供基础。在文献综述中，理论可以为评估原作者归因的可信度提供框架。

现实主义综述：关键概念——环境、机制和结果

对项目的现实主义评价和综述中，有四种常见的相互联系的概念被用于解释。它们是环境、机制、结果（context，mechanism，outcome，CMO）。所
180 有项目都有一个环境，这意味着任何情境都有历史、地理位置、利益相关者等因素。环境思维用于解决的问题是：项目“对谁”“在何种情况下”起效或未起效？如同现实主义综述，现实主义评价有一项困难的任务，就是十分确

信地找出与项目相关的条件。机制产生结果，这可能是积极的或消极的，有意的或无意的。机制包括人、信念、解读、过程和结构。所有的机制都是在特定的历史环境和社会结构中运作的。现实主义学者们一般认为机制是隐性的，因此不总是显而易见的，即使如此，它依然包含某种因果关系。机制可能是结构性的，包括社会阶级、性别和经济关系及（或）过程，也包括事件的顺序，后发生的事件取决于先发生的事件。

现实主义学者们认为重要的一点是，机制不是线性、简单或不可避免的，因此也不总是可以通过控制变量测量的。这是因为在项目层面，人们所做的解读非常关键。受试者并不一定会做出可预测的解读并改变行为，相反，受试者会将自己的解读带入环境中。因此，现实主义综述收录的研究可能运用了很多方法和文献来源。这被视为现实主义综述的优势。这是现实主义综述的特点，但它要求对被收录的干预措施的逻辑进行说明。

结果指向结果模式。这个词假设的是，机制可以并经常导致不止一种结果，但在某些情况下，结果有一定的模式。这使我们可以发展和检验导致模式的原因的理论，而且重要的是，可以将不同现实主义评价之间的结果模式进行比较。因此，这不只是简单地宣称一项干预措施“起效了”和将要对类似情境“起效”，而是要找到产生结果的模式，列举何种结果在何种特定环境中似乎有效，而何种结果无效。

扩展示例：关于公民参与卫生服务供给的现实主义综述

洛登斯坦等人（Lodenstein et al.，2013）在其名为《社会问责干预措施对卫生服务提供者和政策制定者的响应能力的影响：一份现实主义综述》（A Realist Synthesis of the Effect of Social Accountability Interventions on Health Service Providers’ and Policymakers’ Responsiveness）的文献综述中问道：“在具有中低水平治理能力的国家的卫生服务供给中，社会问责干预措施何时以及如何影响卫生服务提供者和决策者的响应能力？”他们的论文不仅仅是一个评议，更是对他们在文献综述中所使用的规程的阐释。要想了解他们试图探索的是什么，关键在于他们的具体研究问题：

181 干预的预期结果链是什么（项目理论）？

在文献中，干预的结果（支持或者不支持）是什么？

这一结果是在什么层面上发生的——个人、组织、社会等等？特别是，文献中所记载的“响应”的结果是什么？

干预及其结果对谁产生了积极或消极的影响？

有哪些机制和环境要素有助于解释干预的结果？

这些问题是由洛登斯坦等人（Lodenstein et al.，2013）的一个假设推动的。他们说道：“通过结合现实回答这些问题，我们期待可以完善之前所假设的项目理论。”根据洛登斯坦等人的说法，是因为下面提到的情况所以他们才开始了这项综述工作：

建立平等的健康系统和提供有质量的卫生服务的有效策略之一是加快公民驱动或社会问责的进程。公民对政策制定者和提供者的执行力和决策行为的监管被视为公民自身的一项权利，但也被视为对不完善的行政问责机制，尤其是在糟糕的政府治理大环境下的不完善的行政问责机制的一种替代。社会问责干预措施的效果往往是以假设为基础的，并且有着复杂的特征和环境制约，以至于我们很难评估。

因此，洛登斯坦等人（Lodenstein et al.，2013）表达了他们这次综述的主要目标。

这项研究的目的在于综述和评估在具有中低水平治理能力的国家，关于社会问责干预措施对于卫生服务提供者和决策者的响应能力的影响的现有证据。对于参与加强卫生系统、社会责任倡议和行使关于健康的权利的决策者和从业者而言，这个文献综述的结果可能有助于其反思政策和社会问责干预措施背后的假设和理论。

洛登斯坦等人（Lodenstein et al.，2013）的论文中一个有趣的部分是其列入的定义，这些定义根据这样的标准收入：以环境、机制、结果（CMO）框架中的广泛的现实主义文献为基础。每个定义都可以为他们核心的研究问题提供相关的例子。例如，环境被定义为“在干预之外的行为和因素，它独立于结果之外、影响结果，环境也可以被理解为触发和（或）修改机制的任何事物”。

> 事件 / 问题：事件是公民面临的问题，或者是他们所表达的需求、声明、建议、观点、喜好等等。例如，它们可能与以下内容有关：卫生服务和政策的质量、可接受性、可获得性或可用性，公平（关于性别、阶级或种族），公民和提供者在特定医疗方面的互动（比如看病、治疗等）。这些事情在紧要关头可能涉及公平、歧视、排斥和对改变潜在权力关系的需求。 182
>
> 政治 / 体制因素：包括审议模式，信息，公民的意识和能力，健康系统的优势，提供者和政策制定者的能力、权力，奖励措施，现有的社会问责制度的本质和范围，公民参与的法律环境，媒体和印刷业，历史背景，干预前的行动主义，政治经济因素，正式和非正式的政治进程，参与的全貌，实施干预措施的文化传统和社会历史。
>
> 其他干预措施：包括政府主导的问责举措，鼓励公民全体参与或者为了健康参与的举措。

机制被定义为：“结构和机构之间的相互作用，以及社会结构是如何与个人或者群体组织产生互动的。机制存在于个人、群体、组织或社会层面。它们是对行为的心理方面或社会方面的解释。它们可能是想参与（或不参与）干预活动的人的认知或情绪反应。”

> 在文献中它们可能被称为阻碍或者促进因素，和（或）干预措施成功或不成功的因素及其结果。它们最有可能出现在讨论或者课程学习模块中。机制可能通过包括文献的作者在内的人们的解释、考虑、

> 决定或者行为来表现。需要对行为因素进行单独分析。在公民参与和社会问责的背景下，机制可能指的是影响公民或提供者做出决策，以及采取行动支持或不支持干预的导火索。公民或提供者可能考虑的是一个简单的成本效益分析，个人或集体的预期成果，活动授权，对推动者的信任及其行为，等等。

结果被定义为：“干预活动的意料之内或之外的结果。它可以是过渡的，也可以是最终的。……它可以体现在个人、组织、机构、政策或立法层面。它可以是积极的或者消极的。”

> 综述者区分了过程性结果以及事关健康、权利和发展的结果（被称为影响）。过程性结果体现在公民方面和提供者方面。对于公民来说，结
> 183 果体现在权利赋予、发言权、机构、意识、知识、满意度和信任的层面。提供者和决策者响应能力的改变可以与问责水平相关：反映在行为的改变与政策和实践中的接受能力、责任感、对问题和关切点的认识、包容、接受、歧视、一致性、凝聚力、对抗、冲突、信任、质量和表现（例如与可及性、可接受性相关的内容）上。影响指卫生服务的结果，例如提升医疗服务的使用率、就诊率和治疗率。

除了定义和例子，洛登斯坦等人也提供了对现实主义评价来源的综述、从这些来源中提取数据的框架、纳入和排除标准、对质量保证的讨论、关于情况/辩论的回顾性综述清单，以及关于内部和外部有效性的讨论。这份规程说明了在所有文献综述，特别是现实主义综述中我们需要预先思考和准备的内容。

现实主义综述：理论

在现实主义评价中可区分出四个层次的理论：哲学理论、评价理论、项

目理论和实质理论。现实主义是关于现实的哲学理论（本体论）。现实主义评价是现实主义流派的一部分，扎根于复杂系统理论。现实主义评价在其项目理论中使用了环境、机制、结果框架。现实主义综述希望通过使用实质理论来解释项目。所有学科都有特有的实质理论，例如，社会学的所有门类通常都涉及对犯罪、离婚和偏见等实质性社会问题的解释。

实质理论被认为是迁移性的，而非推广性结论的基础。现实主义评价意味着将一个环境中的学习迁移到相似的环境中。例如洛登斯坦等人（Lodenstein et al., 2013）在为一篇现实主义综述概述规程的时候告诉读者：

> 这一规程所呈现的初步的项目理论基于文献综述以及与作者及外部专家的准备性会谈。它较为宽泛，只有少数预设的假设，以提高对社会问责干预措施和响应动态的众多运作方式的理解。归纳式的数据收集和分析方法将帮助综述者逐步丰富这项初步的项目理论，使潜藏的假设凸显。……在之后的综合过程中，之前系统综述和文献综述的结果将在相关之处用于情景化或加强研究发现，并支持对这一假设性的项目理论的综述。

在现实主义综述中，综述者通常会从一个粗略的、初步的理论出发。通过检验，这项粗略的理论可以得到改良，直到发展出中程理论或项目理论。184
在这种情况下，项目理论作为对环境、机制、结果框架（可能）最好的解释而被提出。当然，理解什么是中程理论以及如何运用它就很重要了。

简单而言，中程理论是默顿（Merton, 1967）所提的说法，是指实证研究的发现需要付诸一定程度的抽象化，使之能用于形成推广性结论。他论证了，这可以通过发展理论、从中提出假设并进行实证研究和检验来做到。

> 中程理论介于以下两者之间：一是日常研究中形成的大量细小却必需的工作性假设，二是为了解释社会行为、社会组织和社会变革中观察到的所有普遍特征而发展统一性理论所做出的所有系统性的努力。（Merton, 1967）

大量的情景或社会现象（如偏常性）会产生它们自己的中程理论和假设，转而从中发展出更一般化的概念体系以解释实证规律（行为模式）。默顿（Merton，1967）主要关注社会科学，尤其是社会学的中程理论。然而，他的工作被改造和应用于社会科学和自然科学中的很多学科。图 6.5 表示了中程理论在研究中的位置。

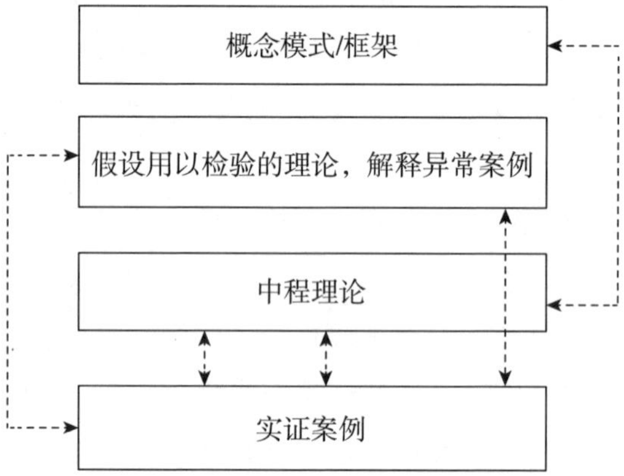

图 6.5　中程理论在研究中的位置

不同的学科有不同的中程理论。在社会学中，我们有迷乱理论
185（Durkheim，1952/1970[1897]）、角色集理论（Merton，1957）、失调理论（Cooper，2007）及很多其他理论。大多数中程理论都源于一个概念模型。概念模型通常指的是一套用来定义该学科感兴趣的情景或行为的一般性概念。

阅读建议：一些参考文献

关于概念模型的介绍很多，一些文献能帮助你更深层次地理解它们（Hart，2005; Anderson et al.，1985; Putman，1981）。

在护理学中有各种各样的概念模型，例如约翰逊（Johnson，1980）的行为系统模型、莱文（Levine，1991）的保护模型和罗伊（Roy，1976，1988）的适应模型。概念模型可以提取自几个中程理论或更抽象的大理论（一种自上而下的方法）。可以说这些模型的功能是为研究者提供参照系。这种参照系能在如何定义某些概念、用何种词汇进行描述和解释，以及如何产生解读等方面为研究者提供指导。每个学科通常都有自己独特的参照系。

有时就一个概念模型而言，观察到的情景或行为的范围需要应用不止一个中程理论。因此，有的概念模型会产生几个中程理论。例如，罗伊（Roy， 186
1976）的适应模型起初是在 20 世纪 70 年代发展起来的，用于表达、描述、定义和解释患者与其对所在的生理、社会和心理组成的环境体系中的位置的适应。从这一初始模型中发展出了几个中程理论与一些指导相关实证研究的概念结构。其中一些可见于表 6.5。这表明，如果有足够解释力的话，概念模型往往可以应用于学科中的各种行为。

表 6.5　使用罗伊（Roy，1976，1988）的适应模型发展护理学的中程理论

从罗伊（Roy，1976，1988）的适应模型发展出的中程理论	使用罗伊（Roy，1976，1988）的适应模型发展出的概念－理论结构
胎儿异常、妊娠终止的社会心理适应理论（Kruszewski， 1999）	对痛觉的跨文化反应（Calvillo & Flaskerud， 1993）
糖尿病适应理论（Whittemore & Roy， 2002）	对慢性疾病的适应（Pollock， 1993）
分娩适应理论（Tulman & Fawcett， 2003）	剖宫产预备（Fawcett， 1990）
护理者压力理论（Tsai， 2003）	—

中程理论不总是解释性的，它们也可能是描述性的或预测性的。解释性理论旨在表示两个概念之间的关系，而描述性理论（运用类型学和分类学）根据现象中的共性对现象进行分类。预测性中程理论旨在预测概念之间更准确的关系，所以能在一个或多个主要概念发生特定变化时对结果做出论断。

开展现实主义综述

开展现实主义综述与学术性综述的很多方法是相同的。二者都尽可能地包容而不是排除文献。它们共有的形式是，寻找能够提供有关主要综述问题的有用见解的研究或思想著作。这种形式的要点是确保能够驱动研究检索和分析的相关理论与概念被纳入综述。此处需要特别关注现实主义综述的生成性和迭代性。通过理论趋动的检索和分析，现实主义综述总的目标是说明什么机制（M）在什么环境下（C）会产生何种结果（O）。这经常意味着来回地检索和分析，追踪新的线索，将这些整合到分析中，等等。这与传统干预性综述中的线性过程不同，可以说，现实主义综述者扮演着侦探的角色。

对现实主义综述者而言，依据可以是无边界的。在现实主义分析的假设中，任何项目都是多面的、复杂的，在可变的环境中运作。在不同情境中，同样的项目可能有截然不同的运作方式。因此，需要集中精力，否则综述过程就会变得无组织、缺乏焦点和目的。这就类似把果冻钉在墙上。表 6.6 中的基本步骤将对现实主义综述者有所帮助。

187 **表 6.6 对某一项目的文献进行现实主义综述的步骤**

	步骤	简要解释
获得知识与理解	第一步： 检索和阅读现实主义评价的重要著作	确保你熟悉和了解现实主义评价与分析的主要方法论假设。阅读波森与蒂利（Pawson & Tilley, 1997，2004）、波森（Pawson, 2006，2013）、巴斯卡尔（Bhaskar, 1978）及阿彻（Archer, 1995）的著作至关重要。
	第二步： 检索和阅读现实主义综述	现实主义综述是一种学习资源。寻找它们运用了哪些现实主义分析的假设、哲学思想和逻辑，以及运用的方式。相关范例包括戴金等人（Daykin et al., 2007）、麦克马洪与沃德（McMahon & Ward, 2012）、康奈利等人（Connelly et al., 2007）及杰克逊等人（Jackson et al., 2009）的研究。
定义边界	第三步： 聚焦综述问题	陈述综述问题时，以一种聚焦于具体而非一般化的方式进行。考虑你需要多长时间完成综述。记住，当检索和分析不同研究时，综述问题要能够被修正。这是迭代过程的一部分。
理解原因	第四步： 识别支撑研究项目的主要理论	现实主义分析认为所有的项目都基于一个理论，这个理论需要被识别并描述出来。这个理论适合指导研究检索过程。这一过程仍是迭代的：从研究中获得的信息可能会导致理论及其描述的改变。其目的是将项目理论与相关实质理论的关系显现出来以供分析，这意味着为环境、机制、结果框架做出最初的解释。

续表

	步骤	简要解释
找到依据以做检验	第五步： 找到能用以检验和修正理论与概念的数据	最初的解释需要用已有数据进行检验。研究的收录不应设置严格的标准，这一阶段需要从不同学科、不同研究方法中检索相关研究，不应对依据的等级有任何偏好。
检验、评价和综合	第六步： 选择相关研究，以理解主题、需检验和修正的理论以及要对机制所做的初步推断	检索出的研究需要按照相关性分类，选择标准应基于研究能带来什么数据、理解、解读或说明。得出研究发现的研究需要对其方法的可信性、严谨性和一致性进行评价，其目的是在可用时间内获得尽可能多的理解，从而对环境、机制和结果之间的关系形成合理的解读。这可能意味着要根据需要对理论进行进一步的修正和检验。修正后的理论需要与提供的依据相一致。
报告并提供支持，使用研究发现	第七步： 撰写文献综述，表现对主题的理解，并找出何种机制在何种环境下有效	需要对综述的方法、过程和决策进行解释。需要展示出来现实主义分析的哲学基础、逻辑和分析方法。对环境、机制、结果的解释需要使项目能够在当前和将来进行应用，以理解情境的复杂性和作用，从而能够因地制宜。

188

来源：改编自《更好的评估》(*Better Evaluation*；Rainbow Framework，2014：1–10)。

扩展示例：现实主义综述

齐布尔兰和威克（Ziebland & Wyke，2012）提问："经过同行评议的期刊和学术书刊如何描述获取和使用线上病人的经历对病人恢复健康的影响？"在这里，作者使用了和表6.6相似的模板并且基于波森等人（Pawson et al.，2005）的研究，总结了他们的研究步骤：

第一步：说明范围

• 我们确定了要综述的问题："经过同行评议的期刊和学术书刊如何描述获取和使用线上病人的经历对病人恢复健康的影响？"

• 我们完善了综述的目的：提供关于获得和使用线上病人经历对病人恢复健康的影响的"概念地图"。

• 我们明确地阐述了在多学科诊疗（Multi-Disciplinary Treatment）项目会议上要探讨的关键观点，并且在其中完善了我们的初始模型。

第二步：搜集依据

• 基于我们和同事们的书目数据库，探索性的背景资料阅读让我们对文献有了"感觉"。

• 我们试图通过一次大范围的搜索（在牛津知识中心的一位图书管理员的协助下）找到所有能找到的关于测试接触在线病人经历的影响的研究，或者关于描述接触在线病人经历的潜在效应的理论和观点的研究。

• 我们浏览了所有相关的标题和摘要，并且在讨论后决定了可以比较好地表达我们想法的文献。

• 当有很棒的想法出现时，我们会像滚雪球似的从参考文献列表中查找论文或者书籍。

189 • 最后，当我们即将完成我们的研究时，或者当我们在职业生涯中遇到它们时，例如在讨论和研讨会上，我们就会做出更深的研究。

第三步：评判研究并提取数据

• 我们之中至少有一个人完整地阅读了所有收录的文献。尽管没有使用正式的质量评估工具，但是我们考虑了文献之间的相关性。

• 相关性：这项研究是否解决了中心问题，并且能够使我们补充或调整第一步中开发的初始模型？

• 严谨性：这项研究是否支持研究人员或者综述者所做出的结论？

• 在密集合作期间，我们确定并且解读了包含重要信息的研究，讨论了它们的相关性。

• 我们在初始模型中添加了类别和具体实例，而初始模型也成为我们主要的数据提取框架。

第四步：综合依据

• 我们完善了初始模型，即形成了表格形式的概述，探究了在网络上获取和使用个人健康和疾病经历的潜在效应，与此相关的潜在消极效应和每种效应发挥作用的潜在机制。

• 通过对文献和完善后的初始模型之间的持续比较，我们发现在这一点上没有新的想法出现，我们相信我们已达到了“饱和”。

• 我们起草了一份术语定义表，记录和解释重要的概念、我们对于它们的理解，以及它们在这份文献综述中的应用。

第五步：传播与评价

• 在一次全员小组会议上，我们展示和讨论了表格和术语表，并对如何呈现表格做了一些修改和说明。

• 我们在一个有30名卫生服务使用者的研讨会上讨论了表格，小组成员提出了这一研究的重点所在。

• 会议最后一次的研究和讨论确定了阅读和书写健康或疾病经历展现出的重要性。

• 我们确定并描述了七个方面的内容：查找信息、得到支持性依据、与他人保持联系、影响行为、体验卫生服务、学会“讲故事”和观察疾病。

【值得注意的是：这个说法好理解吗？它如何反映维泰研究者发展框架，尤其是领域A？根据作者所说，研究的目的是综述文献从而确定获取和使用个人健康经历的理论、行动机制和潜在影响。这一描述支撑了该项目所有未

来工作的发展。】

190

- 我们阐明了哪些健康方面容易受到接触在线病人经历的影响。
- 我们确定了不同类型的患者体验，以及与患者获得线上体验的潜在机制相关的理论。
- 我们定义了不同类型的与病人线上经历相关的结果，以及目前在研究文献中关于获取和使用健康信息、提供支持和进行决策的结果评估标准。
- 我们推动了评估标准的发展。

警世故事：语言、依据和可信度

循证方法的应用存在一个问题，就是存在最好的依据并不意味着每个问题都有这样的依据。例如，护理方面的文献并不会平均地关注所有疾病。弗兰克尔与韦斯特（Frankel & West，1993：11）通过对护理方面的已发表论文的分析，发现研究者们对相对罕见的疾病更感兴趣并发表文章最多。其中，慢病毒疾病只有出院或死亡病例 40 个，却有 2000 篇相关论文发表，相比之下，脑血管疾病有 111250 个出院或死亡病例，却只有 7 篇相关论文发表。因此，对不同医学知识的重视程度是有差别的。弗兰克尔与韦斯特（Frankel & West，1993）的研究发表后出现了一系列的解决举措，涉及英国国家医疗服务体系（NHS）研发的项目和考克兰协作组织的项目。使用依据等级性时要考虑的主要问题包括电子数据库的局限性、不同来源的索引方法差异、摘要中可能存在的误导性的和已发表论文中存在的偏见等。

从“撤稿观察”（Retraction Watch，对因为数据造假、结论未经证实、图像处理不当、剽窃和其他不当行为等原因而撤稿的期刊文献进行监督的网站）等资源中，我们可以看到，不是所有的已发表研究都是真实或可靠的。很多研究、组织和网站显示，研究中的不诚实甚至欺诈现象是持续存在的。错误与犯罪性行为包括使用虚假或误导性数据做出结论，更改数据以获得想要的结果，删除可能对结论造成不利影响的数据，以及未进行研究就捏造数据，等等。

写作中时髦的胡言乱语

有时有的文章读起来非常好，像是一篇真实的研究报告，没有证据能证明它像自己所声称的那样，也不能证明它对某个问题的讨论没有真实的贡献。这通常是因为，如果你读的文章来自一本因发表过有影响力的文章而享有盛 191
名的期刊，你便没有理由怀疑事情与表面上不同。所有的学科都有声誉良好的期刊，其中发表的文章经过了同行审查。当说到所登载文章的效度时，这样的期刊被视为维护了学术质量标准。但事实并非永远如此。1996 年，广为推崇的期刊《社会文本》（*Social Text*）发表了艾伦·索卡利（Alan Sokal）的一篇文章。

索卡利文章的标题是《超越界限：朝向量子力学的变革性解释学》（Transgressing the Boundaries：Towards a Transformative Hermeneutics of Quantum Gravity）。我不太了解量子力学，但我略懂解释学。从标题看来，这是一篇关于社会科学与物理科学关系的文章。如果我读了，也许能看懂大意，相信该期刊的编辑过程保证了作者确实说了相关内容。此外，文章附的个人简介告诉了我们艾伦·索卡利是

> 纽约大学的物理学教授，曾在欧洲与拉丁美洲多地开展讲座，包括在罗马第一大学以及桑地诺政府时期的国立尼加拉瓜自治大学开展讲座。他与罗伯托·费尔南德斯（Roberto Fernández）以及犹格·弗勒利希（Jürg Fröhlich）合著了《量子场理论中的随机游走、临界现象及平凡性》（*Random Walks*，*Critical Phenomena*，*and Triviality in Quantum Field Theory*）。

这一期刊的声誉加之索卡利的简历，暗示了这篇文章无可指摘。1996 年夏季，索卡利在《通用语》（*Lingua Franca*）发表了一篇文章，他揭露《社

会文本》中发表的那篇文章是一篇戏仿，他承认该文章“充斥着著名的法国和美国知识分子对于物理学和数学荒谬的，然而很不幸却是真实的言论”（Sokal，1997：17）。在之后与布里克蒙特（Jean Bricmont）合著的书中，索卡利更详细地说明了这篇文章的主要目的。他说：

> 我们展示了雅克·拉康（Jacques Lacan）、朱莉娅·克里斯蒂娃（Julia Kristeva）、露西·伊利格瑞（Luce Irigaray）、让·鲍德里亚（Jean Baudrillard）和吉尔·德勒兹（Gilles Deleuze）等著名的知识分子对科学概念和术语的多次滥用：或完全脱离情境使用科学观点，且没有任何实证或概念上的合理解释——注意我们并不反对将一个领域的概念推论到另一个领域中，只反对没有任何论证的推论；或向普通读者卖弄科学界的行话而不考虑它的任何相关性甚至意义。我们并不是说这些行为使他们的其他工作也无效，对此我们不得而知。（Sokal & Bricmont，1997：17）

索卡利说的是真话。他这样做是为了提出观点。索卡利与布里克蒙特（Sokal & Bricmont，1997：xi）提出了几个值得注意的关于文章中应该寻找什么、避免什么的观点。他们建议要当心：

192 • 使用科学或伪科学术语却未思考过其意义。

• 从自然科学中借用概念运用至人文科学中却未做任何合理解释，也未提供任何使用原因。

• 在无关的地方无耻地卖弄技术术语，做出博学的模样，只是为了吸引和吓唬非专业读者。

• 玩弄实际上毫无意义的词语。

• 作者对于远超出自己能力的话题过于自信，并利用科学的声誉给自己的话赋予虚假的严谨性。

索卡利是怎样做的？他解释道：

> 我的文章是真相、半真相、四分之一真相、谎言、不当结论和句法

正确但毫无意义的句子的混合体（悲哀的是，后者数量并不多：我尽力制造这样的句子，但我发现除了罕见的灵感爆发，我就是没那个天赋）。我也采用了其他一些在这一文体中广为使用（虽然有时是无意的）的策略：在逻辑论证中强调权威；将猜测性的理论当作已证实的科学；提出勉强的甚至是荒谬的类比；使用听起来漂亮但意义模糊的修辞；混淆技术性语言和日常语言。（Sokal，1997：17）

作为依据，索卡利的文章证明了什么？也许是我们作为期刊的读者对期刊本身的盲目信任——我们信任期刊编辑和评审知道造假什么样。或者它可能证明了包括爱德华·萨丕尔（Sapir，1985：162）在内的一些社会理论家的这个说法：

语言是社会现实的指南。尽管语言通常不被认为是社会科学的学生最为感兴趣的课题，它仍有力地制约了我们对于社会问题和过程的思考。人不是单独生活在客观世界中的，也不像通常理解的那样单独生活在社会活动中，而是受制于特定的语言，语言成了社会表达的媒介。

我们可以将上一段引言中的"社会"一词替换为学科、立场、视角或方法。不同的理论传统，如解释主义、后现代主义、现实主义等都有它的拥护者（成员）常用的特定语言，人们用能反映他们依据立场的假设进行交流。

研究中的不道德行为

有的机构和群体会仔细认真地监控和报道研究中的不道德行为。想要了解更多，以下网站有持续性调查可在线查阅：

- www.retractionwatch.com
- www.fda.com

193

萨丕尔在二十世纪初期就表达了这样的立场，这种立场建立在几种不同文化的实证实地研究的基础之上。与索卡利的戏仿不同，萨丕尔的论证有实证数据。然而，是否有数据并不是解读、理论或论证是否合理的标准。萨丕尔的论证在他生前和之后都受到了批评甚至反对。

我们从索卡利此事和诸如萨丕尔的社会理论家的著作中能得知的是，可以预料到，相关文献的发展会基于对他们的著作的肯定和否定。不论依据的数量或质量如何，依据（数据）的意义总会被重新解读、批评和辩护。此外，我们也可以注意到，没有一个理论或理论学家目前已做出对研究应怎样做、什么算作明确的依据或依据该怎样解读的确定性陈述。

因此，理解依据在研究中的作用和位置，需要的不仅仅是怀疑的态度。它还要求你阅读你的专业领域之外，特别是研究课题之外的内容。要尽力理解一些陌生的学科提出的重要想法，例如理论物理学、天文学、历史学、数学、经济学等等。斯诺（C. P. Snow）抓住了这一点：

> 我曾多次出席一些就传统文化标准而言被认为是受过良好教育的人士的聚会，他们很热衷于对科学家的无知表示怀疑。有一两次，我被激怒了，问他们有多少人可以描述出热力学第二定律，得到的回答很冷漠：不知道。但其实我的问题相当于科学界的“你读过莎士比亚的著作吗”。现在我相信如果我当时问了一个更简单的问题——例如，你说的质量或加速是什么意思，相当于科学界的“你认字吗”——这些受过良好教育的人中也只会有不超过十分之一的人能听懂我的语言。所以，现代物理的知识体系越来越宏大，但西方世界中的大部分聪明人对它的了解却还与他们新石器时代的祖先一样多。（Snow，1963[1960]：20–21）

结论

在所有文献综述中，依据都起着主要但又内隐的作用。本书第一章讨论
194 了做文献综述的主要原因，即为从特定角度形成研究问题提供合理理由（论证），以及为如何研究这一问题提供理由。文献综述以结构化的方式为开题报

告中的建议提供依据。在学位论文中，文献综述既是对一个问题当前研究的描述，也是论证。作为论证，它求助于依据以合理解释研究过程。这是通过将研究和发现置于合适的学科背景之中而做到的。文献综述要将研究背景显现出来，在此背景下，研究者要让读者（包括论文评审委员会）理解研究一个特定问题的理由。

总结

- 做文献综述是一个在文献中找到各种定义、假设、研究类型、研究方法、分析技巧和解读并对其进行评价和判断的过程。因此，需要花时间去理解文献的不同立场、方法和解读。
- 评价和评估你的研究领域中相反的那些立场，判断那些支持和不支持你研究建议的立场是否合理。建议使用一种方法而非另一种，这本质上是一项哲学行为。
- 不同学科的文献综述中所认为的充分且必要的依据是不同的。例如，医学推崇随机对照试验产生的依据，考古学重视航拍显示的作物标记，而广告学可能会看重消费者在投射技术之下的画像。
- 现实主义综述值得人们注意。这是因为现实主义综述者如同其他综述者一样，从不做确定性或全面的论断，因为其重点在于判断关于项目如何奏效、在何种情况下奏效的不同理论的合理性。
- 讨论文献综述中的依据是一个实用性问题。概念的定义、数据收集方法的规定、明确或隐含的方法论假设的使用、意识形态的影响和解读等都可以根据学科特征，分为不同等级的依据。
- 从实用角度而言，从来不存在任何确定性的文献综述或能做出绝对肯定论断的文献综述。

第7章

理解与分析思想的组织方式

关键问题

- 分析与综合是什么意思?
- 类比、隐喻和同源比较是如何被用来呈现思想和理论的?
- 为什么定义在研究和论证中很重要?
- 定义如何决定分析的主题?
- 我们可以怎样比较和对比不同理论家的思想?

核心技能

- 批判性分析、综合不同来源和学科的思想
- 理解研究主题如何确立和发展
- 理解哲学在研究中的角色和目的
- 比较不同的研究传统，为针对现有现象产生新的思想、新的研究问题和有想象力的新解读提供机会

196 导语

一旦进行全面的文献检索，你就需要一系列工具对它的内容做全面的分析。获取很多与你的主题相关的文献应该并不困难，困难的往往是对文献进行透彻的分析。有一些非常基本的工具可以用于分析，并且它们对于应用更复杂的方法也至关重要。如果不能理解这些工具及其使用方法，就很容易浪费大量时间和精力。前一章考察了如何分析论证，在本章及下一章，我们会继续了解一些分析技巧，很多作者使用它们组织和系统安排他们的论证，并用其描绘文献体系中的各种思想。理解思想如何组织是对思想和论证的系统性分析与批判性评价的必要前提。同时，作为分析者兼评价者，你会看到他人怎样管理信息和思想以构建他们认为合理可信的论证。

本章的目的是为你展示能帮助你进行文献分析、评价和评估的方法，从而使你能够：描绘关于一个主题的主要议题，考察概念的使用和做比较的方法，了解可以怎样描述一个复杂的想法，以及理解方法论假设在影响思想和论证呈现方式当中的作用。同时，分析的目标不仅仅是理解，还包括在思想之间建立联系，找到文献中的空白，使之能够成为你自己的研究主题，甚至帮助你构建新的综合。下面，我将概述在谈论何为知识、何为理解文献时，我们所说的分析和综合是什么。

分析与综合

分析是一项将事物系统性地分解为组成部分，并描述它们如何相互关联的工作——不是随机地切割而是有方法地审查。分析中有一定程度的探索，你可以像玩耍一样将各个组成部分重新排列成各种结构，以探索可能的线索。不要害怕尝试，这只是为了看它们如何契合。然而，当说到分析多条文献时，例如分析一批文章时，你应该尽量系统、严谨和一致。如果分析一系列论证，你需要阐述每条论证的论断、数据和理由。这样，你就可以将一系列文献中的各个相似的元素辨认出来，并进行比较和对比。

在所有文献综述中，分析的信息都是数据。换言之，就是其他人提出并 197
想让你接受和相信的解读、理解和论证。

分析与综合

分析：将观点、论证或一篇研究进行分解，看它是如何建构的。对多个观点、论证、研究也是如此。

综合：以不同的方式重新组合观点、论证或研究，以支持新的论断、解读和研究计划。

这些信息可以有多种结构、格式、风格和媒介。尽管目前文本是最普遍的形式，但现在纸质和电子的数据、影像、图片、图表也越来越常用来呈现解读或作为研究材料。这里要注意的是，我们处理的信息并不是通过问卷等研究工具收集的数据，而是与你的主题相关的出版物。

与文献综述相关的分析是从指文献中系统性地提取关键思想、理论、概念和方法论假设。因此，话语分析、会话分析、内容分析、符号学分析等方法不在我们的讨论范围之内。

综合是指在分析时辨识出的各个部分之间建立联系。这不是简单地将各部分按原来的顺序重新组合，而是寻找新的顺序。这意味着要将信息重塑为新的或不同的排列，这个排列必须能够表示各部分的关系和之前未能产生的模式。表 7.1 概括了分析和综合之间的一些联系，表明了我们所说的认识和理解是什么意思。

综合要求你对主题有全面的认识，能够以宽广的视角进行思考，因为经常会有很多观点、方法和立场需要联系在一起。这意味着作为分析者，你经常会发现自己在费力地控制大量信息，同时，你要敢于考虑一些荒唐的建议或结论，或处理文献中的一些古怪想法。在有的情况下，那些看起来新奇的立场才是最有趣的，比传统的、熟悉的观点更有潜力。新的、有趣的而且还

可能有用的看待世界的方式可以在所有领域、所有层次上产生。之后的综合
198 过程不必非常出色，也不必与哥白尼、牛顿和爱因斯坦等人的思想相媲美，但它需要是连贯的、清晰的。这意味着要对综合的元素的来源做出清楚解释，并展示它们之间如何关联，后者就是要描述和展现多个观点是怎样比较和区分的，以及它们与研究问题的关系是什么。

表 7.1　分析、综合、认识和理解

分析	选择、辨别、分解、拆开	将事物拆开成组成部分，以推测或确定它们之间的关系和（或）它们之间的组织原则，从而分离出主要变量。
综合	综合、组合、重塑、形成、重新组织	将分析当中提取的元素重新排列，以找到它们的关系，或显示主要的组织原则，或显示这些原则可以如何用来形成另一现象。
认识	定义、分类、描述、命名、使用、认出、意识到	察觉规则、方法和事件在不同情境下的原则、用法和功能；对概念及其应用的结构进行分类、特征描述、概括、分析，并从概念及其应用中获得知识。
理解	理解、能够解释、区分、解读	解读不同类型的数据、理论和论证，并对其进行区分，从而能够以各种方式描述、讨论和解释观点的实质或现象的运作方式。

除了要寻找研究主题，还有一些其他的原因促使研究者分析和综合文献中的思想，其中一个就是练习和发展分析的能力。通过练习，你将发展出自己的分析方式，它将让你对自己的能力产生自信。还有一个原因是，你需要获得主题领域的知识。分析的基础是以各种方式思考你阅读的内容，这个过程使你能够挖掘论证表面之下的东西，看到一篇研究或一个理论的源头。这样你就能在表面上看起来互不关联的论证或文章之间建立直接的思维联系。换言之，你就能逐渐了解某个主题的大多数作者都会使用但在著作中很少陈述的理论源头和假设。通过练习，你会成为专家，能够在更广的背景下批判性地评估一篇文献，而不是仅仅将它作为列表中的一项依样复述出来。作为研究者，你应当展示这样的能力，这一要求经常会在评价标准中被陈述为
199 “对前人研究的批判性阐述”和“对主题知识的有序呈现”。因此，充分展示

适当水平的分析性思考能力非常重要。

类比与同源比较

在18世纪，关于世界的理论相对不多，很多学者对自然科学和社会科学的思想都有所了解，因为各学科还未完全分开，学术界的规模仍然较小。然而，几代人过去了，学科数量激增，百花齐放，社会科学的思想、概念、理论的数量和范围都大大增多或变大。

什么是类比?

类比常用作论证的一部分，目的是显示一件事与另一件事如何相似。

如果类比被接受，那么类比中被描述或解释的事物就可以说共有相似的属性。

很多理解社会的方法已经发展为独立的复杂科学，相关研究者能运用至少一种主要的方法，例如女权主义研究就需要多年的钻研。

社会科学学家们在应对别人理解他们的理论可能存在的困难时，常使用类比和同源比较的方法。类比是将一事比作另一事，例如你可以将人脑类比为电脑。类比能帮助我们理解所说的内容，给我们提供出发点：让我们通过参考某个熟悉的事物来理解那些复杂和陌生的事物。同源比较是指用一个截然不同的现象的结构去看待另一现象。例如，特定历史时期的社会阶级关系的结构可以用来解释一个作者写作中的信息结构。这些信息结构可以说与作者生活的那个社会中的阶级关系结构相关。同源比较关系被认为存在于两件不同的事物之间，因此，上述同源比较的出发点是认为个体的思想可以通过社会结构和社会关系来解释。 200

用类比论证

使用类比的一个主要原因是社会科学有一些特定的词汇。所有学科都有这样一个特征：需要使用不同寻常且经常是抽象的词汇来谈论该学科。例如，信息科学的学生可能会使用“对话”这个术语，他指的并不是人们对谈或交流观点这一常见的“对话”的意思，而是指对在线数据库的调用。你不能被理解学科语言过程中的困难吓退，也不能对充满专业术语的学科过分批判。大多数学科特定术语的产生都有充分的思维上的原因——它们能帮助我们简洁地描述关于社会的非常复杂的思想和理论。你作为研究者的责任就是理解研究主题的语言——如果你不能理解一个研究主题的词汇，你就无法分析和评价这些研究与你论文的相关性。

对社会学不熟悉的人经常因为关键概念缺乏公认的定义而倍感困扰。概念的具体含义通常取决于你研究的特定学科分支，而且因为没有标准定义，将概念的用法做比较是非常困难的。此外，还有另一个问题：当你认为你已经懂了一个概念，用定义明确了它后，很快它又会变得难以捉摸。与事实不同，思想和概念不是稳定的，它们会依据理论家决定的方向转变和重塑。因此，给大多数概念下定义就像要把蛋奶沙司钉到墙上一样。这就是类比在社会科学中常见的原因——它们能帮助我们用更具体的方式描述无形的事物。如果你要分析概念、理论或思想的使用，那么你就必须能够掌握类比的用法。社会科学的不同学科中的一些常见的类比见表 7.2。

表 7.2　社会科学不同学科中的常见类比

学科	类比
社会学	社会“机体”
管理学	组织“金字塔”
经济学	货币“流”
图书馆学	信息“网”

201 社会科学中最古老、最普遍的类比之一就是有机体的类比。虽然它源于赫伯特·斯宾塞（Herbert Spencer，1820—1903）的社会学著作，但如今已被

用于很多不同学科。斯宾塞认为，进化遵循一种统一的原则。他主张社会就像大自然一样，经历了向更高、更先进的形式转变的进化过程。这一思想背后总的原则是从简单到复杂、从同质到异质的发展过程。根据斯宾塞的观点，所有存在的事物都在不断的斗争之中——这是变化的力量和维持平衡的力量之间的斗争。因此，斯宾塞用看待自然的方式看待社会，他通过类比将这种思想描述出来，宣称社会可以被视为一个活的有机体。

扩展示例：有机体类比

下面两个例子分别基于斯宾塞（Spencer，1969[1884]）和拉德克利夫－布朗（Radcliffe-Brown，1952）的研究成果。在研究中，他们都使用了与生物体相关的类比来描述和解释社会的属性。

要点	摘录
	社会在四个方面与单个生物体一致。
由简单扩展到复杂：持续性发展。隐含概念：进化。	1. 它们起初是小型聚合体，在不知不觉中质量大幅度增加，其中一些最终达到了原来的一万倍。
规模的增大导致了结构的发展。隐含概念：有些社会是“简单的”，而另一些社会是“复杂的”。	2. 虽然前者的结构简单到可以视作无结构体，但在其发展过程中，结构的复杂性不断增加。
从“相同”“独立”到“不同”“依赖”的变化是渐进而非突然的。隐含概念：劳动分工与地方特色。	3. 虽然在早期不发达状态中，各部分之间几乎不存在彼此依赖的任何部分，但逐渐地，这些部分互动交融，相互依存。最终它们变得每一部分的活动和生计只有通过其余部分才能实现。
整体与部分：整体大于部分。隐含概念：社会有独立于其各部分的生命，但又影响了这些部分。	4. 一个社会的生命是独立于它的组成单位（人）的，而且比他们的生命都要长得多——他们各自出生、成长、工作、繁衍和死亡，而由他们组成的政治团体却一代又一代地留存下来，规模逐渐扩大、结构日趋完整、活动功能不断增加。

202 通过对这个类比的分析，我们可以看出，斯宾塞更喜欢和提倡一种社会的系统模式。他认为社会是由相互依赖的部分组成的，各部分之间的关系被构造成确定的模式，每一部分都有维护整体的功能。我们也看到整体（社会）的思想比组成它的部分更大、更广。

斯宾塞的有机体类比本身就是一个有趣的社会学推理，而它的引人注目也同样源于它对该学科中实证工作的影响。人类学家拉德克利夫－布朗等人将社会看作一个由器官组成的身体，这促使他们着眼于社会各部分之间以及它们各自与整体之间的关系。与斯宾塞一样，拉德克利夫－布朗（Radcliffe-Brown，1952）通过分析将一个社会分为几个部分，如亲属体系、政治体系和信仰体系。下面的摘录节选自他的作品，在此我们可以看到他是如何使用有机体类比来发展一个隐喻，以思考社会结构各部分的功能的。这种功能主义理论使他能够超越对观察活动的描述，解释这些活动是如何维持社会的运转的。你可以在下面的摘录中看到这一点。

要点	摘录
这里我们看到了一些有机生命的基本特征。重点是生物体中的连续性。 这里给出了一个适用于身体所有过程和器官的例子。拉德克利夫－布朗认为，在身体中所发现的每一种活动都有一种有助于维持身体作为一个整体的功能。 重复对活动的定义是为了强调这样一点：揭示一项活动的原因，从更大的结构整体来看它的功能。 引入了“需要”的概念：身体具有为了生存而满足需要的功能需求。	当“功能”这个词被应用在这里时，有机体的生命被认为由其结构的功能体现。正是通过功能的连续性，结构的连续性才得以保持。如果我们考虑生命过程中的循环活动，如呼吸、消化等，那么它的功能就是它在整个有机体中所起的作用和所做的贡献。正如这里使用的术语一样，细胞或器官具有活动，而活动也具有功能。的确，我们通常认为胃液的分泌是胃的一种“功能”，若参照这里所用的词，我们应该说，这是胃的一种“活动”，其“功能”是将食物中的蛋白质转变成一种可吸收的形式，在此种形式下，这些蛋白质被血液吸收并分配到组织中。我们注意到，一个反复出现的生理过程的功能就体现了它和有机体的需要（即生存的必要条件）之间的对应关系。

续

要点	摘录
在描述了有机体之后，拉德克利夫－布朗转向了对社会的比较性描述。 整体大于各部分之和的观念得以保持。这些部分被认为是被组织起来的，形成了社会关系的模式，是总体结构的一部分。 使用“连续性”这一理念是为了强调社会结构的作用。 所有的活动都被视为社会关系结构的一部分。从婚礼到法庭案件，再到讲笑话，都被视为经常性的活动，并被视为在维护构成整体的结构方面具有某种功能。	从有机生命转到社会生命，如果我们考察非洲或澳大利亚部落这样的社区，就可以认识到社会结构的存在。个体的人，203 是在这个例子下的基本单位，由一套确定的社会关系连接成一个完整的整体。社会结构的连续性，就像有机结构的连续性一样，不会被个体单位的变化所破坏。个人可以通过死亡或其他方式离开社会，其他人可以进入。结构的连续性是由社会生活过程来维持的，社会生活过程是由个人以及他们联合成的有组织的团体之间的活动和相互作用组成的。社区的社会生活在这里被定义为社会结构功能的表现。任何经常性活动（如惩治犯罪或葬礼）的功能，都是它在整个社会生活中所起的作用，因此，也体现了它对保持结构连续性的贡献。

帕森斯（Parsons，1951）、默顿（Merton，1938）、埃里克森（Erikson，1966）等人发展了功能主义的社会观。在帕森斯发展他的系统方法时，有机体类比就不再被广泛使用了。然而，它允许社会研究人员根据社会的功能需求来分析社会。社会的每一部分都被视为属于三个组中的一个：履行监管职能的组（例如，政治权力安排），履行维持职能的组（例如，农业）和履行分配职能的组（例如，货币）。社会的组成部分包括语言、宗教、道德、信仰、分层以及教育和社会化机构。任何常规和例行现象都被视为一种制度，并根据其为维护整体所实现的功能进行分析。

因此，有机体类比是一种表达对社会本质的一系列假设的方式。这些假设可以并且已经在一系列的实证研究中得以实施，例如，埃里克森（Erikson，1966）著名的萨勒姆巫术热潮（Salem witchcraft craze）功能主义研究。无论你是在功能主义方法中处理实证研究还是进行理论开发，你所使用的假设都可以从两者中提取出来，并进行评估。有机体类比中的假设现在是众所周知的，包括以下内容：所有社会都会成长，它们的成长是不可避免的，无法阻止；组成部分的排列的社会变化总是存在的，因此，成长与组成部分的日益专业化（即增加的分工）相关，这就需要组成部分间增加依赖性——尽管它们可能没有直接联系，但每个组成部分都需要其他组成部分。

---

204 研究综述中有各种形式和伪装起来的类比。有的理论家使用大量类比表达他们的理论原则，有的只使用相对简单的词组，如“技术白热化”和“尖端研究”等隐喻。隐喻通常出于快速说明的目的而被使用，大多是对世界的类比性思维的一部分，因此会影响理论的立场和视角。例如，“技术白热化”暗示了缺乏技术就是冷或落后。使用这种词组的作者表达的观点涉及我们该如何看待技术的使用：明亮、动态而且极度“热”。他们也是在建立一个隐形的对比结构，在其中，技术的使用被视为更佳的选择，而缺乏技术被视为更差的选择。当然，情境（包括作者的目的）影响了隐喻的作用，需要加以考虑。

类比被用来向他人传递某种世界观，它们本身是对世界的一种立场或视角，因此是可以被质疑的。一项类比、它所基于的假设和它可能造成的结果，都可以被研究者质疑、分析和评价。类比的分析方法有多种，刚开始，我们要理解好的和不好的类比的评判标准是什么。类比的基本原则是将一件事物比作另一件，这意味着当人们使用类比时，他们要论证适用于一件事物的也同样适用于另一件。在有机体类比中，“生长”被看作可以同时适用于生物和社会的特性。类比具有以下结构：x 像 y，y 与 x 有很多共同的特征，因此适用于 x 的也同样适用于 y，y 可以被描述为与 x 相似。这一逻辑可以通过与费希尔（Fisher，1993）发展的提问技巧相似的方法进行分析。下面就是你可以用于评估类比有效性的一些问题：

- 这个类比恰当吗？合理吗？
- 类比中所做的论断可信吗？
- 如果可信，它们何处是可以比较的？在何种程度上可以比较？

- 类比双方的特征或原则是否大部分相似？
- 如果是，这些是关键特征吗？类比的结果是什么？
- 这个类比可以用于何种研究或理论推导？
- 此类研究是否有意义？

如果我们更仔细地观察有机体类比，可以看到谨慎使用类比的一些很严肃的原因。首先要注意的是，有机体类比往往会导致一种假设，即社会中存在的任何事物都必须有其功能。即使有的事物可能看起来对整体而言没有功能或者功能失调（即有破坏性），它仍然会被视为有功能。这一类比鼓励分析 205
者去寻找或揭示隐藏的逻辑理性。分析者的注意力大多放在了机构和行为的积极功能而非消极功能上。然而在人体中，有的器官似乎是没有积极功能的，甚至完全没有功能，例如阑尾就是如此。这种类比中的反面证据可能对有机体类比假设本身具有的传统偏见构成挑战。

其次要注意的是社会需求假设。在有机体类比中，一个社会或社会体系被认为是有需求的，如果这些需求不能得到满足，那么社会体系就会“死亡”。假设所有的社会都有某些先决条件，这当然很有吸引力，但它可能导致一些反常和可疑的结论。例如，在植根于宗教信仰的社会中，我们认为宗教提供了行为的道德基础，因此能凝聚社会。但那些看上去没有正式宗教的社会会怎么样呢？例如苏联。这种假设（观点）只有在找到宗教的代替品时才能维持下去——该假设可能导致非宗教文化运动被认定为履行了正式宗教的功能。在苏联这个案例中，可能做出的论断是共产主义就是一种宗教。与此类似，也许还能宣称电视和流行文化也是某种宗教——都是人们追随和参与的事情。宗教有助于维持社会秩序则是一个命题，这是在特定的理论立场的基础上做出的论断，因此可以进行辩论和挑战——关于宗教现象本身的其他解读也是一样。

关于有机体类比的这几点也适用于其他类比，包括你作为研究者认为适合你的想法的任何类比。尽管如此，类比仍是非常有用的，在描述理论原则或过程的时候使用类比可以节省出大量时间和精力。然而，不论类比有多巧妙，就像有机体类比一样，基于或参照类比得出的结论或论断都是不能被接受的。这是因为，类比不是依据或数据，它们只是使复杂的思想和理论更易理解的手段。所以，任何类比都不能为任何命题的任何论断或依据提供证明，如果有人这样做，那么做出的论断就是无效的。

在你的研究中，你需要寻找作者有意或无意误用类比的行为，尤其是要寻找那些引发信念、减少批判性评价或否定其他可能性的类比。生动的隐喻（思考社会的方式）会引发对一个论断的信念或默许，读者会更可能不做批判性质疑就接受它。你要尽量去质疑作者对语言的所有隐喻性转换，问自己还
206 可以使用哪些隐喻，然后问自己这些不同的隐喻或类比会给讨论中的问题造成什么不同影响。永远记住，类比或隐喻是一种抽象行为，需要谨慎避免将它误认为是现实。通过这种方法，你可以建立起一种批判性的态度、一整套典型的隐喻和类比，以及用以分析和评价它们的相应方法。

研究中的隐喻

隐喻的使用在所有学科中都随处可见。关于隐喻如何使用、为何使用有研究文献进行论述（Prewitt et al.，2012）。隐喻的用法是辩论和争议的焦点（Gentner，1982；McGlone，2007）。对使用隐喻得心应手的一个学科领域就是教育学领域。

什么是隐喻？

隐喻通常是种修辞方法，但在研究和理论中，它有时被用来代表对抽象概念、思想和观念的概念化。它提供了一种对导致现象的过程进行思考的方式。例如，在传媒研究和社会政策研究中，“注射剂”的隐喻很常用。

教育学中的常见隐喻包括“教育是生产”“教育是治疗”“教师是提供支持的家长”“导师”“学生是主人公”“交响乐指挥家”“园丁”等等（Hyman，1973; Oxford et al.，1998; de Guerrero & Villamil，2001; Chen，2003）。

隐喻通常不是随便选择的，大多数隐喻与使用它们的研究者偏爱的方法论或教学法框架有关。例如，社会秩序、文化传播、学习者中心式成长和社

会改革等视角的拥护者们都有自己偏爱的隐喻（Oxford et al.，1998：8）。表 7.3 总结了一些这样的隐喻，并展示了特定的隐喻如何与特定的关于教育本质的视角相联系。

表 7.3　教育学视角和相关隐喻

教育学视角	隐喻
社会秩序视角	个体被简化为"某种可锻造的媒介，可以被塑造成一个对社会有用的产品"。教师在参与社会工程的过程当中成为"制造者"、"医生"或"思想与行为的控制者"。
文化传播视角	强调将学习者吸纳为"某种文化的正确成员"。教师成为"守门人"，控制学习者进入精英阶层的"内部圣殿"。
学习者中心式成长视角	重点是学习者潜能的充分发展。教师的责任是创造"最佳环境，使思想的内在本质可以在其中茂盛生长"。教师的隐喻是"培育者""脚手架"等。
社会改革视角	从其他三种教育视角中采纳元素，目的是融合和协调社会的需求与个体学习者的需求。整个教育过程"围绕生命的互动特点进行再构思"。教师与学生必须成为"小型的民主共同体"，其中教师的角色是推进一个民主的和科学文化先进的社会的发展。

来源：尼基蒂纳等的研究（Nikitina & Furuoka，2008；Oxford et al.，1998：8–41）。

如果隐喻很重要，那么我们要如何分析隐喻？理论家或研究者经常会在著作中陈述他们使用的隐喻。寻找隐喻的练习可以使用类似于科内利森等人（Cornelissen et al.，2008）的分析方法，根据他们所说，组织研究领域使用隐喻的文献可以被分为四个维度。图 7.1 展示了科内利森等人（Cornelissen et al.，2008）所做的分析的框架。

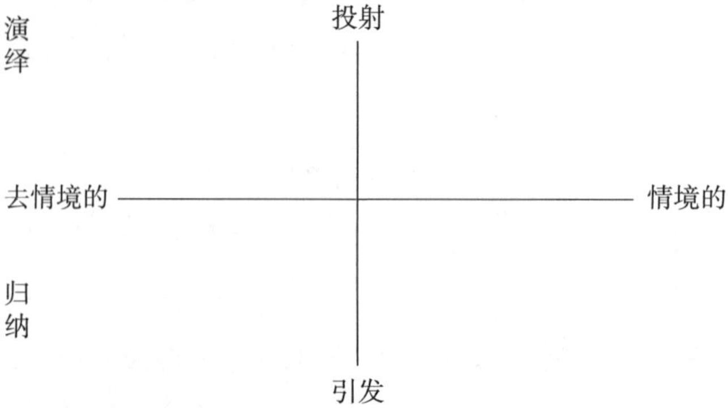

图 7.1　隐喻文献范例映射图

来源：科内利森等人的研究（Cornelissen et al., 2008）。

207 根据科内利森等人（Cornelissen et al.，2008）的观点，大多数文献的隐喻使用都是演绎型的。例如，摩根（Morgan，1980，2006）等作者将他们的隐喻加
208 诸组织现实，摩根使用了这些隐喻：机器、有机体、大脑、文化、政治体系、精神监狱和控制。不同的是，诸如格林伯格（Greenberg，1995）等作者则寻找从组织情境中浮现或出现的隐喻，其中焦点群体被要求通过绘画表示他们对组织变化的感受。

在阅读中寻找隐喻并不一定是容易的事，但当文献表现出使用隐喻的倾向时，如同教育学和组织研究一样，对隐喻的分析性绘图就可以揭示文献的方法论偏好和差异。这反过来又能为比较和评估隐喻的描述能力和解释能力提供基础。

用同源比较进行论证

同源比较是一个社会科学中不经常使用的词，尽管作为方法论原则，它是一些著名研究的基础。结构主义人类学家列维 – 斯特劳斯（Levi-Strauss，1958/1963）的很多著作，戈德曼（Goldman，1964）的经典文学研究，以及沙平与谢弗（Shapin & Schaffer，1985）的科学知识研究都采用了同源比较的概念。同源比较被认为与类比和隐喻有着微妙的联系，各自在一个连续体上占据着不同的位置。在连续体的一端，使用类比的分析寻找不同现象之间的

相似点，而隐喻的使用所走的路线是“将此事当作彼事一样去思考”（Law & Lodge，1984：104–120）。同源比较的位置则处于另一个极端，即自然世界中存在的结构以及文化和人类思想当中存在的结构之间，有直接和对应的关系。下文的一个简短例子或许有助于我们理解。

扩展示例：科学史

对著名科学家罗伯特·波义耳（Robert Boyle，1627—1691）的工作和思想的调查（Russell，1983; Shapin & Schaffer，1985）表明，他看待社会规律的方式与看待自然规律的方式非常相似。他认为物质是天生的，是非理性的，即物质不能自我组织，因为它没有自由意志。有人认为，波义耳以此为出发点，寻找塑造物质的决定性因素，如气压、热量和重量，从而形成了物质的微粒理论。这是十七世纪的激进思想。在此之前，就连波义耳本人也支持万物有灵论，其中包括将自然界拟人化。在试图解释波义耳从万物有灵论立场到微粒理论立场的转变时，沙平和谢弗（Shapin & Schaffer，1985）认为，十七世纪的政治背景、宗教信仰和科学思想之间存在着结构上的同源性。政治上，这段时期是对传统社会和宗教等级制度提出质疑的激进主义时期。激 209
进分子，如“掘地者”组织的领导人杰拉德·温斯坦利（Gerard Winstanley）认为，对社会组织负责任的是人，而不是教会。

由于对这种激进的宗教和政治运动发展感到担忧，一种叫作自由主义的对立立场出现了。以波义耳为核心人物的英国皇家学会提倡自由主义。这是一种信念，即认为知识不是上帝赐予的，必须通过努力工作来获得和积累。此外，人们还假设，对知识的追求应该由有学问的人来指导，比如牧师和绅士。因此，这里存在一种同源比较。一方面是激进的运动，另一方面是皇家学会和教会。那些激进的运动提倡群众自发组织起来，照此下去，这可能意味着社会结构的革命性变化。波义耳推翻了这一观点，他坚持并通过对气体的实验证明物质是惰性的，然后他将此应用于社会结构。同样，波义耳声称，自然本质上的差异等同于社会上的差异。自然无法组织自己，因此社会也无法改变自己。波义耳从惰性物质中洞悉人类，从积极的原则中读懂教会，从自然界的等级制度看待社会等级制度。简而言之，大家都认为波义耳思考化学科学的方式与他思考社会政治的方式相同，对两者应用相同的思维结构，这是在社会科学中使用同源比较的特点。

对基于同源比较（或其变体、对应理论）的论证进行评价并非易事，因为基于同源比较或对应概念的论证通常非常复杂。不过，在许多层次上，任何基于同源比较的论证都可以被评估。许多理论家在他们的论点中使用同源比较，他们的目标是给出他们认为的对社会世界的科学解释，所以我们可以用它作为我们的出发点。所有评估的焦点都是所谓存在于自然界现象与社会或心理世界现象之间的关系的理论。简而言之，首先要根据依据来检验理论本身的合理性，然后看看是否有足够的依据支持这个论点，以及它们是什么样的依据。如果有必要和充分的依据，那么基于同源比较的论证可能是对所使用的方法论假设的有力验证。相反，如果依据不足，反例被忽视，或同源比较被认为不相关、不那么好而被驳回，那么该理论的可信性就会受到质疑。

同样，思想家个人的重要性也会受到质疑。例如，波义耳对社会组织思想的影响是否如它被宣称的那样大？这一宣称是否依赖于从依据中得出的推断？最后，你可以研究一下分析师的角色，问问自己他们是如何看到这种联系的。在大多数情况下，分析师的地位是特殊的，他们声称他们的分析框架能够向我们展示真实的画面。当这种自我定位与政治出发点结合起来使用时，结果往往就像福音传道者的工作一样：通过鼓励我们像他们那样看世界，使我们皈依。因此，他们的工作是由那种改变一些他们认为错误的情况的冲动所推动的。有了这些要点，你应该能够探索基于同源比较的论点的合理性，并反思你对自己所使用的分析的先入之见，以及什么样的目标激发了你自己的研究。

定义：建构意义

210

为了能够清晰系统地思考和表达想法，恰当地使用词语和概念非常重要。同时，你还需要知道如何分析他人使用词语和概念的方式，尤其是在定义研究内容方面。因此，为了清晰地思考和做出合理论证，你需要理解如何解构词语或概念在论证中的使用方式，以及如何厘清基于定义的论证的发展。本节的目的是提高研究者对词语使用的意识，以避免草率的、可以避免的误用，以及模棱两可的表达和误读。

定义是对一个术语的意义设定的边界，它的英语单词 define 源于拉丁语 definire——设置边界。边界与术语或词在特定情境中的使用方式有关。定义有多种类型，例如形式定义和规定定义，这会在后文介绍。在这个阶段要注意的主要的事情之一是，定义有不同的聚焦节点。吉尔特罗（Giltrow，1995：187–196）在关于学术写作和阅读的著作中描述了三个主要焦点群的一些节点（见表 7.4），展示了定义如何在不同阶段发展。

表 7.4　定义的聚焦节点

焦点	节点
焦点是现象本身，要将其分离出来进行审视	形式定义 对词语本身的反思 比较 分离
焦点是现象的“发展过程”	举例 叙述变化 建立联系
焦点是现象在更大的环境中的状况	在系统中的角色 因果关系 发生频率

来源：吉尔特罗的研究（Giltrow，1995）。

当定义的焦点是现象时，“这件事”本身就与其他事物不同。将这一现象与类似现象分离开来，可能的灰色地带会得到澄清。这可能是通过清楚表达定义包括和不包括什么来做到的，这一过程对该现象进行了限定，因此有助于将注意力集中到分析之上。同样的过程可用于延伸该定义还可包括什么
211 （即分类），从而明确该主题的范围。例如，如果主题是广播节目，我们可能想要看的是一种特定的媒体或所有类型的广播媒体。不论哪种，都可以用形式定义去限定或扩展媒体的类别。例如，我们也许想区分地面广播和卫星广播，那么对地面广播的形式定义就会将它与卫星广播分开。反之，如果我们想知道广播的效果，我们的定义可能就会将媒体置于更大的类别中，例如控制手段，还有教育、司法和精神病治疗等其他手段中。因此，形式定义是基于区分和分类的。尽管很多形式定义被作为权威定义提出，但你需要记住，所有的形式定义都只是看上去可信的提议，所以都可以进行批判性分析。

另外一项与聚焦现象有关的技巧，是对词语本身的反思。聚焦一个词会让人注意这个词，这意味着一个概念或词语可以被分析为构成它的部分和用以定义该现象的特征的部分。例如，广播可以通过不同的技术、生产过程、信息编码和解码方式以及信息使用方式来定义。与此相似，将注意力集中到词语本身意味着你可以将它与同类中的其他词语区分开。例如，电视广播因其电视的视觉特征而区分于收音广播。

当我们聚焦现象的发展过程时，我们定义的是一件事的环境和历史，以对该研究或理论主题进行定位。可以采取的方法是追溯现象的历史和找到影响其发展的前提条件。关键标志性事件和例子常常构成了过程定义的特征。例子也可以用于展示一个主题或核心的变化，以及一种现象分离为各种发展分支的方式，其中每个分支都有自己的发展过程和特征。这种发展过程主要是一个筛选过程，因此需要抽象提炼，要靠分析者提出什么应当是关键特征和现象的发展过程。所以，我们要在其他也可能有关的元素和可能建构一个完全不同的过程定义的元素当中，选择有关联的但又与其他现象有差别的关键元素。因此，过程定义是命题性的，也可以进行批判性的分析。

在环境方面，现象及其各个部分可能会根据它们在更大系统中的功能或角色来定义。例如，“专业”的概念可以用于很多情景，如果给专业的概念一个普遍的定义，那么就可以提出它在不同情景中的用法。如果将它定义为专家的力量，就将其放在了与权力和控制有关的现象类别之中，就可以测量它

的发生频率和不同的表现形式。和很多研究者一样，你也许会经常发现，使用一个对某一现象来说已存在的定义和观点更省时间、精力。然而，如果研究想象力的关键在于分析性的创造力，那么你就应该拒绝被动接受传统上习惯的定义方式。 212

你可以使用很多方法（单独使用或组合使用）建构和分析定义或词语的用法，包括：

- 寻找同义词——追溯词语的发展
- 使用词源法——陈述词语在字典上的含义
- 写出形式定义——通过使用例子展示词语的意思
- 运用正反例定义——列举与该词相关的事物
- 列举属性——解释词语的日常用法
- 使用词汇或报告性定义——陈述你希望该词如何被理解
- 使用规定定义——排除该词的一个特定含义，或展示它的错误用法，以强调一个更准确或不同的用法
- 使用否定定义——使用词语来表达情绪性偏好，可以是正面的，也可以是负面的

在这个阶段最明显的例子是字典和百科全书的使用。

扩展示例：“社区”概念的词源学分析

社会科学中的一些概念有着相对漫长而复杂的历史。追溯一个概念被定义和操作化的方式被称为词源学分析。表 7.5 呈现了“社区”这一概念的不同用途，并按时间顺序排列。

让你最先印象深刻的可能是这个概念在整个社会科学史上的广泛使用。但也要注意，这一概念的起源是在 19 世纪 80 年代末，滕尼斯

表 7.5　1880—1990 年“社区”概念的词源总结

作者	时期	要点	准则	开创性作品	论证
涂尔干，马克思，滕尼斯，韦伯	19 世纪 80 年代	城乡连续体 伟大的转变 实证主义	理论主义的 实证主义的	《共同体与社会》《社会分工记》	影响传统社会联系和社区生活的社会变革；基于意志概念的共同体；大转型为劳动分工奠定了新的基础；重建共同体的社会干预最终将是必要的
伯吉斯，劳埃德·华纳，林德，帕克	20 世纪 20 年代	实证研究 芝加哥社会学派 外来者社区研究	民族志的 自然主义的 归纳的	《米德尔顿》、《芝加哥当地社区概况》（*Local Community Fact Book of Chicago*）	田野调查作为一种考察社会结构的方法的重要性；社会统计在社区研究中的重要性；城市生活中的生态结构 / 基础
哈里森，肖，沃思，扬	20 世纪 30 年代、20 世纪 40 年代	对英国社会的大规模观察 城市环境中的社区 参与性观察 研究方法的说明	民族志的 描述性的 归纳的 演绎的	《杰克·罗勒》（*The Jack-Roller*）、洋基城系列（Yankee City Series）、《作为生活方式的城市化》（*Urbanism as a Way of Life*）、《街角社会》、《科学社会调查与研究》（*Scientific Social Surveys and Research*）	城市生活削弱了传统的社会联系，加快了家庭生活的衰退；芝加哥学派对社区研究方法有积极的影响；制定出具体的社区研究方法是可能的

214

续表

作者	时期	要点	准则	开创性作品	论证
阿伦斯伯格，丹尼斯，希利，哈诺维茨，尼斯贝特，赖斯，斯坦，沃思	20 世纪 50 年代	社区的定义问题 质疑社区理论 考虑其他概念，例如邻里关系	经验的 空间的 评价的	《城市环境下的社区新闻》(*The Community Press in an Urban Setting*)、《对社区的追求》(*The Quest for Community*)	需要重新思考寻找社区和社区研究的方法；94 条不同的定义中，只有“共性”才是人的固有观念；基于滕尼斯的概念寻找社区将被证明是徒劳的
艾伦伯格，弗兰肯伯格，尼斯贝特，斯泰西，维迪奇，沃伦，威尔莫特和扬	20 世纪 60 年代	英国社区研究 虚拟社区 质疑方法 内部社区研究	经验的 分析的	《社会学传统》(*The Sociological Tradition*)、《英国的社区》(*Communities in Britain*)、《社区研究的神话》(*The Myth of Community Studies*)	基于共同传统的社区是社会学最基本的思想单元；社区生活的连续性；社会学家不是在研究社区，而是在研究区域和地区
贝尔和纽比，本森，伯纳德，埃利亚斯，菲尔金，古斯菲尔德，麦克法兰，普兰特，谢勒	20 世纪 70 年代	重新思考社区的概念 比较社区研究 社会政策中的社区	理论的 规范的 总结性的	《当代社会：社会学的幻想还是现实》(*Contemporary Community: Sociological Illusion or Reality*)、《社区社会学》(*The Sociology of Community*)、《英国个人主义的起源》	需要重新定义社区；需要理解当今社区生活模式中的异常现象；危机中的范式；社区被赋予了如此多的意义以至于变得毫无意义

来源：改编自琼斯的研究（Jones，1997）。

（Tonnies，1957[1887]）、韦伯（Weber，1965a[1930]）与涂尔干（Durkheim，1984[1893]）等人的经典研究著作中。词源学地图提出，尽管社区的概念以许多不同的方式被广泛使用，但它们有一个共同的参考框架（或范式）。这个框架基于这样一个假设，即 19 世纪中期发生了从农村生活方式到城市生活方式的重大转变。

因此，贯穿这些研究的是对比的方法论假设。这是一种信念，即，就以某种生活方式为特征的社区类别而言，工业社会可以与前工业社会进行比较和对比。农业社会，即前工业社会，“被认为”具有一种与工业社会在性质上不同的社区特征——在工业社会中，社会关系更紧密，家庭纽带更牢固。滕尼斯、韦伯和涂尔干的著作，以及马克思的著作，都塑造了二十世纪社会理论的发展，并可能在下一个千年继续对社会科学产生影响。

215 **词源学为什么重要?**

一个词的意思不是由这个词本身给出的。词没有正式属性，一个词的意义是由使用其的文化所决定的环境（情景和用法）所赋予的。一个词的意思可以随着时间的推移而改变。例如，“gay”一词曾表示快乐、无忧无虑，在 20 世纪 30 年代至 50 年代的电影中经常可以听到，现在，它指的是同性偏好。

他们都使用了一个假设社区会解体的框架。滕尼斯使用的是共同体（gemeinschaft）和社会（gesellschaft），而涂尔干使用的是非工业社会、机械团结、工业社会和有机团结。

因此，不同的研究对社区的理解可能会有所不同，但正如词源学地图所示，特定的方法论假设对于所有使用这个概念的人来说都是通用的。地图显示了社区这一概念的定义路径：这一关键概念的建构方式虽然备受争议，但有明显的方法论界限。

因此，如果你正在进行社区研究，表 7.5 可能就展示了你将查看的相关文献。你也将在这些方法论假设的框架内工作。打破这些假设将是一项困难的任务，因为这个框架经过了历史的洗礼，并在整个社会科学中广泛使用。

什么是范式？

在社会科学领域，范式的概念源于库恩（Kuhn，1970）的著作，尤其是《科学革命的结构》一书。范式被用来描述科学家在学科之内和特定历史时期内，在广泛接受的（通常是未加质疑的）定义、分类、理论和研究程序中是如何工作的。不同科学时期以特定的世界观（范式）为特征，它们被视为一种知识，而且被作为解决问题、解释事件和开展研究的标准形式。当主导范式成功地被另一范式所挑战，而且后者能够吸收已有范式、提供更广泛的解释能力和理解力时，范式转换就发生了。

在框架内做研究有一些好处，因为你不会被其他事分散注意力，所以是相对安全的。范式转换有时确实会发生，例如托勒曼尼客（Ptolemanic）范式被哥白尼范式所吸收。然而，那些走出已确立和被推崇的范式的人，其研究 216
经常被边缘化。例如，历史学家艾伦·麦克法兰（Alan MacFarlane）在他的《英国个人主义的起源》一书中，对农村社区到城市个人主义的转变这一观点的方法论假设表示了疑问，尽管他的论证很系统，但没有被融合到传播社会科学基础知识的流行阐述方式之中。

挑战已确立的理论立场——很多其他理论家视为理所当然的立场——并不是一件轻松的事，它要求对使用不同方法论假设的后果有透彻的了解，并有能力建构精心推理的论证。做到这些之后，总的来说，你可以更加明了你所使用的概念，由此，你将能够选择你觉得有用的定义，因为你已经分析了其他人在研究中如何确定和操作化这个定义。

然而，即使在研究方法传统之内，我们也看到了大量有益的辩论。作为社会科学中的一个重要概念，社区吸引了很多关注。社区的概念、意义及其操作化的方式是辩论、批评和研究的主要来源。因此，它的文献体量巨大，成千上万，而且很值得分析。然而，这一概念所存在的一个主要问题是大多数想要定义社区的研究者都只是添加了更多的例子或寻找了更多有关的信息，这导致人们产生了这个朦胧的概念究竟为何的困惑，而不是启发。表 7.5 试图通过展示对这一主题感兴趣的历史过程，总结它的用法的主要发展阶段，并且展示不同理论家在不同时期如何重新评价这个概念的使用，如何反驳前人的定义和操作化方式。

以下示例选自一篇大家熟悉的著作，分析了对另一主题的重新评价。在经典著作《自杀论》中，埃米尔·涂尔干说明了如何通过定义的使用来建构严谨的论证，以展示社会学的科学地位。

扩展示例：定义要分析的主题

埃米尔·涂尔干通过定义分析论证了社会现实作为一种严肃的科学研究现象的存在。涂尔干选择自杀作为他的主题，是为了确切地展示社会学对行为的解释相对于心理学和生物学的重要性和特殊性。我们可以看到为什么涂尔干选择自杀的主题，他的假设是：“自杀，也许是一个人能采取的最亲
217 密的个体行为，是一种现象，然而，这不能从个体的心理学、生物学或生理学的角度来理解，而应该从完全独立于个体的社会力量的角度来理解。”（Durkheim，1952/1970 [1897]：46）

在这个假设中，我们看到涂尔干将这个主题定义为社会学主题。在确定不同欧洲国家人民的自杀模式时，涂尔干并不认为自杀是一种个人行为。他想表明自杀是一种社会现象（一种社会事实），可以用不同社会和文化中的社会关系来解释。他在这一最初陈述中使用的依据是许多国家的自杀率是不变的。涂尔干利用欧洲国家自杀人数的统计数据，进行了一系列有趣的观察。

> 同一社会的统计数据几乎是不变的。这是因为影响人民生活的环境状况每年都相对不变。当然，偶尔也会出现较大的变化，但这是非常特殊的，且显然总是与一些影响社会状态的短暂危机同时发生。（p. 46）

涂尔干的观点是，社会因素而非其他因素是导致自杀率不稳定的主要原因；一个社会或社区的自杀率“不是独立单位的简单总和、一个集体的总和，

而是一个自成一体的新事实”（p. 46）。因此，涂尔干的主题是自杀的分布。正是在这一主题中，他将自杀原因与自杀者的特定情况区分开。

为此，涂尔干在书中试图说明，依赖于社会以外因素的解释是不充分的。他通过系统地排除来做到这一点，也就是说，他排除了自杀的其他可能解释。在这本书中涂尔干排除了以下因素：精神错乱、性别、地理位置、酗酒、种族和遗传、宇宙因素和模仿。为此，他首先建立了自己对自杀的定义，然后开始展示这一定义的必要性：

> 由于“自杀”这个词在谈话过程中不断出现，人们可能认为它的意义是众所周知的，而定义是多余的。实际上，日常语言中的词语，就像它们所表达的概念一样，往往容易产生不止一种含义，如果学者在其公认的用法范围中使用它们，而不做进一步的定义，则有可能造成严重的误解。（p. 41）

涂尔干因此声称，日常语言对于严肃的科学论证来说太不精确了。他认为，这是因为，日常会话中使用的词汇是不确定的，而且在不同情况下，含义可能会有所不同。因此，涂尔干主张在对自杀进行任何严肃的研究之前，先对自杀下一个准确的定义。他通过提出一系列关于自杀的构想来完成这一任务。他的第一个构想是，“自杀这个词是用于这样一种死亡的：由受害者完成的积极或消极行为的直接或间接结果”（p. 42）。

接着，他对这个定义进行了修正，因为他认为这个定义是不完整的，是 218
模棱两可的。涂尔干认为，自杀的定义可以适用于那些因幻觉而跳楼的人，正如那些想要跳楼的人。同样，他认为，一个人的动机不能被简单地推断出来，因为动机是无法观察到的。通过这些例子，涂尔干转向了如何对那些为他人牺牲自己的人的死亡进行分类的问题。在下面的摘录中，我们可以看到他对这个问题的解释。

> 一般而言，一个行为不能以行为人所寻求的目的来定义，因为同一行为体系可以在不改变其性质的条件下适应太多不同的目的。的确，如果仅仅是自我毁灭的意图就构成了自杀，那么就不能用自杀这个词来形

> 容这些事实，因为这些事实尽管有明显的区别，却与通常所说的自杀有着根本的相同之处，而且在不抛弃这些事实的情况下，就不能用其他方式来描述它们。为拯救自己的兵团而面临死亡的士兵是不愿意死的，然而，他是否不同于为避免破产而自杀的制造商，是自己死亡的始作俑者呢？（p. 43）

涂尔干继续用这些例子来证明，有必要将自杀作为一种社会事实来研究，而不是作为一种心理或个人动机所导致的行为来研究。尽管人们出于各种各样的原因进行自我毁灭，但不管原因是什么，“从科学上讲，这就是自杀”（p. 44）。正是通过这种推理，涂尔干能够达到他对自杀的结论性定义：“自杀这个词应用于受害者本人积极或消极的行动直接或间接造成死亡的所有情况，且受害人知道会产生这个结果。”（p. 44）

请注意，这个定义已经排除了某些类型的自杀，例如，动物的自杀、幻觉的受害者、饮酒致死的酗酒者、意外自杀的亡命徒和工作过劳致死的学者。

在构建并解释了他对自杀的定义之后，通过仔细的分析，涂尔干继续表明，现有的对自杀的解释是不充分的。接着，他通过使用一系列定量数据，如统计和地图来证实他的论点，以此为基础进行论证消除。他排除了精神错乱、性别、酗酒和种族等因素。通过比较法国和德国（pp. 77–81）地区的自杀率，他排除了酗酒原因，他发现它们之间没有明显的联系。因此，他得出结论：“一个社会的自杀人数并不取决于酗酒者的增多或减少。”（p. 81）以类似的方式，涂尔干排除了精神错乱。根据定义，如果所有自杀的人都被归为精神失常，那么就没有什么理由进行社会（结构）解释了。但是，正如涂尔干指出的那样，在“可证实的疯狂”和一个“正常”人的抑郁之间存在着巨大的区别，而两者都有可能导致自杀。根据现有的统计数据，涂尔干指出，在精神病院的人口中（19世纪晚期），女性多于男性，在整个社会中，自杀的男性更多（p. 71）。他还指出，精神错乱率在35岁左右达到峰值，并一直持
219 续到60岁左右。涂尔干指出，自杀倾向从儿童时期到老年时期有规律地增加（p. 73），这再次表明精神错乱不太可能是自杀的原因。由于使用了现有数据，涂尔干可以得出以下结论：

当精神错乱的数量被认为在一个世纪内定期增加，而自杀也是如此时，人们可能会被诱导去关注它们在这一事实中相互关联的依据。但使它丧失决定性价值的是，在下层社会中，精神错乱是罕见的，而自杀有时却非常频繁。（p. 76）。

对自杀的研究表明，定义作为解释的基础，一旦经过仔细审查，就会显得含糊不清：如果在严格规定的条件下处理它们，可用于支持它们的证据往往就存在一种相反的关系。例如，在检验精神错乱是自杀的原因这一论断时，涂尔干并没有对精神错乱的发生率进行一般评估，而是对三个不同的宗教团体进行了评估：新教、天主教和犹太教。与当时的观点相反，他指出，在这种情况下，“自杀与心理变态状态相背，而不是与之一致”（p. 73）。

在 20 世纪，涂尔干的著名研究受到了很多批评。然而，大多数人都认为涂尔干的论证方式是一个经典的例证，展现了定义分析与比较数据的结合可以有效地消除（错误的）解释。因此，对任何解释或争论的依据进行系统质疑是一种有效的分析方法，将有助于澄清你对这些论点的理解，有助于显示（或者不显示，视情况而定）你所提出的论点的力度。

比较和对比

社会科学的一个普遍操作是比较不同研究者的著作和思想，这通常需要找到他们在，比如，主要概念的定义、数据收集和研究发现解读之间的共同兴趣点。这一做法在确认共同兴趣领域和相似主题领域的不同立场方面很有用。图 7.2 展现了可以在不同的层次上进行的比较和对比，要注意的一点是，对理论家进行比较本身是有难度的，主要难点在于选择有效并可比较的标准或参照点。

不是所有的事物都可以同其他所有事物相比较，属于同一类事物（例如方法论假设）的各种现象通常可以在比较的框架内进行分析，但两个现象中的所有元素很少可以都进行同等程度的相似点和不同点比较。一个现象中的某些元素可能并不会出现在其他现象中（见图 7.2）。所以比较标准的选择对成功的比较至关重要。

220

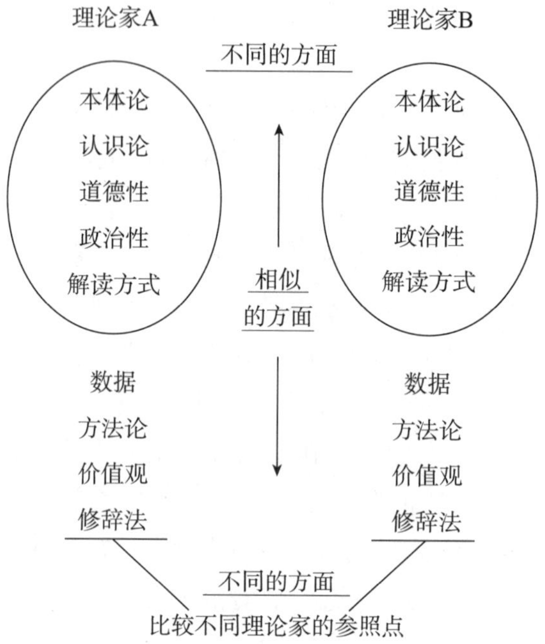

图 7.2　确认比较项

做出的选择需要清晰、明确、合理，因为选择哪些元素进行比较可能会影响读者对该分析的认同程度。对细节的合理解释（即论证）取决于读者和比较的恰当程度。将一个特定的假想读者群纳入考虑，并为之写作是很重要的。当开始分析时，你需要牢记什么样的人将会读到这篇研究报告，尽量思考你可以预测到的潜在读者的知识水平。你的比较越有新意或者越激进，就越需要细致的说明。相反，你的比较越为人熟知，就越不需要解释说明。

安德森等人（Anderson et al.，1985：60–69）在其简短但具有启发性的专
221 著《社会学游戏》（*The Sociology Game*）中比较了马克思和韦伯的思想，他们用简洁的阐述说明了本书中一直讨论的态度。首先，需要一种开放的、清晰的和基于理解力的解读。他们的分析表明马克思和韦伯的相关思想有相同之处，也有不同之处，但不同之处并不一定是支持其中一人而否定另一人的理由——对一个人的偏好不能证明其他人的思想是错误的，也不能用于这个

目的。其次，需要理解马克思和韦伯思想的异同所造成的后果。他们讨论了对马克思和韦伯的一些较为中庸、非争议性的解读，并将其与更极端、具争议性的解读做对比。通过这种方法，他们表明读者可以选择怎样解读一个理论家。但在解读时，读者需要意识到选择的逻辑后果。下面的示例说明了以上内容和做比较的其他相关要点。

扩展示例：比较马克思和韦伯

我们从安德森等人如何设定他们想要达到的目标开始解说这个例子。安德森等人从对马克思的看法开始："任何理论家都可以被许多不同的方式解读，……如果最近……对马克思的研究大大提高了我们对他的工作的理解，那么对他进行更多总结性的解读就毫无必要了。"（Anderson et al.，1985：60）

为了集中探讨马克思和韦伯作品的主题，安德森等人考察了马克思和韦伯通常被认为是不同的一些地方，如经济决定论和唯心主义问题。

经济决定论

马克思和韦伯都提出了基于经济关系和生产方式的论证。安德森等人首先概述了他们认为的马克思论证的要点：

> 马克思把经济关系放于理解社会及其运作的重要位置。不管这个问题最终如何解决，毫无疑问，对于马克思来说，理解经济关系的结构是理解社会本质的基础，所有的解释都落脚在这一点上，从经济关系限制了社会生活的可能性这一容易接受的主张，到更有力的，即经济结构和社会结构的其他要素之间存在一种特定的因果联系的主张。（p. 60）

马克思强调，经济关系在社会形成和形态中的重要性毋庸置疑。然而，222
正如安德森等人指出的那样，在马克思写作的时代，人们可能就已经发现，将经济力量与艺术、文化、宗教和文学等活动联系起来十分困难。理论家们将社会的经济条件和文化活动联系起来，这一事实表明，马克思最初的论点以马克思本人没有发展的方式发展了。因此，这一发展是一个有争议的领域。例如，马克思思想发展的方式是否与马克思本人认可和同意的方式一致？或者说，马克思的思想是否被用于与他最初的目标不一致的方面？不管怎样，马克思的思想，以及它们是如何被运用的，都是可以进行比较分析的。安德森等人就马克思的方法论策略提出了另一个重要观点："我们可以认为马克思提出了一个关于社会调查的无害的'启发性'建议，以理解一系列广泛的社会现象，包括许多似乎远离生活的经济领域的现象。"（p. 61）

因此，不同的理论家提出的不同的方法论策略可能是比较分析的一个切入点。在马克思的案例中，安德森等人提出，经济学的作用可以被视为社会的基础。宗教、艺术、教育和家庭因而被视为上层建筑。就方法论而言，上层建筑可以被描述为由基础决定的。正如安德森等人所指出的，这一论点比仅仅提出经济基础对社会有重要作用的论点更有争议。虽然这是一个有争议的主张，但它也是一个大胆而新颖的主张。正如安德森等人所提到的，这种情况在社会学中并不少见，在社会学中，人们对某一主张的兴趣往往与其合理性成反比（p. 61）。根据安德森等人的观点，大胆和不那么大胆的论点之间的区别就是马克思和韦伯观点之间基本的区别：

> 如果我们认为马克思提出了一个不那么大胆，却更有道理的论点，即经济关系在社会生活中很重要，那么他们之间就没有什么区别了。韦伯和马克思一样相信，经济关系对于我们理解社会及其运作是重要的。他还强调，经济现象和其他社会现象之间不可能存在简单、片面的联系。但是，如果我们使用马克思的大胆论点，即"经济决定论"，那么他和韦伯之间就有很大的鸿沟。韦伯否认经济关系是历史上唯一具有决定性和影响力的力量，这种否认并不是为了最小化它们的贡献，而是为了说明它们不具有排他性。（p. 62）

我们没有必要像在两个极端之间必须做出选择一样，用非此即彼的方式来表达马克思的思想。安德森等人强调，分析者有其他选择，可以对解释施加限制条件：

> 马克思理论可以解释那些经济关系影响社会生活的方面，因此，他的理论中强加了自我约束；也就是说，他仅对受经济关系影响的现象感兴趣，并以这种方式将理论局限于某些类型的影响，并不一定要否认其他类型的影响。（p. 62） 223

唯心主义

马克思和韦伯经常对立的第二个领域涉及唯心主义的问题。马克思被认为是唯物主义者，而韦伯则被认为是唯心主义者。在当代社会理论中，唯物主义是一种地位高于其他立场的标签，特别是高于唯心主义。当然，马克思和韦伯的思想过于复杂，任何比较都需要被更加敏感和有根据地处理。要完全理解唯物主义或唯心主义概念中的思维本质，需要一定程度的思想史知识。达到这个目标的一种方法是，参考德国唯心主义哲学家黑格尔（1770—1831）的著作。安德森等人就马克思和他的导师黑格尔的思想之间的关系提供了一个简明的总结：

> 黑格尔的唯心主义假设历史是思想的发展，在实践中，这意味着艺术、宗教思想，特别是哲学的发展。思想可以发展，黑格尔将它无情地这样理解：好像它是独立于人类，存在于某个虚无世界中的东西。然而，马克思怀疑黑格尔的唯心主义，或者更准确地说，怀疑黑格尔所提出的唯心主义。这一怀疑有两个原因：第一，历史是真实存在的人类历史，而不是抽象的历史；第二，尽管黑格尔认为艺术、哲学等方面的发展给人们带来了自由，但在马克思看来，这些发展使人们仍然像以前一样贫困和被奴役。马克思不能接受仅凭一种哲学理论就能改变世界，使真正的人获得自由的理论。（p. 63）

安德森等人让他们的读者意识到，任何归属于马克思或黑格尔的立场都不可能是简单的——人们总是可以做出各种各样的解释。他们表明，我们既不能认为思想以一种直截了当的方式发展，也不能对任何理论家的理论进行分类而不对这一分类提出质疑。将一个理论家归为一个词，可能会随之导致遵循相同分类的其他理论家的思想被过于简化。韦伯成为唯心主义者源于他对思想作用的兴趣，尤其是在他的研究《新教伦理与资本主义精神》（*The Protestant Ethic and the Spirit of Capitalism*）中：

> 韦伯并没有否定思想在塑造历史进程中的重要性。《新教伦理与资本主义精神》不是在反对马克思，而是在反对某种唯物主义，这种唯物主义否认思想具有任何独立的作用。（p. 63）

224 韦伯并没有摒弃思想及其社会角色的事实这并不意味着他是一个唯心主义者。在研究思想的作用时，韦伯也在研究人们在有共同思想的情况下共同建立的关系。这与马克思的观点完全一致，即历史是由现实的人创造的，而不是由形而上学的力量创造的。韦伯的论点不是说宗教或其他思想是导致某种物质条件产生的原因——在这种情况下，指向的是资本主义的发展。新教伦理和资本主义精神不是对马克思唯物史观的挑战，也不是对马克思对经济基础（物质条件）和上层建筑（思想和精神生活）的区分的挑战。这是因为，马克思和韦伯都没有提出经济基础和上层建筑之间存在严格的单向因果关系。马克思认为，对社会制度最重要的影响因素是经济，但这并不意味着它是唯一的影响。因此，尽管黑格尔认为意识（思想和观念）决定物质的存在，而马克思没有。马克思重新表述了这一论点，只是将重点放在了物质而不是意识上。从这个例子中，我们可以看出，任何社会理论的发展都不是建立一个截然相反的立场的问题；在这种情况下，唯物主义不是唯心主义的唯一替代品，唯心主义也不是唯物主义的唯一替代品。安德森等人强调了这一点，他们说：

> 就宗教的发展而言，韦伯试图对宗教如何与政治和经济利益、社会的权力结构和不平等、国家的发展等相互交织，以及宗教内部产生的利益和问题给出一个彻底的唯物主义的解释。（p. 64）

如果韦伯对宗教和物质变化之间关系的描述是唯物主义的，那么他是如何被贴上唯心主义者的标签的呢？把韦伯塑造成一个唯心主义者的主要原因很简单，他研究了宗教，而宗教被视为属于观念的领域。这说明了在缺乏关于思想史的足够知识基础的情况下，快速做出假设可能会犯各种错误。另外一个原因通常来自没有意识到理论家陈述一篇文章时的目的。如果韦伯的命题被视为唯心主义，那么他的目的可能被解读为只有思想才能改变世界。然而，如果我们遵循马克思的观点，即思想只有在遵循自身利益的群体的作用下才会产生影响，那么韦伯的观点就可以被看作与马克思的大体一致。因此，韦伯的命题其实是，思想如果被某个具有历史意义的群体接受，就会对历史事件产生决定性的影响。这与思想决定历史的主张是非常不同的，而后者才是在为唯心主义的历史观辩护。

在对马克思和韦伯的分析中，安德森等人论证了一些关于比较的重要问题。最主要的一点是，马克思和韦伯之间的许多不同之处“并不在人们通常寻找的地方”。关键的区别不在于他们一个是唯物主义者或经济决定论者，另一个是唯心主义者，因为在大多数方面，两者都不比对方多或少（p. 68）。安德森等人提出的另一个观点是，需要发掘关于理论家的共识。也就是说，不要只看表面价值——需要对原始作品进行相关的批判性评价。

阅读以上示例之后，你应当获得的信息是：如果有人基于某种形式的比较提出了对一位理论家的解读，那么这个解读就是可以接受审视的。你可以寻找通常我们认为会进行比较的那些方面，然后进行细致的审查，思考为什么会是这些方面、他人是如何比较的、因为什么而比较。就如安德森等人所表示的，如果按照这一程序，你常常会发现事物与外表所见并不相同。 225

哲学的教训

在本章中，我们考察了思想、解读和方法论假设可以怎样呈现，以使他人接受一项论证；以及反之，我们可以如何分析这些技巧和做法。本章隐含了一个提示，即综述文献时，应采用哲学式的审视方法。我们需要思考和质疑对一件事所提出的解读的合理性。我们在分析他人的著作时，是在剖析和重新组织其思想和论证，其中很多内容既复杂又难以理解。

使论证难以理解的经常是它建构的方式，一项论证的作者可能不知不觉地就犯了一些方法论谬误和语言错误，而这些会造成对一件事或一个问题的立场的困惑或误读。通过哲学审视，我们通常可以使这些逻辑错误和谬论显露出来。有两位哲学家的著作与此特别相关：一位是吉尔伯特・赖尔（Gilbert Ryle，1900—1976），另一位是路德维希・维特根斯坦（Ludwig Wittgenstein，1889—1951）。

在诸多顾虑当中，赖尔和维特根斯坦对语言和概念如何用于建构对现实本质的解释和论证持保留态度。他们以各自的方式分别得出了结论，即很多科学问题是对概念的不当但广泛使用的结果，正是这一原因导致了困惑。赖尔专注于研究误导性表达方式的使用和分类不当的错误，而维特根斯坦对于科学，特别是对普适性和真相，展现出了严重的怀疑。

就赖尔而言，我们能看到一些与哲学审视的本质相关的内容。赖尔（Ryle，1949）感兴趣的是得出结论的细节，因此，他对组织论证的过程感兴趣。通过分析，他表明，我们习惯的思考世界的方式建立在长期存在的错误的基础之上。赖尔找出的第一组错误被他称为系统性误导表达（systematically misleading expression）。一个例子是：知更鸟是鸟；霍金（Stephen Hawking）
226 是人。赖尔问道，是什么让这两句话成为事实并可以被理解（即有意义）？赖尔对这些句子中的具体事实不感兴趣，他感兴趣的是科学家和哲学家把什么当作这些句子的形式属性。事实性的陈述有一些句法上的相似之处，而这会导致误解。其中之一就是，事实是相似的，鸟是事物，就像人也是事物，因此两者都是客体。如果是这样，那么两者就可以用同样的方式去研究。

这样的逻辑可能会将思考引向几个方向，但都会让原来的困惑更加复杂并持续下去。

首先，人们可能会推测鸟类和人类是相同的（一种简化主义论证），这是错误的，甚至是无意义的。相似的推测可能会应用到一些类比上：通过将社会比作器官来定义社会，也许会给它赋予一种“准本体论”的特征，会使我们相信社会是一个真正的物体，而不是一个抽象的术语。或者另一个类比，像定义电脑一样定义人脑可能会让我们相信人脑是一个物理的（即物质的）客体。

相似的理解错位可见于美、公正、平等、智力、创造力、知识、智慧等词的运用。“美貌是天生的”这句话是一句概括性陈述，它认为对美的概念有统一的理解，并且无形中认为存在基于身体特征遗传的因果联系。它没有回答一些相关的问题，例如：什么是美？谁定义美？什么时候定义的？人们做了或者可以做哪些比较来建立美的标准？所以，美是一个概念而不是事实：它不是世界上的一个物品，也不是我们可以收集信息、最终得到某些规定定义的事物。就像公正和平等的概念一样，美是对社会关系中相对的、取决于环境的行为与惯例的描述。类似这样，从普遍到具体的推导过程至少是有误导性的，甚至是无意义的。

其次，将事实或解读当作相似的事物可能会令我们对思考世界的其他方式感到困惑。例如，我可能会这么说：我坐的这把椅子是固体。然而我的物理系同事告诉我，我的椅子只不过是一些被我看不见的力黏合在一起的粒子。我的椅子怎么会同时是两件事物？我没法在这两种看起来无法并存的现实观当中做选择。这是因为，看上去相互矛盾的立场是不同的立场，因此，不能用比较性的评价去评估其相对准确性，从而决定哪一个立场更真实或更好。

根据赖尔所说，我们所持有的是一种混合了技术性和非技术性（即常识性）的态度，这一混乱源于一种现实优于另一种，而非两者只是不同的说法。此处的要点在于，当我们试图比较事物时，需要十分谨慎，对相对价值的判断不能总是通过比较来决定。不能通过比较性评价简单地比较一个社会理论 227
与另一个的有效性，或者说一个社会优于另一个社会。当我们试图这样做时，经常会遗漏一些残余元素，或者做出有道德优越感的论断以支持某个立场、压倒另一个。所以，诉诸道德或政治往往是由于错误地想要比较不同的而且不能以普遍的逻辑来判断的事物。

接下来，我们也许会应用一些与被研究现象不一致的研究方法和技巧。一个经典的例子来自“身体还是意识”的辩论。人们通常认为意识与物理的身体不同，它存在于身体的脑中的某处，正是人的意识导致了人的主动行为，使人不限于被动回应。因此，人们认为是意识将人类与其他生命形式区分开。科学家想要将心理现象，如态度、情感和智力，当作实体的事物来处理。这样做的动机是相信世界上的所有事件都可以用因果关系来解释。根据赖尔的观点，将意识与身体区分开是一个主要的归类错误。

这种归类错误的本质在于，将意识当作一个有形的物体而不是一个过程。例如，物理世界中的事件往往是片段式的——一件事情发生，然后另一件又发生，这些事情发生在时间和空间之中。然而心理事件并不像物体一样有片段性的特征，因为它不存在于空间之中，或不是一个确切的实体。赖尔表示，在对意识 / 身体的二元论做出假设时，由于使用的分类不恰当，我们可能做出很多错位的描述。他给出了大量的归类错误的例子，例如，认为大学是与它的周边建筑相分离的事物，或者团队精神是可以与体育活动本身分开观察的东西。

因此，赖尔让读者注意分类（即那些与意识相关联的概念）是如何用来联系不同事物，从而对它们做出描述的。他建议我们要反思自己所用的分类，尤其是使用合适的“意识”动词描述心理倾向（以某种方式采取行为的倾向）的时候。这是因为很多动作用倾向性动词很难描述。比如，我们可以描写一个人割草坪的物理活动，但很难描述一个人做心算题的过程。据赖尔所说，我们不能将后者简化为前者，因为它们是不同的。此外，赖尔还观察到，我们并非要思考算数的复杂规则或命题才可以做算术题。人们做算数题的方式可能会截然不同，他们也许会使用笔和纸，或者使用物品计数，或者默默沉思。所以他警告我们不要认为算术题这类活动是神秘的，好像它隐藏在一个
228 被称为意识的实体当中的某处。他推荐采用深描的方法，相信只有通过细致的深描，我们才能展现人类行为过程的多样性。这让我想到了维特根斯坦的著作。

在维特根斯坦（Wittgenstein，1953）的著作中，他说了很多关于通过使用语言进行比较的本质，以及对现象进行深描的好处。他没有单独讨论这些问题，为了清晰起见，我们将单独对此进行分析。审视维特根斯坦的著作前，需要指出的是，他的主要兴趣点之一是科学态度，他不热衷讨论科学研究的发现，他像赖尔一样，对科学论证的建构方式有兴趣，并且提出了一些保留意见。同样像赖尔一样，维特根斯坦的思想很难被转化到社会科学领域，但我们可以用一个简单的例子了解它们的用处。当看到像巫术一样的事物时，我们也许会说它的结果是假的，也许还可以通过比较，说科学的推演是真实

的。但是对有的人而言，巫术的结果却是真实的。

作为社会研究者，我们很难对真实和虚假本身的地位感兴趣，而维特根斯坦的兴趣就在于此。他感兴趣的不是分辨真实和虚假的标准，而是什么造成了真实或虚假，以及什么样的陈述是不恰当的，甚至是不适合于去判断它们的真实或虚假的。

所以，维特根斯坦并不认为在逻辑形式上具有相似性的句子能够在实证中被证明是真实或虚假的。他的兴趣在于研究事实性话语的边界。当然，问题是，事实性陈述和非事实性陈述可能看上去很相似。将一句话误认为是真相很容易。这是因为人们往往在某种体制框架内思考，即有的事情被公认为是真实的，而在这一思考方式之外的其他事情则被认为是虚假的。统治西方文化的科学和统治阿赞德（Azande）文化生活的巫术信仰都是体制化的。因此，根据维特根斯坦所说，只有在科学体制的理论基础范围内谈论科学的真相才有意义，就像只有在阿赞德人的日常生活中谈论巫术的运用才有意义一样。

所以，维特根斯坦对于科学的普适性目标怀有疑虑。他并不是批判科学本身或科学对普适性解释框架的重视。他担忧的是，对普适性的重视已达到了排斥其他理解世界的方式的程度。他的基本看法是，并不是所有的谜题和问题都需要普适性的方式才能被解决。他认为，与方法论和理论的辩论有关的观念性难题尤其如此，诸如对问题的阐释、分析，甚至是对现象如何发生的理解。它们不可能都用普适化的方法获得。据他所说，这是因为，问题陈述的方式经常会导致人们使用不恰当的策略去研究它。

结论 229

我们仍用维特根斯坦的例子来总结本章。维特根斯坦用简单但有用的方法区分了需要信息（即更多事实）的难题和需要阐释（即理清）的难题。我们在本章中讨论的很多内容都与阐释有关，与将令人困惑的、形形色色的想法厘清，将其重塑，使其更为清晰有关。一旦我们收集了足够的文献，就可以开始解决理解上的问题。但在整理文献时，我们解决的是信息的问题。所以，维特根斯坦的区分法为我们所提倡的很多观点带来了启示。他坚持认为有两类主要的问题：无知的问题（有我们不够了解的事物，因此需要更多信息）和困惑的问题（我们有信息，但不理解它的意义）。所以我们需要弄清楚已有的信息，而不仅仅是获得更多信息。这种区分方法的影响有很多，但对我们而言，其中一个是特别需要认识到的：如果我们能够重视描述、使用核心文本并对其进行细致的分析，我们就可以更确信自己的理解能够清晰化，而不用无休止地寻找更多信息，从而使自己更加困惑。

总结

- 对文献的分析、评价和评估需要应用多种工具和认知能力，学会研究技巧和能力需要时间和练习，这是一旦学会就能持续终身的。
- 分析和评价的重要性在于，它能让我们持续性地、更加投入地处理文献中的思想、论证和理论——分析的核心在于提取作者试图呈现的对一个特定现象的理解。
- 正确看待隐喻和类比——它们是描述事物的方式而不是“事物本身”。谨慎处理所有的隐喻和类比。
- 所有的问题都基于定义，而定义为论断问题的存在提供了基础。永远记得用其他定义批判性地质疑当前的定义。
- 为事物或现象提供意义和解读是所有学科的核心，当它们用语言表述时，就会将我们引入哲学的领域。

第 8 章

文献思想的绘图与分析

关键问题

- 我们说的思想绘图是什么?
- 我们可以用什么方法对一个主题或方法论的思想进行绘图?
- 如何用分析的方式为修辞的使用绘图?
- 如何用对文献的分析建构出一个主题或发展过程的历史影响?
- 我们可以怎样使用引文分析并重构一个主题的历史?

核心技能

- 选择和应用工具对研究进行细致的文献统计学和引文分析
- 找出不同学科中复杂思想之间的方法论联系
- 应用分析方法使研究中可疑的论断凸显出来
- 理解研究中使用文字和图表进行传达的方式

231 导语

文献中包含的信息经常是由具体的理论组成的，而这些理论以人们所选择的希望在自己的研究中采用的方法论假设为基础。综述的目的是以适合研究层次的程度，将一个具体问题的相关文献中的方法论假设提取出来。这意味着要从文献中提出关键概念、类比和论证等，并将支撑特定现象的特定方法的研究假设挖掘出来。实现的方法是从文献中提取论证的核心思想、概念和方法的运用方式，以及它们在实证研究中被操作化的方式。提取的这类信息构成了文献综述的"分析元素"的一部分。

阅读建议：研究的基石

方法论假设是研究的基石，它们在研究中经常没有被明确提出，你需要使之显现出来以供分析、评价，还可能要对其进行改造。更多关于方法论假设的内容参见哈特所著一本书（Hart，2005）的第七章。

如果要将核心思想和概念从各条文献中正确地识别出来，并用其描绘一个现象、主题或问题的"知识地图"，那么绘图这种分析方式就至关重要。

本章将关注对任一主题的文献进行绘图的一些方式。主题绘图的主要用处是获得足够的主题知识以发展对方法论和研究技巧的必要理解，领悟主题的发展历史和兴趣点的扩散，并对相关的主要论证、概念和理论进行分析性评价，以从分析中综合出一个独一无二的方法或论点，即你的研究。文献绘图使我们能够进行分析和综合，这是因为在描绘出关于一个主题的研究时，你进行的是建构的任务，即将组成某个主题知识库的不同研究分支和元素组合在一起。来自不同学科背景的不同研究者经常用不同的方式描绘主题，这意味着你的绘图永远都不是固定不变的，它总是有可能被你自己或另一位学者在以后做进一步的发展。

这里要注意的一点是，其他研究者做出的文献综述实质上就是对研究主 232
题的绘图，而这些绘图正是你应当用评价和批判的方式去分析的对象。因此，我们首先要看的是，为研究主题制作多种绘图而使用的一些相对简单的图表式表征技巧。

思想和研究绘图

鉴于通常情况下在检索相关文献（主题文献和方法文献）时找到的信息量较大，以某种形式组织这些信息就至关重要。基于关键主题进行内容组织可以帮助你在不同的出版物间建立联系。

分类是文献综述在分析阶段的必要部分。这有两个原因。第一，分析文献为将来对主题相关思想的评价和评估提供了“描述性”的基础（即绘图）。没有分类，大量的信息就不能以系统和稳健的方式进行处理。第二，可以用不同的方式对文献中的思想生成不同的图。你要尽量有条不紊地写出你的图是如何生成的，这意味着你要清晰明确地写出，为什么在别人没有发现有联系的地方，你却建立了联系。

分类

在日常生活中，我们遇到事物时往往会对其进行分类，而且我们把这件事当成了惯例，没有过多思考过分类的过程。作为人类，没有什么是我们不会分类的。例如我们会将物体分类，如汽车、房子、办公室等等。除非被要求，人们不会给出物体或过程的描述性细节。因此，我们基于情景的需要和自己的特定目的会有不同层次的分类。

我们经常可以就态度或行为给出简单的注解（概括），通常这就足够了。
然而，我们有时候被要求给出更多细节性描述，以增加深度和（或）广度。 233

衡量细节性描述的基本原则也是对文献中的思想进行分类和绘图的基础。但是，当组织文献中的思想时，分类的目的却与日常的分类不同。我们采取的不是惯常的分类态度，而是“技术性态度”。以下是安德森等人（Anderson et al., 1985：36）举的一个例子：

> 想想“描述一个木材放置场及其里面的事物”这个任务，我们也许可以提到木头，但是，有什么样的木头呢？有柚木、红木、橡木、胶合板、硬木、松木等，如果描述的人知道是什么木头，描述就可能是正确的。但我们还有一种描述方法，即木材放置场里的东西包括舌板和凹槽板、窗框、门、墙壁镶板等等。这种描述也非常正确。

不论我们描述和分类的是什么，它都有不同程度的细节和特征。在安德森等人的例子中，“木头”是一个泛化的分类，而“柚木”和“红木”是这一类别当中的小类。

这就涉及用反思的方式分类，意思是要注意批判性地评价有关该研究主题思想的传统组织形式。这是因为分类最基本的内容包括将事物，例如思想，整理和组织为类别，并给类别贴上标签。给思想分配类别的过程以对思想如何分类的决策为基础。分类给事物创造和附上标签，也在说服他人这些分类的标签是合理的。因此，所有的分类体系都含有论证元素。在下面萨维奇等人（Savage et al., 2013）的例子中，我们可以看到概念、措施以及最终的分类体系是如何被质疑的。

扩展示例：社会阶级

萨维奇等人（Savage et al., 2013）认为，有必要再次审视社会阶级的衡量和分类方式。研究者们在英国广播公司（BBC）的协助下，运用了某个市场调研公司的在线调查数据。萨维奇等人将他们的观点称作“一个现代的多维社会阶级模型”（p. 2）。他们提出，按等级分类方式，英国的社会阶级可以分成如下七个部分：精英阶级（这个群体占据了三大资本里的最高等级），固有中产阶级（凭借文化资本获得第二高的等级），技术型中产阶级（以社交孤立和文化冷漠闻名），新型富有工薪阶级（在社交和文化上都很活跃的年轻群体），传统工人阶级（在各项资本中等级不高），新兴服务业工作者（虽然较 234
贫穷，但却有着高级别社会和文化资本的年轻城市群体），无产阶级或者无保障的工人阶级（在社会和文化资本上等级低的贫民阶级）。

可能是因为这项研究有英国广播公司的一臂之力，这种分类方式获得了广泛的宣传。此外，研究者们在著名杂志《社会学》（*Sociology*）上为他们的方案提出大量的主张，这就吸引了众多见多识广、聪明睿智的批判性关注。为了分析并且能够理解这种批评性的回应，我们需要去了解萨维奇等人为了这项研究所做的论证，以及这项研究是如何进行的，还有他们为这项研究对社会阶级文学的贡献所做的声明。

要点	摘录
为什么研究者对社会阶级感兴趣？ 原因很明确。作者指出，随着社会不平等的加剧人们对社会阶级的兴趣日益浓厚。作者认为，真正令人感兴趣的是日益加剧的不平等，并且这与社会阶级的差异性有关。	在过去十年中，由于越来越多的证据表明社会不平等加剧，特别是在财富和收入方面，人们对社会阶级不平等的分析重新产生了惊人的兴趣，并且围绕着许多社会和文化指标，例如死亡率、受教育程度、居住条件和参与休闲的形式进行讨论（例如 Bennett et al.，2008；Doling，2011；Hills，2010；Wilkinson & Pickeff，2008）。
萨维奇等人（Savage et al.，2013）综述了一些原始资料，并把自己的研究放到了这个背景下。在文献评论中作为理由的有趣结论是布尔迪厄的“文化阶层分析”。 作者们正在推广一种划分社会差异的“新”方法。这么做的目的是什么呢？是为说明社会上的不平等。	从理论上讲，这种兴趣受皮埃尔·布尔迪厄（Pierre Bourdieu）的影响。布尔迪厄详细阐述了一种不仅与就业不平等有关，还与经济、社会和文化资本之间的相互作用有关的阶级模型（Bennett et al.，2008; Crompton，2008; Savage，2010; Savage et al.，2005）。这种工作潮流有时被称为“文化阶层分析”（Atkinson，2010），它与女权主潮流（Adkins & Skeggs，2005；Skeggs，1997）相互融合，以支持分层分析中所使用的多维方法（Yuval-Davis，2011）。

续

要点	摘录
研究者们认为现行的社会阶级分类体系存在什么问题？ 235 “问题”已经被阐明。现存已久的描述社会阶级的参考体系是不够完善的。戈德索普的研究主要针对这项弱点。任何研究社会阶级的人都将需要去阅读并且正确地理解戈德索普和他的研究伙伴们想要表达的东西，以及他们为什么要制定一种基于职业的分类方式。通过阐述一系列观点，作者想要展示戈德索普的社会阶级类别，因为它是基于职业划分的，所以不能用来衡量和解释社会阶级和不平等之间的关系。萨维奇等人似乎误解了戈德索普的意图和行为。戈德索普对社会流动性很感兴趣，并且认为需要可靠和正当的数据来源。雇佣和收入模式是这些必要数据的来源。戈德索普的社会阶级类别对衡量类别之间的变化是切实可行的。经济类别（组别）是反映信息细节和无法直接测量的变量的“指标”。他们考虑到要测量从事经济活动的人口的部分变化。为什么萨维奇等人不理解戈德索普这方面的研究呢？	戈德索普（John Goldthorpe）的社会阶级图式无疑具有重大意义，特别是在社会流动的比较分析方面。然而，尽管很明显，出于某些目的，它仍然是衡量阶级的“黄金标准”，我们仍可以提出五种主要的批评路线来指出其范围受限的方式。 第一，作为一个演绎类阶级图式，戈德索普阶级图解主要关注标准的有效性，也就是说，其能在多大程度上衡量雇佣关系的特征，这些特征被用来定义阶级关系（Evans & Mills，2000）。 第二，越来越明显的是，该图式的主要吸引力在于，它是一种将个人划分到社会阶级的实用方法。这种方法基于的标准以全国性调查为支撑并具备适度的样本量。 第三，戈德索普采用标准的社会学方式，将社会阶级从收入和财富的衡量指标中抽离出来，目的是以雇佣作为划分社会阶级的指标。 第四，如克朗普顿（Crompton，2008）、斯凯格斯（Skeggs，1997，2004）以及布拉德利（Bradley，1995）等女权主义批评家所坚持的那样，将职业作为唯一衡量社会阶级的方法，通过污名化人格和价值标记的形式，掩盖了阶级在象征主义和文化上运作的更复杂的方式。 第五，尽管戈德索普的阶层分类被广泛应用于社会流动性的比较研究中，其有效性仍受到质疑。因此，两个形式上相同的类别，例如“技术工人”或“监督者”可能指的是被比较的国家中明显不同的职业实体。

续

要点	摘录
这个理论在研究者的“新”分类体系中扮演着什么样的角色呢？ 我能想到的答案是可能与对戈尔德索普的批评有关。问题在于对戈尔德索普的批评是无力的、混乱的。 法国的社会理论建议在社会阶级类别中增加经济方面之外的内容。文化和社会资本与经济资本一起作为变量将个体划分为不同的类别。	所有这些因素都说明了对发展一种新的、多维的、表现社会阶级之间差别的方法的诉求。另一种非常有影响力的体系是由法国社会学家布尔迪厄（Bourdieu，1984）研究出来的。这个体系认为，有三种不同类型的资本，每一种资本都传达出了一定的优势。他区分了（1）经济资本（财富与收入），（2）文化资本（欣赏和参与文化商品的能力，以及通过教育而获得的学历），（3）社会资本（允许人们利用其社交网络中的接触和联系）。 236
作者在这项研究中有什么主张？ 最主要的主张是关于这项研究的重要性的。问题在于，在英国，这不是一个新的或者有影响力的划分社会阶级的方式。因为它的测量方式受阻于一项任何人都可以在互联网上得到，以商业市场研究公司的数据为补充，使用最基本的统计方法进行分析，并使用大量图表进行展示的调查。 此外，还有几个其他研究考虑到了萨维奇等人的变量。不同于萨维奇等人的研究，它们在方法上是可靠的。	本文通过详细阐述一种新的社会阶级模型来推动这种趋势。这种新的社会阶级模型展示了如何将对经济、文化和社会资本的衡量结合起来，以提供一种划分当代英国社会阶级的有力方法。我们表示出，虽然已经确定的中产（或服务）阶级中的一大部分人以及传统的工人阶级仍然存在，但也有五种其他阶级不太容易融入这种传统的社会学框架，这揭示了当代英国社会两极化和碎片化的程度。

萨维奇等人的研究和文章很有趣，是一个尝试采用法国社会理论中包含的一系列变量对人口进行分类的示例。他们所示的七个阶级分类可能有些用途，但是请仔细阅读其中关于方法论使用的部分，这些等级必须被谨慎对待。例如，萨维奇等人的文章题目是《一个社会阶级的新模式：来自英国广播公司（BBC）大型英国阶级调查的实验结果》（A New Model of Social Class: Findings from the BBC's Great British Class Survey Experiment），严格意义上讲，

这个方案不是一个模式，而且没有进行实验。作为一个研究人员，如果你打算使用基于它的任何论述，那么你应该去亲自阅读这篇文章，避免没有进行批判性阅读就使用二手评论。

对分类的简要讨论表明，研究和不同学科中的分类有两个基本点。第一是，不能给思想进行固定的分类。例如，在植物学中，植物的分类相对固定：
237 一个植物物种通常不属于多个类别。这并不是说分类体系是固定的，有些植物的繁殖会使它们被分到不同的类别中。然而，植物是能按照正式分类体系进行分类的一个例子。思想、理论、概念和论证则不能用正式的分类体系进行分类。这是因为思想所属的类别之间经常有一定的重叠。例如，我们应该将加芬克尔等理论家的研究归到哪类呢？加芬克尔的研究是基于特定确切策略的、有高度实证性的。因此，将他的研究归于某一类，比如“质性研究”，可能过于简单化，甚至过于天真。所以，社会科学中的类别往往是非正式的、有弹性的。以下来自诺思科特（Northcote，2012）的例子展示了概念在被应用于质量标准时的迭代性质（见表 8.1）。

表 8.1　根据类别辨认相关研究（示例）

指导原则	指导性问题	文献综述中对具体文献的描述及归类
增进对政策、实践、理论或特定实质领域的知识或理解方面的贡献度	该研究的发现是否对我们在大学师生教育信念方面的理解有所贡献？研究对象是否从参与研究当中获益？	重大贡献 工具性效用，其他效用 可用性、可迁移性或可应用性 自然主义式的可推广性，推断性，回顾式推广，对研究情境和其他情境的适配性 启发式想象力 未来的研究焦点和对研究方向的贡献 本体论真实与教育性真实 互惠性 研究的重要性、主题的价值

续表

指导原则	指导性问题	文献综述中对具体文献的描述及归类
通过系统透明的对质性数据的收集、分析和解读来进行研究的严谨度	收集、分析、解读和呈现数据的方法是否严谨、系统、透明？ · 数据收集 · 数据解读与分析 · 结果报告	公开性与清晰性 研究符合伦理 充分的参考文献 共鸣 多重来源、多重声音的使用，公平 严谨性

来源：诺思科特的研究（Northcote，2012：106）。

诺思科特（Northcote，2012）提出了五条指导原则和五组相关的对文献进行质疑的指导性问题（表 8.1 只呈现了两组）。这些指导原则基于对知识体系的贡献度、数据收集的严谨度、研究设计的完备度、论断的可信度和情感的投入度设置。每一条原则都有一组关联的指导性问题，这些问题既说明了该原则的内涵，也能够指导我们选择符合该原则的文献。表 8.1 呈现了诺思科特（Northcote，2012：106–107）表格的一部分，显示了她如何根据她感兴趣的原则和问题对文献进行分类。这种表格在刚开始写综述的时候颇有用处。例如，诺思科特（Northcote，2012）就根据评价标准（原则）将文献分成几类，而这些类别可用来组织一篇连贯的、有逻辑的描述性综述，并在之后被用于撰写对研究的解释和建议。 238

总结文献

使用表格（有时称为矩阵）的目的是将看似独立的研究和论证联系起来。使用类别的目的是将看似混沌的各条文献及其构成元素变得井然有序。理解类别和分类是研究者的职责，雅各布（Jacob，2004：518）从研究者的这一立场出发，是如此总结这一点的：

> 如果不能根据感知到的相似性对实体进行分类，那么个体对任一实体的体验将变得完全独立，且不能延伸到今后在环境中与相似实体的遭遇当中。想象一个情景当中的每一个单独的实体——每一棵树、每一朵花或每一滴雨——都与其他所有实体不同，具备独一无二的一系列限定性特点。正如马尔克曼所发现的，与这种环境进行日常互动的丰富性和复杂性已经超出了人所能处理的范围。分类减轻了记忆的负担，促进了信息的高效存储与提取，是一种基本的认知机制，可以简化个人对环境的体验。

但是，这里我们关心的是一个实用性问题，即如何使用分类和类别简化大量信息。我们可以对找到的出版物进行分类，使用类别（或标准）进行分析来获得我们需要的东西（关于研究方法、方法论假设、数据等等的信息）。总结文献的内容可以帮助我们处理大量信息并开展跨学科研究。后者十分重要，
239 因为学科就是对已经正式化的知识、方法论假设和研究方法的分类。如果我们可以从不同学科的出版物中得到新的类别，并应用标准从中批量提取信息，那么我们就将创造一个新的“信息岛”（Zerubavel，1993：5）。这是因为，为信息归类而设计的体系（为总结和记录设计的表格与矩阵）本身就是一个可能成为独特参照系的框架。为总结批量文献（或文献类别）而设计的类别框架，将各个出版物从其产生的、有情境依赖性的学科中抽离出来，使之独立于情境，通过这个过程（虽然，并不总是能做到这点），具有跨情境使用价值的信息就产生了。雅各布（Jacob，2004：519）提醒我们：

> 信息的获取和传递不仅仅取决于通过发现实体间的新模式去创造新类别——于是产生新信息——的认知能力，还取决于通过语言媒介对这些模式的信息进行捕捉的能力。

很多看似独立的研究如果属于同一领域，能够处理同样或相似的问题，那么它们就是相关的。一旦被检索到，这些相关研究就可以根据时间顺序、

主题、发现、方法、概念、隐喻等等不同标准进行排列和分类。所以，从实用的角度，学科可以被灵活地分类，这一分类并不一定是一成不变的。相反，它们有着模糊的界限，研究者可以优选其内容（单独的研究）在方法论上获得有用的领悟，并综合出新的类别。所有这些的前提是我们有认知能力，或者愿意学习辨认不同学科的出版物，设计分类体系对它们批量分析，创造新的类别以在特定情境——由我们的研究问题指向的研究情境中使用。

当使用对比性标签进行分类时需要谨慎，我们需要避免过度简单化，以及抹杀了方法论细节和复杂性的荒谬简化主义。表 8.2 呈现了卡内卡与夏尔马（Kanekar & Sharma，2007）在做青少年吸烟干预研究的综述时，表现出的细致程度。在做更细致的笔记之前，这种程度的处理是十分必要的。

这是因为，对信息的分类就是一个将信息压缩到便于处理的数量的过程。如果一本论证严密的专著所归的类别过于宽泛，或者类别本身含有的下属类别太少，那么该专著中的细节和复杂性可能就会丢失。正是因为这样的原因，我们需要对分类采取一种技术性和反思性的态度，并注意在组织文献思想和思考我们的组织方式之间达到平衡。

表 8.2　卡内卡与夏尔马的研究：表格须包括的细节

研究名称 / 年级 / 年龄 / 年份	理论	干预措施	时长	主要发现
北卡累利阿青少年项目（North Karelia Youth Project）/7 年级 / 13 岁 / 1986 年	无已知理论	在两所学校开展了 10 期研究，目标是教青少年应对与吸烟有关的社会和心理压力所必要的技能。 这 10 期研究包括了三个主要的主题：让青少年意识到不能吸烟的原因，帮助青少年学习吸烟的危害，教青少年抵制吸烟的必要技能。	2 年的干预时长	对照学校中吸烟青少年比例的增长是集中干预学校的两倍（30% vs 20%，$p< 0.05$）。2 年之后的追踪研究中，直接干预学校的吸烟青少年比例是 27%，全国范围内干预学校的相应比例是 26%，而对照学校的相应比例是 37%（$p<0.05$，$p<0.01$）。
对基于人口的队列样本的吸烟预防纵向研究项目 / 6—7 年级 / 12—13 岁 /1989 年	社会学习理论，环境变化的交换作用与系统理论，传播理论	基于抵抗社会影响的全面、持续的学校及社区项目。 星计划（Project STAR）——10 期学校项目，旨在抵抗毒品使用的影响，并加以预防；布置关于预防练习的家庭作业，包括观看 31 个宣传视频和商业脱口秀，学习 30 个大众传媒事件和节目，参加 5 期激励式学校项目。	6 年的总项目时长	项目对每个时间段的所有变量都有显著性效果：最近一个月的吸烟百分比，最近一周的吸烟百分比，最近一天的吸烟百分比（最初一批学校的纵向项目 p 值分别是 0.0251、0.0213 和 0.0185）。 项目净效应的差异在 1 年的时候是负值，表明使用最初一批学校进行分析时项目效果稍差。2 年的后续研究显示了更显著的项目效果。

续表

研究名称 / 年级 / 年龄 / 年份	理论	干预措施	时长	主要发现
241 大众传媒的效用与学校干预措施 /4—6 年级 /10—12 岁 /1994 年	无已知理论	大众传媒与学校干预。	4 年的干预时长	在媒体 + 学校干预组成为吸烟者的优势比是 0.62，表示风险下降。该影响持续到了干预措施结束后的两年。
“无烟班级”的榜样激励作用——荷兰吸烟与健康协会 / 所有学生（6—9 年级）/12—14 岁 /1997—1998 年	无已知理论	32 次课程，课程内容包含反吸烟视频和海报、烟草相关主题的小组讨论、为当地报纸撰写文章、签署反吸烟协议。	3 年	整体每日吸烟率为 80%（$p<0.01$）。干预组日常吸的烟比对照组少 50%。

来源：节选自卡内卡与夏尔马的研究（Kanekar & Sharma，2007：127）。

242 绘图的类型

思想绘图就是在纸上勾勒出研究的全貌，并且思考该主题已经进行了哪些研究。在一个层面上，它要找出已有哪些研究、它们是何时进行的、它们使用了什么方法及是谁做的。在另一个层面上，它要找出已有研究之间的联系，以体现影响这些研究成果的思维方式。这些方法可以用来提取关于主题的知识。于是，图表可以用来表示你在文献中发现的想法与论证之间的关系。绘图能成为形成主题概观的有效方法。

很多方法可以用来给文献中的材料和思想分类，下至相对简单化地列举你认为重要的特征，上至表示特征之间的关系。以下六种方法可以改造用于绘图、总结和表征任一主题的知识。

1. 特征导图
2. 变量矩阵
3. 树形图
4. 内容导图
5. 分类导图
6. 概念导图

组合采用这些方法通常会形成两种知识——陈述性知识与程序性知识。对文献中的思想进行绘图需要将这些思想组织为某种排列方式，这一任务常常意味着研究者要熟悉这一研究领域其他研究者使用过的关键概念、理论和方法。因此，研究者获得了关于研究主题内容的所谓陈述性知识。他们了解并能描述为文献绘图的不同方法，但常常不能应用这些方法。在对思想进行分类时，研究者对分类活动就会更加熟悉，如此一来作为研究者，你就获得了程序性知识，它是对于如何应用分类的陈述性知识的理解（Jonassen et al.，1993）。此外，你也应该学习关于构成主题知识的各元素之间关系的程序性知识。通过寻找思想间的关系，你将进行分析性思考，学习如何看待事物的联系，并创造新的有趣的分类体系。由此，通过对主题知识的绘图，你就可以将这些知识结构化，获得对它使用方式的理解：也就是说，你获得的是关于这些知识的内容的知识。以下是对主题知识绘图的常用方法的描述和举例说明。 243

特征导图

特征导图是用标准化格式对很多文章的内容进行系统性分析和记录的一种方法。特征导图记录一项研究事先确定的一个方面的关键特征，以（a）得出该研究所提出的论点的总结图式，并（b）找到其与该主题下其他研究之间的相似点与不同点。表 8.3 和 8.4 是可以改造用于你的研究的模板。注意，填写记录表的重要一点是要记录一些基本的文献信息，你甚至可以给每张表格分配一个编码。

记录程序一目了然。请根据你从文章、专著和其他已获取的材料中提取的必要信息来设计记录表。记录表可以先手写，再用文字处理软件处理。全部使用文字处理软件并没有真正的优势，尤其是当你的文献数量相对较少时。然而，如果你有很多文献，如 30 条或以上，那么某种形式的计算机数据库就很有用了。

表 8.3　A3 尺寸总结记录表（简化版）

作者 / 日期	理论 / 立场	论证	依据	核心引用文献	其他

表 8.4　特征导图示例

	作者 / 日期（文献 1）	作者 / 日期（文献 2）	作者 / 日期（文献 3）
关键概念			
特征 / 描述			
先例			
依据 / 数据			
结果（所以）			
属于（主要类别）			

244 计算机数据库能让你用关键词检索记录，并对所有记录或部分记录进行各种组合。很多数据库还可以让你更改格式，增加类别或改变已有类别。表8.5和图8.1节选自哈特的著作（Hart，1994），展示了怎样使用特征导图分析关于女权主义立场广告的文献。

这种分析也可以被改成一种凸显影响研究的假设的形式。该导图假设，看待某事（女性的性感形象）的方式和扬尼（Yanni，1990）与希尔兹（Shields，1990）认为的它的主要成因——广告——之间存在一定的关系。

哈特用图表格式展示了扬尼（Yanni，1990）等人对于女性在社会中如何被客体化的论证，并将这一论证表示为对应关系：扬尼（Yanni，1990）等人相信，人工制品的自然特性和属于女性的人为特性之间存在对应关系。于是，他们的观点就是，在偏向男性世界视角的象征主义所主导的资本主义文化中，女性被降格到了商品的地位。表8.5和图8.1找出了这一论证主要的陈述性和程序性的方面，展示了扬尼（Yanni，1990）等人是如何使用对应关系这一思想做论证的。很多论证或明确或隐晦地取决于造成某个现象出现的某种关系。表8.5展示的是文献中的普遍问题，而图8.1展示的则是假设与论证之间的关系——基于对应关系的思想。

你也可以使用特征导图分离和聚焦文献中的具体几个方面，例如不同作者采用的论证结构。表8.4就是一个工作表的例子，可用于比较同一主题领域的不同作者的研究。

也许你的研究需要找到依据来支持或反对某个建议。表8.6是一个已用于控制研究以解决实际问题的矩阵，是基于文献分析的建议总结。请注意，表中未标注文献来源，但在完整报告中应该提供来源。该文献综述的目的是：

> 探讨哪些因素（如果有的话）影响了农村社会工作者的招募与留用。本文献综述有三个主要目标：（a）找出农村社会工作者的雇佣方式，（b）找出农村社会工作者辞职的原因，以及（c）探讨留住农村社会工作者的有效策略。

245

表 8.5　香水广告的女权主义分析节选

作者 / 日期	问题 / 关注点	材料 / 依据	论证	概念 / 分析形式	主要文献
希尔兹 /1990 年	意义如何通过视觉形象，尤其是广告进行传播？ 不同性别的观众怎样在为男性视角构建的形象中获得乐趣？ 看（looking）的方式和见（seeing）的方式之间有何联系？ 女权主义分析可以如何帮助我们“与众不同地阅读”？	古龙香水的平面广告，卡尔文·克莱恩（CK）牌“激情”（obsession）香水广告，两张插图，以及其他研究	视觉形象通过语码 / 信息传达其在以男性为主导的意识形态中所产生的意义。 形象反映 / 加强 / 复制了主导文化话语对吸引力的性别歧视和年龄歧视。 看与见是性别行为。 广告利用观众性别和对裸体（艺术）而不是裸露（色情）的定义将商品与男性物化女性吸引力 / 性感的定义联系起来。 因此，语码 / 信息和指示系统可以通过使用视觉形象来分析，以揭示主导意识形态的内容，该意识形态规定了看、被看、遵循有关吸引力与自我表现行为的语码的乐趣是什么。	女权主义 / 结构主义 / 符号学。 男性视角和看的力量。 观众性别。 物化 / 商品化的女性。 裸体与裸露。	—

续表

作者 / 日期	问题 / 关注点	材料 / 依据	论证	概念 / 分析形式	主要文献
246 扬尼 /1990 年	女性如何以不同于男性的方式进入“物 – 人关系”？ 对广告的女权主义分析可以如何提供依据以证明约束和压迫女性的主导性意识形态的影响？	其他研究，没有插图	广告形象（画面 / 文本）持续性地贬低女性，却维持男性体验和权力地位的优先性 / 特权，以强化传统语码。 商品、表征和恋物癖理论已不能解释女性的独特地位和她们对广告形象的敏感性。 广告误解了女性的物质意义和象征意义，它们歪曲和物化了女性，将其性感与商品联系起来，似乎女性的性感就是一种商品。 因此，女性被赋予了与使用价值和交换价值等商品形式特征相似的物质与象征价值。 女性常被认为是肉体性的集中体现，是物体的替代品和象征，因此，她们很难对抗恋物癖化的对女性形象的曲解。 然而，女性可以通过教育、研究和选择她们所看的形象来改变现状。	女权主义批判。 通过（1）表征结构、（2）商品化过程、（3）恋物癖的性质、（4）广告的影响力，分析广告的本质及其所发挥的作用。 “见”的性别化方式：男性视角。 裸体与裸露的语码。	—

来源：哈特的著作（Hart, 1994）。

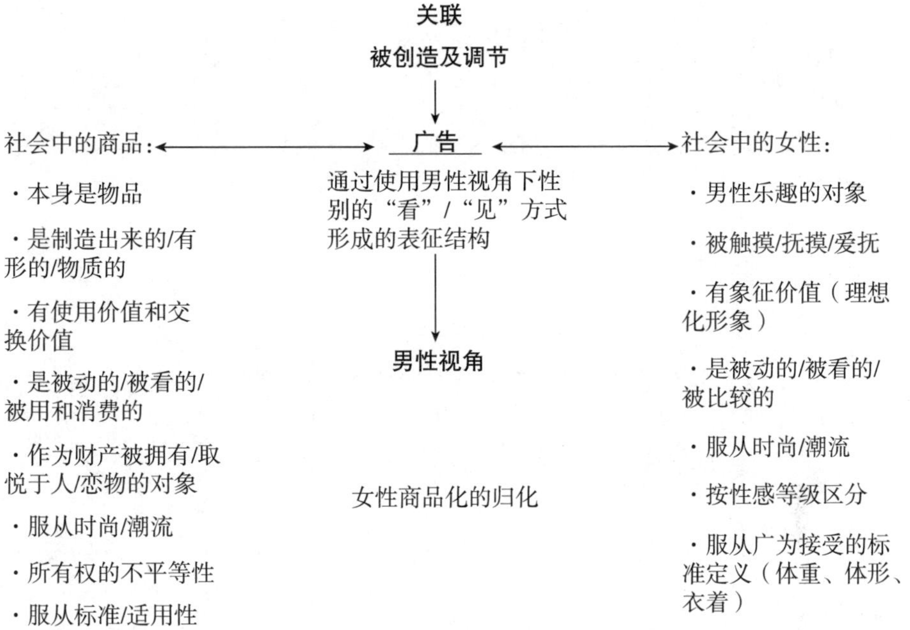

图 8.1　香水广告女权主义分析的关系图

来源：哈特的著作（Hart，1994）。

表 8.6　使用文献提出建议 248

现有文献中的建议：招募和留用农村社会工作者的有效策略				
实施策略需要的工作量与成本	对招募是否有效?	对留用是否有效?	建议的策略	是否被多个报告或研究引用?
容易实施/成本较低	可能劝退潜在的社工，但长期而言，成本有效性和时间效率更高	是	提供农村社区工作的实际工作预览。 提供 DVD（被一项研究发现是有效的）。 让应聘者实习一天，帮助其获得现实期望。	是（3 项研究）——只有一项是检验有效性的“真”干预研究

续表

现有文献中的建议：招募和留用农村社会工作者的有效策略				
实施策略需要的工作量与成本	对招募是否有效?	对留用是否有效?	建议的策略	是否被多个报告或研究引用?
容易实施/成本较低	是	是	要呈现一种“正向”的视角。这意味着不但要展示社会工作者在农村社区工作的负面因素，社会工作者的培训者和工作坊更需要呈现“正面因素”。	是（2 项研究）——皆为调查数据
容易实施/成本较低	不直接有效	是	寻求“局内人群体地位”——新的入职者应该与重要人员一起工作，并在社区内被信任。 参与当地社区的活动。	是（3 项研究）——自我报告式调查
容易实施/成本较低	不直接有效	是	提供弹性办公时间/更换办公时间——可能会变化。	是（3 项研究）——对社工留用非常有效

来源：北加利福尼亚培训学院的研究（Northern California Training Academy，2007：5）。

249

变量矩阵

在考察变量的定量研究中，我们需要一种新的矩阵（或表格）。假设一种行为已经被定义为一个问题，例如赌博、吸烟、吸毒等等，那么一旦你开始调查关于这个问题的定义及来龙去脉的文献，你就会需要了解那些考察相关变量的研究，比较其研究设计、样本、变量及其他因素，例如国家等。表 8.7 就是变量矩阵的一个模板。

我们也许还需要几个不同的表格来总结在比较或寻找共同研究发现时所需的所有必要信息。这种表格往往需要呈现在 A3 大小的纸张上。

表 8.7　变量矩阵模板

	A 研究	B 研究
作者		
出版年份		
研究问题或假设		
因变量		
自变量		
样本		
样本的特征		
抽样方法		
样本来源		
数据收集时间		
评论		

树形图

在大部分文献中你会发现，一些作者讨论整体论题，而另一些关注一个问题或论题的某个具体方面。为了表征这些内容，你可以构建像图 8.2 一样的不同类型的主题关联树。主题关联树的目的是展示主题发展出副主题、提出相关问题的不同方式，以及对该主题的学术兴趣是如何拓展的。这些树形图可以按照你的想法绘制，表现出你所需要的任何程度的细节。 250

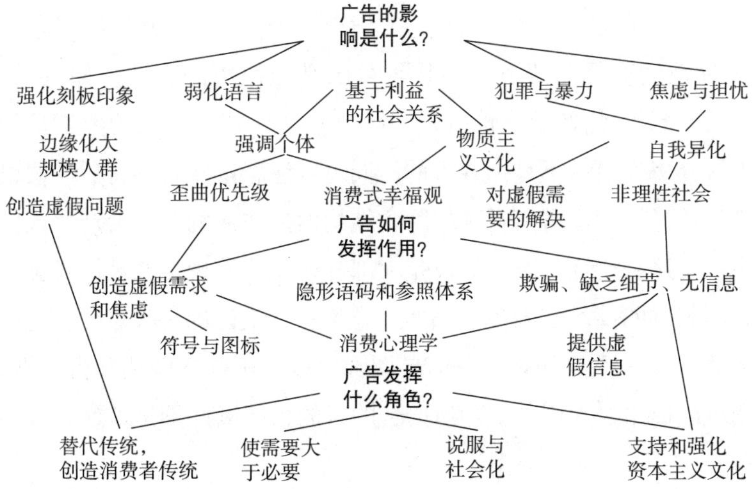

图 8.2　对广告的社会科学处理的主题关联树

251 图 8.2 是一个基于广告这个大主题的主题关联树，展示了整个领域文献当中的一些副主题。注意这里展示的只有主题而没有研究这些主题的具体作者。真正的主题关联树有更多的细节，会将研究的作者和出版年份都绘制出来。

主题关联树的内部排列基本上遵循的是图书馆的排列方式，例如“杜威十进制图书分类法”这样的方案。它基于一般到具体的原则。在树的顶端是总体思想和概念，然后分支为类别群，最后以具体的研究结束。在做文献综述早期，这是整理文献的一种有效方法，这是因为主题关联树可以给我们提供主题领域的总结性图像，它能使研究者清楚自己的研究在该主题的各个关注点当中的位置。

我们可以利用一个或多个主题关联树做进一步的、更为细致的分析。你可以使用一个树形图（或多个树形图）了解前人采用的数据收集方法的发展
252 趋势，以及影响研究该主题的任何核心范式的方法论假设。主题关联树也可以表示一个现象的发展阶段和趋势，例如社区等概念的发展阶段，或者诸如地理信息系统等主题的发展阶段，或者“后结构主义”等社会科学立场的关键词汇结构等。有一种特别的“树”适用于这些主题，它通常被称为内容导图。但在了解内容导图之前，我们注意到，我们可以使用一个导图去建构另一个导图。图 8.3 用图表形式表示了图 8.2 中所蕴含的关系（或逻辑），这是对作为一种制度的广告进行批评的取向中常见的类属论证与假设的逻辑。

图 8.3 展示了一些作者如何试图为广告的存在提供充分的理由，其基本论点是，广告的存在是为了维持资本主义社会的运转。它通过说服人们购买不具功能或理性的商品与服务（不是生存所必须使用的东西，如电动牙刷）来做到这一点。注意此处的线性推理，即那些被识别为原因的因素是如何被排列起来来解释多件事而不是一件事的。同时要注意这些解释背后的假设，例如认为广告是通过人们没有察觉到的隐含结构发挥作用的，这会产生人们是非理性的等观点。这一论证主要的假设是大部分人无法发现自己被广告影响去购买了他们并不需要的商品和服务。当然，导图只是论证的一种表征，论证可以用不同的方式表征。重要的是，任何导图都可以有不同的解读和批判性讨论。例如，我们可以提出，人们其实知道广告的目的，所以并不是笨蛋。

作为社会组织形式的资本主义

基于利润、剩余价值和大多无用与非实用的商品，或者用多种形式生产同一商品

↓

资本主义的问题

如何销售商品

↓

解决方法与应对方式

制度化的大众广告通过让人们相信个人和社会生活需要炫耀性消费才能成功来创造虚假需要，从而创造虚假需求

↓

现代社会科学的使用

心理学（消费心理学）；隐含意义；隐性信息；隐藏语码，让人们没有察觉到自己已经被操纵去购买无用的商品来治疗虚假创造的焦虑、满足虚假需求

↓

资本主义消费社会的维持

资本主义消费社会是生产和消费不必要的商品而不生产足够的必要商品的一种社会形式，因此，这是一种创造非理性人群的非理性社会

图 8.3　线性关系图示例：广告假设的逻辑

内容导图

所有的知识领域都是由内容组成的，内容是根据某种形式的分类系统（如“杜威十进制图书分类法”）构成的。主题的内容可以用等级式排列进行组织，一个常见的排列方法就是使用自上而下的结构：先从主题的概念性元素开始，再将主题分为不同的部分，每部分再分层次，由此创造出一个可以用图表表示，并可以作为写作计划基础的线性流。它可以用来将文献中的重要元素结构化为供书面综述使用的小节，也可以展示研究者所选择的重要主题元素和他们组织材料的标准。

我们还需要关注对文献中属性或特征的选择，以及它们在内容导图上的位置。例如，如果主题是开展质性研究的方法论与数据收集的范围，那么我们的策略可能就是先找到充足的被分类为“质性”的研究，再从中提取具体 253

的质性方法，然后将其列举出来，并绘制到内容图上。特施（Tesch，1990）利用内容导图辨识出了质性研究的一系列类别和方法（见图 8.4）。

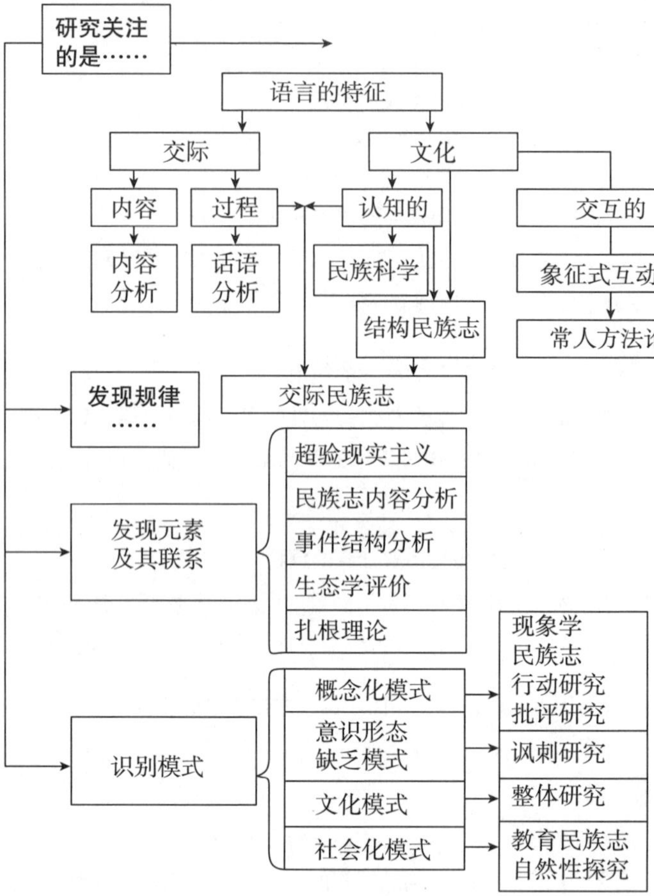

图 8.4　质性研究的部分分类

来源：改编自特施的研究（Tesch，1990）。

254

分类导图

与内容导图紧密相关的是展示事物分类方式的导图。它们有时被称为扩展导图，目的是展示如何将一系列事物归入一个大类，也就是展示大类当中的各个事物之间的区别。分类导图可用于产生所谓的语义特征导图。

范式即模式

范式是行为等事物在特定情境中的模式。默顿（Merton，1938）用它来精简和类型化对一个封闭系统中一组相斥的选择或可能性的回应。

其基本原则是使用矩阵结构表示分类法当中各项的特点。这在社会科学领域有很多例子，如默顿（Merton，1938）对一个特定社会体系的价值观系统的可能性回应范式。这一范式呈现在图 8.5 中，用一个评价量规展示了默顿对实现金钱导向的美国梦的可能性回应的分类。这一范式显示了实现相同目标的不同手段。

<table>
<tr><td></td><td></td><td colspan="2">制度化手段</td></tr>
<tr><td></td><td></td><td>接受</td><td>拒绝</td></tr>
<tr><td rowspan="2">文化目标</td><td>接受</td><td>服从</td><td>创新</td></tr>
<tr><td>拒绝</td><td>形式主义</td><td>逃避主义</td></tr>
</table>

	新手段
新目标	反抗

图 8.5　默顿的可能性回应范式

语义特征导图不一定按照表格排列。例如图 8.6 就是根据一本关于流行文化的专著（Berger，1995）中呈现的文化批评而绘制成的一张导图。这种导图可以从多本书当中发展而来——使用多个文献来源可以避免狭隘的视角。 255 对一个主题领域中的不同作者的不同立场使用语义导图可以帮助你明智地选择采用何种立场，或者（有时）选择不采用某种立场。

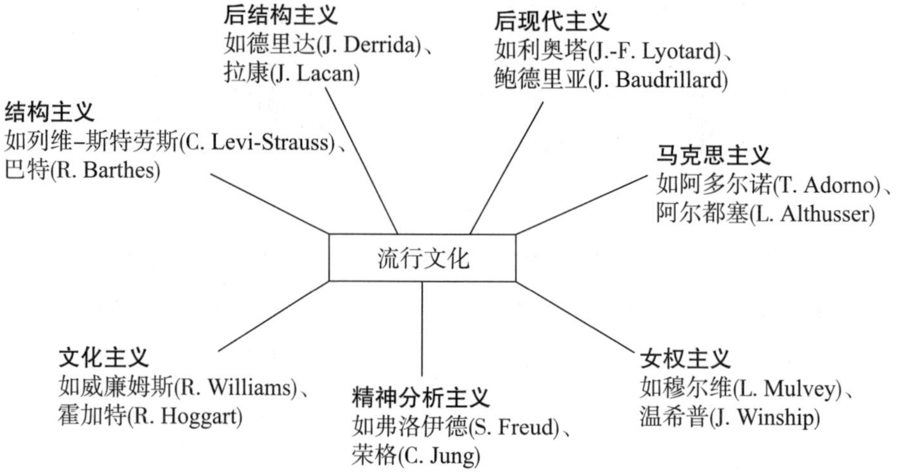

图 8.6 文化研究批评方法的语义导图

来源：伯杰的研究（Berger，1995）。

概念导图

通常情况下，为了将陈述性知识变为过程性知识，你需要知道概念与过程之间的联系。概念导图很有用，因为它可以用来表示思想和实践之间的关系，而且（在必要时）包括了有相关例子的参考文献。在很多方面，文献综述会包含你自己的研究可能需要的理论与概念导图。概念导图有很多种，但它们的共同点都以描述特定情境中发生的事情为目的。换言之，概念导图试图回答以下问题：当此活动进行时发生了什么样的事？不同的活动与该情境如何联系？能帮助你理解和解释这一活动（或情境）的核心理论与概念是什么？

图 8.7 是有关研究开展情境的概念导图，展示了质性数据分析所涉及的一些过程。注意不同的概念如何以多种方式相联系，可以怎样强调某些联系，以及怎样以等级体系的方式排列这些关系。所有概念导图背后隐含的假设都是，可以在特定情境中呈现“因果关系”或“问题与解决方法”结构。

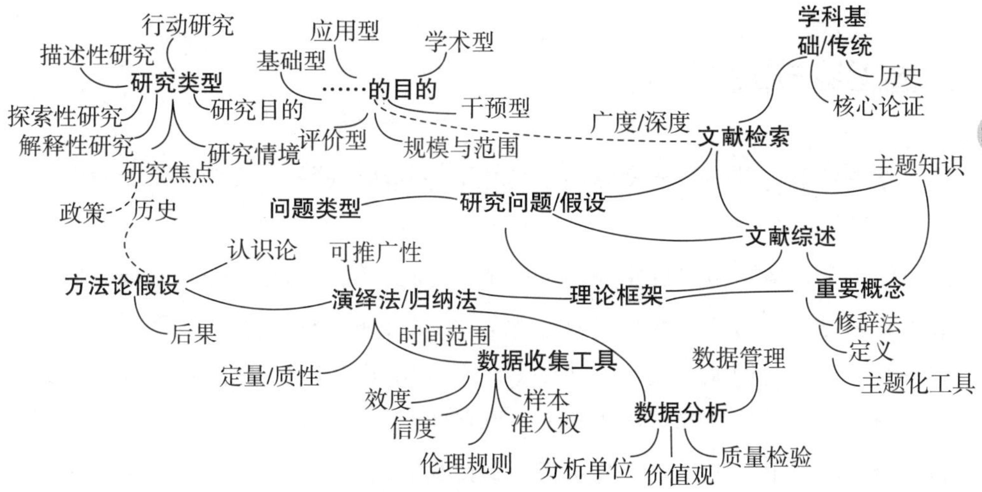

256

图 8.7　概念导图：研究的情境

来源：伯杰的研究（Berger，1995）。

绘制概念导图可以帮助你发展对于一个主题的知识和方法论。正如图 8.7 257
所示，这是一种表示一个特定活动、情境或问题的主要概念及概念间关系的图形化方法。如果已经建构了矩阵、特征导图、内容导图和主题关联树，那么其中任何一个图的素材都可以用于创造一个结构化的概念导图。

概念导图的另一个名称

概念导图首先由诺瓦克与高因（Novak & Gowin，1984）提出，后被多次重新命名。迈尔斯与休伯曼（Miles & Huberman，1994）将其称为概念框架、因果网络和事件 – 状态网络，斯特劳斯（Strauss，1987）称之为综合示意图。

你需要使用主要研究问题，从已经生成的材料中找出有用的理论，以使你能够为自己的研究发展理论与概念框架。这里重要的一点是，对最能帮助你的那些理论和研究进行排序或标注。概念导图应该按照逻辑顺序呈现那些最重要的、被他人继续研究的文献，被引次数最多的文献并不一定要占据你列表的首位。重要的是理论、模型和与它们相关的概念。

绘图工具与概括程度

绘图工具与其他分析文献的工具并不是截然不同的。在第 5 章，我们讨论了论证结构图与思维导图，两者都与本章所说的绘图工具有关，但各有目的与作用。思维导图的目的是，聚集相互之间有联系的概念——它使我们能够看到和思考我们感兴趣的领域。概念导图的目的是找到实体之间有意义的联系——它使我们能够确定一个情景的各个方面以及要进一步探究的理论。论证结构图的目的是解构并建构关于世界的结构化逻辑陈述——它使我们能够做出具体推论，用详细的依据来源支持我们的论断。这三种分析工具之间的关系是，思维导图最具概括性，论证结构图最具体，而概念导图居于两者之间。思维导图提供的是全景概览，概念导图帮我们找到全景中各事物间的联系，而论证结构图在我们对概念和论断之间寻找联系并提出观点时，帮我们评价依据是否有力。

258 作为绘图方法的分析

如果对文献的思想绘图能用于分析文献，那么分析过程本身就可以用于产生思想绘图。在下面的两个例子中，我们将看到分析在理解文献中的思想和视角的本质中的作用。在第一个例子中，我们将看到语言使用的细节如何被分析，"修辞分析"方法可用于针对语言用法的绘图。分析方法也可以用于辨识某个主题研究的影响线，"引文分析"就是为研究主题发展历史进行绘图的一种方法。

修辞分析与绘图

目前，我们做出的假设是在文献检索中发现的，多来源于学术论文和专著，然而，在很多主题领域中，文献远不只学术论文和专著，也可能包括非学术性材料，例如公司报告、贸易目录、议会法令及其他官方文件、流行杂志、广告和所有其他种类的短时效材料。

阅读建议：修辞分析

我们有相当丰富的关于如何进行修辞分析的文献。例如，在女权主义研究中，米尔斯（Mills，1995）简单地介绍了针对表示词、短语和画面的性别化使用的文本分析方法，而亨德森等人（Henderson et al.，1993）的著作中包括了一些与经济思想及其论证的语言有关的颇为有用的研究。

有各种方法可用来分析这些材料，例如符号学分析和内容分析。但是我们不打算详细讨论这些方法，这是因为它们更适用于对研究方法的讨论，而不是对文献综述的讨论。此外，关于符号学分析和内容分析的教学文本已然很丰富。我们要重点讨论的是一种专用于文献阅读的方法，即修辞分析。

诸如广告或政策文件等材料含有劝说元素，劝说的程度可能只是适度地试图影响其他人，或进行严密的结构性论证。修辞是使用语言影响和说服他人的艺术，涉及语言风格的使用。当然，我们所说的语言一词是广义的，包括书面文本、图片、物品和图表等。如此，修辞的使用就是区分自然科学和 259
人文科学的标志性特征之一。这一点在经济学、社会政策和政治学等领域尤其明显，这些学科因其论证性特点而著称。

修辞分析是一门关于如何使用语言使论证看上去更可信的学问，它需要分析作者建构论证时所采用的元素。稍后我们要看一个修辞分析的例子，但首先我们需要了解，在阅读、分析修辞时必须关注什么。

修辞手法清单

在麦克洛斯基（McCloskey，1994）的论文《如何做修辞分析以及为何做》（How to Do Rhetorical Analysis，and Why）中，他为经济学的学生提供了一个修辞手法清单，但其基本理念适用于所有人文学科读者。

理念是作者通过笔下的一个可信的虚构人物所表达的立场。因此，作者要通过采用一系列技巧，如参考自己的经历或研究，或诉诸道德或政治，来建立自己的威信。所以作者的开场语很重要。

视角——作者会选择一个有利于提出论点或讲述故事的立场，可能会用到第三或第一人称。第一人称的叙述更个人化、更亲密，而第三人称更客观。有的作者两者都会使用：想要获得或表达共鸣时使用第一人称“我”或复数“我们”，而想要做客观观察者时就使用第三人称。

风格——大多数学者都想显得谦逊，这表现在他们表达想法的风格中。他们会使用“经常表现出”、“可能会”和“也许被看作”这样的词组，这些都是借用不确定性来表达主要论证句的用法。而另一些作者会通过采用事实性风格来使自己的表述更加客观，使用“这与数据一致”和“观察到的现象显示”等短语。

格言现在是一种通过联系其他陈述来令某个陈述更加合理的常用技巧。麦克洛斯基提供了以下例子，这个例子摘自兰德斯（Landes，1969：562）有关经济史的著作：

> 大规模的机械化生产要求的不仅是机器和建筑，……还有……社会资本，……这些东西成本高昂，……这种投资的回报经常延迟很久。……认为成本负担有增长的趋势（的想法）……已经成为一个普遍的误解。

兰德斯用经济学术语对他的读者的知识水平做了一些隐性的假设。他在挑战生产的社会成本随着时间变得更繁重这一观点。由此，他做出一个演绎
260 式结论，即生产中的后来者可能有优势，因为他们可以直接“收割”过去投资的成果而不用付出同等成本。兰德斯的结论之所以具有合理性和说服力是因为读者普遍接受了前面的陈述。

故事涉及安排和讲述事件的主要结构。学术故事和日常故事一样，都是有结构的。常见的结构是陈述一个过去的情景，陈述做了什么，然后陈述结果。故事的前两部分是情节线，而结尾是结论。结论经常是对事件的解读，因此是论证性的。然而，故事中陈述的可能是某种事态，比如被普遍接受的

一种解读。你可以对该解读做出解释。在这样做的时候，你是在要求故事为主题的隐性假设提供可信的理由。所以故事本身可以成为探究的对象。

转义是像“首相今天踩到了香蕉皮”这样的修辞性表达。主要的转义手段有隐喻、提喻、借代和反讽。

- 隐喻是指使用一个熟悉的事物去描述一个更复杂、不是很容易理解的事物。“她是辩论中的猛虎”这样的句子就是在使用隐喻。隐喻有很多种，例如说到产品“生命周期”时的身体隐喻，说到道德“腐烂”时的环境隐喻，和说到官僚主义的“齿轮”时的机械隐喻，等等。
- 提喻是指用部分替代整体的修辞手法。例如，总统任期，用一个人代表一个国家，或者用 50“头”牛代表 50 只牛。
- 借代与提喻相似，也是用一件事物替代另一件事物，如“皇冠”代表君主，“瓶子”代表酒。
- 反讽是指意思与字面相反的修辞手法，如“他可帅得很呢”（当然意思是相反的）。反讽经常用于吸引读者注意作者采用的某种立场或观点，它让作者可以用幽默或轻度讥讽的方式谈论一个理论或一项研究的不协调性。它也经常用于比较日常活动和理论描述，来显示根据理论做出的理性期望和实际状况之间的不一致。

扩展示例：社会政策文件中的修辞分析

政策文件可以是材料的主要来源，也可以是论文或分析技术应用的依据。麦克洛斯基（McCloskey，1994）概述的修辞术语的“工具箱”，关于阅读计划的建议（Mandelbaum，1990）和政策分析（Throgmorton，1991；Fischer，1993），可以帮助确定作者和组织提出的作为政策的论点。下面的例子取自英国某城市地方议会制订的一份文件，其目的是寻求政府对项目的资助。该文件是旨在刺激经济衰退地区重建的巨额资金竞争性投标的一部分。我们的目 261

的是研究投标文件中使用的修辞，了解为英国城市中的一个贫困地区提供资金的理由是什么。我们对文件的两个主要部分进行仔细分析：其一，愿景陈述，简要说明该计划如果成功，其目标是在其有效期五年内实现什么；其二，区域概况，确定该区域的需求和机会。

以下是一份名为《南阿斯顿新镇的展望》（A Vision for Newtown South Aston）的投标文件的摘录。

> 30 年前，南阿斯顿新镇就有 3.5 万人，而现在只有 1.2 万人。那时的条件远非理想，但伴随着人员外流和人口减少，南阿斯顿新镇出现了物资匮乏、犯罪、贫困、健康以及就业难等问题。这并不能简单地通过改善当地的物理环境来解决（虽然这很重要）。
>
> “如果我负责数百万英镑的新城开发，我会在这个问题上进行一些更彻底的思考，而不是一掷千金。”（当地居民）
>
> 南阿斯顿新镇是伯明翰内城的重要组成部分。它在提供生活和工作环境方面发挥着作用，但我们的愿景是帮助它做得更好，并帮助它在人口、经济、土地和财产方面转型成功。通过利用该地区提供的经济机会并利用其人民的潜力，我们可以解决已经成为该地区特征的社会贫困和环境恶化问题。这次投标的准备工作得到了当地商业组织、潜在开发商、公共和志愿部门以及社区本身的积极支持。它们也将成为担保公司的合作伙伴，我们建议将其作为交付机制。
>
> 我们的目标是为实现一个自给自足的社区而取得坚定和创造性的进步。这是新镇人民和企业的愿景，并且在整个社区的帮助下，是可以实现的。我们必须创造一种氛围，打破贫困、健康问题、犯罪以及失业之间的循环。通过提供教育和职业培训机会让人们就业是我们的当务之急。
>
> 因此，此次投标提出了一项新的教育和培训协议。由于商业增长与迁移，南阿斯顿新镇人民将会得到一流的教育和培训，帮助他们在该地区以及更广泛的伯明翰劳动力市场上找到好工作。当地雇主已表示，他们计划雇佣具备适当技能的本地人。总的来说，该投标将为该地区带来 2800 个新工作岗位。
>
> 在整个城市改造挑战中，南阿斯顿新镇的面貌将焕然一新。除了培

训、教育和就业之外，还将发生以下变化。超过 100 英亩的土地被将用于商业、工业、住房和社区建设，为南阿斯顿新镇和更广泛的城市服务。262 卢卡斯（Lucas）、爱德华国王（King Edward）信托基金和新镇购物中心（Newtown Shopping Centre）这三个关键点将重新投入使用。现有企业将会在该地区内搬迁和扩张；将为距市中心 1 英里范围内的新兴产业提供黄金地段，这些地段紧临国家高速公路网；将进行写字楼的开发。新的私人住宅和一些现行管理安排上的变化，将有助于房屋使用权的多样化、增加选择并鼓励在该地区工作的人们也居住在那里。社区发展活动体系将使社区在发展和管理该地区方面充分发挥更广泛的作用。社区企业将会得到支持，特别是会提供一些本地服务，解决倾倒垃圾的问题，消除对犯罪事件的恐惧。八项创新和创造性的想法将与社区一起被独立监测和评估，在适当的情况下将利用城市的高等学术机构来评估它们在城市及全国其他地方发挥作用的有效性和潜力。

该投标建立在伯明翰定居点、南阿斯顿社区项目和阿斯顿委员会工作的独特价值之上。它考虑到市议会服务的偏远地区，并提出了将市议会的本地职能与其在“城市挑战”（City Challenge）中扮演的角色并行下放的创新步骤。

“不住在这里的人说这是一个贫困的地方。这让我很恼火，新镇有很多事情要做，建设室内游泳池、社区中心和比上流社会地区好得多的托儿所。”（当地居民）

五年后，南阿斯顿新镇将变得更繁忙、更干净、更安全、更繁荣、更健康，并与城市其他地区联系得更加紧密。它的教育与培训服务将成为内城区效仿的典范，其丑陋、破败的空地也将会消失。越来越多的本地社区，包括商业和志愿部门，将自行组织和运行。这将是一个内城村庄，人们会想在这里生活或工作，或两者兼而有之。这种雄心是所有革新的核心，我们不会因为优先考虑它而道歉。

最后，必须指出，各方的承诺如此坚定，以至于设想该工作将在 1992 年 4 月 22 日——投标提交日期停止是不现实的。在接下来的几个月里，我们将继续在这次投标中建立机制并制定提案，以便在我们被邀请向部长们提交这些提案时，这些提案已得到进一步发展而且其框架很可能已到位。这两者都表明我们绝对致力于改善南阿斯顿新镇，并充分利用“城市挑战”带来的巨大机遇。

来源：改编自《南阿斯顿新镇的展望》（伯明翰市议会）。

263

理念

该投标文件用以下愿景陈述开头：

> 30 年前，南阿斯顿新镇就有 3.5 万人，而现在只有 1.2 万人。那时的条件远非理想，但伴随着人员外流和人口减少，南阿斯顿新镇出现了物资匮乏、犯罪、贫困、健康以及就业难等问题。这并不能简单地通过改善当地的物理环境来解决（虽然这很重要）。

作者以一种怀旧的方式记录着该地区不断变化的形势。“30 年前……”表明该地区经历了最近发生的巨大变化。作者用一串完全负面的术语来强调该变化带来的影响：“出现了物资匮乏、犯罪、贫困、健康以及就业难等问题。”这一系列的术语描述了该地区的特点，其隐含的假设是，如果该文件的读者要去拜访该地区，他们也会使用像“贫困”这样的术语来描述他们所看到的东西。在该陈述里还有一个概念，即文化环境是与物理环境相联系的。据称，该地区的问题不能简单地通过关注物理环境来解决。因此，最初的论述是为了把重点放在该地区的文化（或社区精神）上。对早期改善该地区的尝试的引用强调了这一点。“人员外流”一词尤其指物理环境，同时也使人想起 20 世纪 60 年代和 70 年代初高层建筑系统所创造的环境。因此，这次投标表明它将着眼于文化以及物理环境，从而与以前的方案有所不同，因此更有可能成功。因此该文件的总体理念可以被描述为坚定的、知情的。

接下来要注意的点是第三段如何回答读者提出的一些问题的。例如，为什么要把公款花在这方面？当作者声称该地区是“内城的重要组成部分”时，作者强调了该地区的重要性。除了该地区的作用外，作者还强调了该地区的潜力和机遇。鉴于该地区的重要性，作者定义了一个需要解决方案的问题。如果放任不管，这个问题可能会给城市带来严重的后果。但是振兴计划需要当地企业和居民的合作和支持：它会得到支持吗？同样，作者参考了一系列一般组织，包括开发人员和慈善机构的经验。与“公司”相关联的“合作伙伴”为投标提供了经济支持。它给人一种业务驱动的印象。因此，我们看到了隐含的读者特征：政府热衷于用商业管理的方法来运行公共资金项目。我们也可以欣赏作者展示给读者的修辞。作者使用了读者（政府部门）常用的修辞术语和短语。例如，“经济机会”“土地和财产”“成功”“交付机制”都是评估投标的机构所理解的术语。

最后，如果有很多组织参与或对该地区感兴趣，为什么他们不能在没有 264
额外资金的情况下振兴该地区？该文件承认了当地组织的支持，但指出该地区的问题过于严重，在当地解决太困难。讽刺的是，当地组织需要参与其中，但想要发挥效力，他们还需要与外部机构相配合。此外，还有对这些组织过去所做的举措的含蓄批评。他们之前负责的振兴尝试不仅失败了，而且代价非常高。因此，匿名引用的作用体现了出来，呈现出了浪费公共财政的形象。除了引述的来源，投标文件的真正作者仍然是匿名的。广泛使用的“我们”以及将该文件称为“这次投标……”会引起读者的共情。他们通过传达这样一种印象来做到这一点：所提到的组织、本地人民以及地方当局就是“我们”，就好像所有人都是一个有着共同目标的集体。

高品质

作为投标文件的主要发起人，市议会还必须证明，如果投标成功，为什么应该把项目交给他们负责。换句话说，是什么让地方当局成为能够管理重大内城振兴计划的专家？因此，投标文件必须说明，即使之前的尝试都失败了，由地方议会领导的联合企业仍是唯一有能力完成振兴的企业。对该区域诉求的了解被用作论据的一部分，它的作用是提供一个值得相信的故事。在整个摘录中很多地方都包含了这一点。使用的主要手段是先去提供一些一般的方案，然后再提出一个既关键又与以往不同的解决方案，让后一个方案与以前的方案拉开距离。一般的假设是，该地方非常贫穷，并且没有人选择居住在那里。之前重建的时候那些有能力的人就搬出去了。然而，振兴计划将吸引人们回到该区域。这是因为对社区原有的认识将会被重塑。这个曾经不完美但人口众多的社区以及它是如何被摧毁的故事是论证的基础，它展示了市议会进行自我评价以及愿意接受不同想法和实践的意愿，尤其是与当地企业合作。

隐喻

在这份文件中有很多有趣的隐喻。项目的“生命周期”等身体隐喻，以及项目将成为“所有振兴的核心”的论点。有机隐喻的使用提供了一个可以从临界状态恢复的区域的印象。它还为将该机构视为促使该地区复苏的“重要”机构提供了论据。该文件通过描述疾病（“枯萎病”）的症状来诊断问题，如果它不传播或杀死该地区，就需要对其进行治疗。我们很容易看到问题及
265 其解决方案。使用的另一个隐喻是环境隐喻。这用于描述振兴该地区的过程。提到的气候、循环以及自我维持为该地区所需的健康环境创造了一个论据。这不仅相当于清理了该地区的物理结构，而且还清除了社会问题。这里还有一个机械隐喻，用于传达如何管理复兴计划，以及结果是什么。该机构将成为“交付机制”，让当地社区能够“自行组织和运行”。在这些隐喻的背后是另一个关于社区的理论隐喻。“内城村庄”的概念非常具有象征意义。它对这个地区的过去和未来进行了大量的阐述：作为一个以高质量社交互动为特征而存在的地区。这个概念与大量有关社区的文献紧密相关。它使用的是农村 / 城市划分的传统范式，在这种范式中，农村环境中的生活是一种理想化的结构，是人们不管怎样都比在城市中与他们相当的人更幸福、更满足的构想。

投标文件的作者使用社区的隐喻，将当前社会政策中的各种想法联系起来。一种想法是，如果传统社区能够复兴，那么它将提供一种解决许多社会问题的灵丹妙药，例如犯罪。这包括人们对自己和他们居住的地区负责。这意味着人们不应该总是指望政府提供帮助与支持，还意味着他们是需要做什么的最佳判断者，因此应该采取行动，在地方层面解决问题。投标文件提到了当地商业和当地居民的合作关系。投标的论据是通过把责任感还给本地人民使社区振兴成为可能。该项目的目标之一就是创造一个自给自足的社区。

在这个简短的例子中，我们看到一系列修辞手法可以如何被识别，并成为论证的一部分。尽管我们还没有看到这一文件中出现的所有修辞种类，也没看到文件本身，但你应该能感受到修辞分析的用处。从我们的初步分析中可以延伸出几个方面，例如，隐喻的使用是其中的主要修辞手法，这些隐喻

所基于的思想和概念都有悠久的、有趣的历史。在方法论和理论方面，使用以社区为基础的隐喻可能成为讨论和评价的起点。重要的是，不仅要分析，而且要用图绘制出论证所用的修辞手法的来源。用这种方法，我们就能从历史和当前用法的角度在各种观点之间建立联系。这将提供材料和知识以帮助我们描述这些被绘图的观点，重要的是，评估和评价这些观点。

引文分析与绘图 266

一篇文章或一本书的作者在引用另一位作者的著作时要进行标注，该引文与正文中使用的其他引文都要被列到参考文献列表中，且应用公认的引用格式标出所有必要的书目信息。这种做法将不同学科、不同出版物的引文整理成索引。

引文分析的用法

引文分析能辨识一个特定作者和/或出版物的被引数量、频率和模式。

这些都基于一个简单概念，即一个作者的参考文献（他所引用的著作）代表其作品与其所引用的出版物之间的主题关系。因此，作者参考的一段论述、期刊论文、学位论文、专著、信件和其他所有材料都会被整理为引文索引。不论参考文献的长度如何，我们通常都会记录以下文献信息：标题、作者、出版时间、出版地点，这些信息可以成为调查作者之间的联系的有用资源，以绘制一个观点、研究方法或理论发展过程图。

在美国有四种主要的寻找引文的资源——Web of Science（科学网），Scopus（斯高帕斯），Google Scholar（谷歌学术）与 PsycINFO（心理学文摘）。其他资源也正在出现，或许也值得关注，如 Semantic Scholar（语义学者）①。Web of Science、Scopus、Google Scholar 和 PsycINFO 通常可通过学术性图书

① 一款学术搜索引擎。

馆或相关浏览器找到，表 8.8 对它们的相对特征进行了总结。

表 8.8 寻找引文的四种资源的比较

	Web of Science	Scopus	Google Scholar	PsycINFO
检索主题	科学，技术，社会科学，人文艺术	科学，技术，医学，工程，人文艺术	医学，科学，技术，商业，社会科学，人文艺术	社会学，行为学，教育学，管理学
时间范围	部分记录可追溯到 1900 年，但大部分始于 20 世纪 70 年代和 20 世纪 90 年代	大部分记录始于 20 世纪 90 年代中期，最早可追溯到始于 1823 年的文献	互联网上可见的任何时间段	大部分记录始于 19 世纪
检索方式	包括基本检索和高级检索，需要选择搜索的索引	一站式记录检索	类似互联网搜索引擎	包括基本检索和高级检索
覆盖率	覆盖大量期刊、部分专著、有限数量的会议记录和部分学位论文	覆盖中等数量的期刊、专著、会议记录和学位论文	覆盖大量期刊、专著、会议记录和学位论文	覆盖相关主题领域的大量期刊、有限的专著，没有会议记录，学位论文数量有限
结果的图表式呈现	有	有	有	无

267

引文检索的使用和绘图

要构建主题知识，关于不同作者、不同时期、不同学科内部和之间关系的信息会很有用。对于主题的引文分析可以帮助我们达成这一目的。

阅读建议：关于引文分析的辩论

引文分析吸引了持续的批判性争论。参见卓与尼利（Cho & Neely, 2012）、钟与帕克（Chung & Park, 2012）、贾奇等人（Judge et al., 2007）、史密斯与黑兹尔顿（Smith & Hazelton， 2008），以及诺塞克等人（Nosek et al.， 2010）对认知科学、传播学、管理学、护理学和心理学等领域的引文分析问题的讨论。

引文分析使研究者可以将特定主题文献中存在的思维关系绘制出来——它们可以揭示一个观点的起源、发展、实施及人们对它的批评意见之间的潜在关系。引文分析也可以显示一个作者、出版物和理论受欢迎程度的衰减过程。以下例子显示了引文分析可以怎样用于：

- 绘制和分析引文的使用，为干预措施提供依据； 268
- 列出引文并分类，以发现一个概念如何被不同研究者所应用；
- 绘制一个主题的结构关系，并用它来验证一个研究发现的历史；
- 查看被撤回的文章的被引数量。

作为干预措施依据的引文分析

图书馆和档案馆都很好，但都不可能订阅每一本期刊或收集每一种出版物。不同的教育机构往往有不同的专业倾向，例如管理学、经济学、教育学等等。文献资源方面，图书馆的各专业的预算需要将有限的资金集中于研究者当前和未来的需求，订阅哪些期刊、购买哪些书、支付哪些在线资源，都需要慎重考虑。这是因为，购买所有资源是不切实际的，而且不同研究主题往往使用不同类型的出版物。社会科学、人文艺术领域的研究者往往更多使用书籍类出版物（Lindholm-Romantschuk & Warner，1996; Hicks，1999），而自然科学、生物科学的研究者往往更多使用期刊类出版物。

霍夫曼与杜塞特（Hoffmann & Doucette，2012）对用于指导图书馆资源管理（馆藏管理）的引文研究进行了有趣且有用的研究。他们提出，虽然有相当多的研究报告了引文分析指导馆藏管理的结果，他们还是观察到了以下问题（Hoffmann & Doucette，2012：322）：

> 大多数研究者没有提供足以复制研究的研究方法上的细节，也一般不解释与其研究的目标、范围和引文获取与分析相关的决定是如何做出的。专著会提供引文分析研究所需要的方法信息，但经常很宽泛。

霍夫曼与杜塞特（Hoffmann & Doucette，2012：322）建议，我们需要的是一些前后一致的研究方法的实践，以便对不同的研究进行比较。他们对于这一问题的解决方法是分析 2005—2010 年出版的 34 项引文研究所用的研究方法。被选中的研究必须涉及以下一种或多种类别：

> 评估当前馆藏的充分性；指导馆藏工作，例如获取与删除文献；指导馆藏政策，例如资金分配、文献保留政策及电子资源获取等。

表 8.9 是节选自霍夫曼与杜塞特（Hoffmann & Doucette，2012）的研究综述表。

269 **表 8.9　霍夫曼与杜塞特的研究综述节选**

引文分析研究	研究分析的变量
Brazzeal，Bradley，and Robert Fowler. 'Patterns of Information Use in Graduate Research in Forestry.' *Science & Technology Libraries*，26（2005）：91–106.	类型，被引年份，被引频率，馆藏，出版物的平均被引数，主题领域
Burright，Marian A.，Trudi B. Hahn，and Margaret J. Antonisse. 'Understanding Information Use in a Multidisciplinary Field：A Local Citation Analysis of Neuroscience Research.' *College & Research Libraries*，66（2005）：198–210.	类型，被引年份，被引频率，主题领域
Choinski，Elizabeth M. 'Journal Use in Pharmacy.' *Science & Technology Libraries*，27（2007）：53–64.	类型，被引年份，被引频率，馆藏，主题领域，出版社

续表

引文分析研究	研究分析的变量
Cox，Janice E.‘Citation Analysis of Graduate Dental Theses References：Implications for Collection Development.’ *Collection Management*，33（2008）：219–234.	类型，被引年份，被引频率，馆藏

来源：节选自霍夫曼与杜塞特的研究的附录 A（Hoffmann & Doucette，2012：328）。

表 8.9 提供了这些被选的研究的必要文献信息，以及，那些可以对研究进行分类以纳入分析的变量。霍夫曼与杜塞特（Hoffmann & Doucette，2012）最初的文献检索找到了 194 项候选研究，按照标准筛选并且排除非英语撰写的研究后，数量减至 34。霍夫曼与杜塞特解释了他们如何使用纳入和排除标准找到候选研究（p. 322）。一旦找到，他们就对各项研究进行审查，提取关于“研究者如何定义研究范围（用户群体、日期范围和出版物类型），……如何提取、检查和分析引文”方面的信息（p. 323）。

引文索引和数据库被用来寻找候选研究，使用的引文索引和数据库是学科特有的“图书馆文献与图书馆”（Library Literature and Library）数据库，“信息科学与技术摘要”（LISTA）和跨学科数据库 Scopus。检索词汇（概念）包括“引文分析与馆藏”。检索结果涵盖了多个主题学科，大部分属于“科学、医疗健康、社会科学或工程类别”（p. 323）。当分析各出版物时，作者检索了更多索引和数据库，包括 ProQuest Digital Dissertations（普若凯斯特电子论文库）、Web of Science、WorldCat（联机计算机图书馆中心全球联机联合目录数据库）、Ulrich’s Periodicals Directory（乌利希国际期刊指南）、CASSI（资料来源索引）与 PubMed（美国国立医学图书馆下属数据库）。因此，他们使用了多个索引及数据库寻找主题、证实研究发现和确定研究背景。我们一直建议的都是使用多种引文索引和（或）数据库。

霍夫曼与杜塞特（Hoffmann & Doucette，2012）的分析的实用成果是一 270
份使用引文分析方法论的指南，该指南涵盖了一般性的指导原则，包括对研究范围的定义，对引文的获取与精选，以及对引文的分析。这份指南有实用主义目的，并有可能解决霍夫曼与杜塞特（p. 327）发现的问题，在结论中他们给出了一条有用的忠告：

在所有的情况下，研究者都必须对方法论选择保持审慎，对分析和呈现的内容精挑细选，并且清晰地描述他们的决定和理由。这些做法将有助于确保研究的清晰性和可比性，从而增加每一项引文分析研究的价值。

用引文分析找出理论的发展及其被不同研究者应用的情况

有时一项理论或实践变得流行后，会被广泛书写和讨论。关系框架理论（Relational Frame Theory）就是这样一种理论。这是相对近期的一种关于语言与认知的行为分析理论，相关文章和专著于 20 世纪 80 年代后期开始出版（S. C. Hayes & L. J. Hayes，1989），该理论的目的是更好地理解语言与行为间的关系。

关系框架理论是不容易解释的，有几位研究者为其提供了解释和例子（Barnes，1994; Hayes & Wilson，1996; Gross & Fox，2009）。下文对组成关系框架理论基本假设的主要元素进行了总结。它的主要论点是语言与认知是相联系的——人类使用语言交流，使用语言学习如何将事物、经历与反应关联起来并归类。语言被用来说明事物之间的联系以及联系的强度。因此，语言提供了对刺激的恰当反应方面的信息。人们学习颜色、形状、大小、质地、用途等事物属性，并能用语言就这些属性进行交流。人们了解到，不同的刺激可以被分类，并被置于具体的、依赖于情景的框架之中。与其他动物不同，人类不会自动反应，但可以利用情景决定什么反应是恰当的。所以，一个物体的属性及其提供的刺激不是反应的决定性变量。人类使用语言创造关系框架，以将物体与反应置于语境当中。理解一个人如何与刺激关联，以及如何将刺激套入框架，让我们可以使用能够改变个体所创造的关系的语言并做出干预措施。由此，后者给了关系框架理论用于治疗的可能。

关系框架理论的故事颇为有趣。2005 年，语境行为科学学会（Association for Contextual Behavioral Science，ACBS）成立，其网站提供了超过 150 篇关系框架理论文章的获取途径。语境行为科学学会关注接纳与承诺疗法（Acceptance and Commitment Therapy，ACT）——其网站将这一疗法描述为一
271 种“使用接纳和正念策略以及承诺和行为改变策略增加心理灵活性的独特的实证性心理干预疗法”。有赖于该学会在多个国家的上千名成员，关系框架理论自 20 世纪 80 年代早期出现之后，在很多治疗师当中得到了迅速发展和接纳。

问题是，关系框架理论的实证基础是什么？这是戴蒙德等人（Dymond et al., 2010：97）提出的问题。他们认为，尽管找到了 70 多项实证研究，但“并没有对关系框架理论文章的引文分析”。如果关系框架理论及其干预性疗法有依据基础，那么该基础是什么样的？主要作者有哪些？多大程度上是基于实证的？关系框架理论如何发展？使用了什么研究方法？其中最常见的是哪些？戴蒙德等人（Dymond et al., 2010：98）给出了提出这些问题的原因，他们引用海斯（Hayes et al., 2003：40）等人所说的“关系框架理论有 18 年历史，在这段时间内，它比同期几乎任何理论都促成了更多的人类基础操作性工作”。“关系框架理论已经成为最为活跃的研究人类基础行为分析的理论之一，有超过 70 项实证研究聚焦于它的理论原则。”（Hayes et al., 2006：5）戴蒙德等人（Dymond et al., 2010：98）想要提出的观点是：“没有文献证实，关系框架理论在相对较短的约二十年时间段中拥有了一个包含 70 多项实证研究的依据基础。”基于对关系框架理论文献例子的援引，戴蒙德等人（Dymond et al., 2010：99）这样陈述自己的研究目的：

> 所以，本研究试图率先开展这样一项引文分析：在文献数据库中检索那些引用了关系框架理论的文章并将这些文章进行归类。

戴蒙德等人（Dymond et al., 2010：99）采用的方法是引文分析，用“关系框架理论”“关系框架”“任意可适用关系”等检索词检索了 Web of Science Indexes 和 PsycINFO 数据库。正如大多数研究者在检索时所做的那样，戴蒙德等人需要使用检索词的不同组合来捕捉单独用“关系框架理论”等词还未检索到的出版物。检索的时间段为 1981—2008 年，最后得到 174 篇文章，其中 62 篇被归类为实证研究，112 篇被归类为非实证研究。

此外，戴蒙德等人（Dymond et al., 2010）还通过总结数据，找出了主要作者与合著者的发表文章频率，“德莫特・巴恩斯－霍姆斯（Dermot Barnes-Holmes）贡献了最多的实证论文（32 篇），其次是布赖恩・罗奇（Bryan Roche，14 篇）与史蒂文・海斯（Steven Hayes，4 篇）”，另外，“其他贡献较多实证论文的作者包括这三人的多位弟子，如伊冯娜・巴恩斯－霍姆斯（Yvonne Barnes-Holmes，11 篇）、西蒙・戴蒙德（Simon Dymond，9 篇）”。

我们现在所说的这项研究的作者就是他所分析的这一主题中的文献贡献
272 者之一，那么这是否是一个关系框架理论的拥护者试图为关系框架理论正名的例子呢？这个问题需要认真考虑，但是原则上，在一个特定领域工作的研究者对与自己和他人相关的出版物进行引文分析本身并没有问题，这是所有研究者在研究中都会做的事情。然而，像其他任何研究一样，戴蒙德等人（Dymond et al.，2010）的研究方法与结果呈现也必须接受质疑，这可以通过检查他们提供的研究操作记录和数据来进行。如果该分析有足够的透明度，并且可以被复制，那么他们的研究发现就可以作为有效发现被接受。此外，戴蒙德等人（Dymond et al.，2010）在关系框架理论学界的身份可能是有益的，我们可以预期他们比这一领域的新人更了解该领域的错综复杂与不同寻常。

戴蒙德等人（Dymond et al.，2010）的原文是一项研究，因此，我们可以像对其他任何研究一样对其进行同样的质量评估。在第 3 章，我们提到了一项研究的设计与选择，以及评价一项研究的方案。在评价中我们可以用的关键问题有：

- 研究有多可信？
- 研究者是否做到了信息透明公开？
- 论断是否有多个来源的依据进行支持？
- 是否所有的概念和变量都有清晰的定义，并可测量？
- 是否对所有的数据都进行了报告？
- 是否对研究过程进行了充分的解释？

通过阅读和检查戴蒙德等人（Dymond et al.，2010）的部分引文，以上所有问题都在篇幅允许的范围内得到了很好的解决。他们对研究的原因进行了全面叙述，并通过参考文献进行了证明；他们对主题领域的探索公开透明，并提供了所有必要的引文和研究过程描述；引文及对其进行搜索和归类的方法就是依据，在注重细节方面该研究也具备足够的严谨性可以充实其论断；他们对用于检索引文索引和数据库的检索词（概念和类别）进行了解释，并用图表展示了数据；报告的研究结果也很充分。从文章中没有办法知道这是否是全部数据，但他们采用了坚实、细致的方法在期刊文章允许的篇幅之内以引文形式将数据尽可能多地包括进来。结果是，戴蒙德等人（Dymond et al., 2010）提供了足够的信息，使得此项研究可以被复制。

戴蒙德等人（Dymond et al., 2010）的研究和分析展示了一个理论的引文数量、频率和模式可以如何被统计，这种研究可以成为识别一个主题内的主要作者和出版物的起点，也说明我们能用引文分析辨别实证和非实证出版物。 273

绘制结构关系与主题历史

在《引文索引》（*Citation Indexing*）这本书中，加菲尔德（Garfield, 1979）展示了引文分析可以如何用来绘制主题关系、证实某个发现的历史。加菲尔德使用艾萨克·阿西莫夫（Isaac Asimov）对“基因编码的 DNA 理论的发现和证实”的记述，做了一次有趣的引文分析。他有两个主要目的，一是将阿西莫夫（Asimov, 1963）对 DNA 发展过程的记述（基于阿西莫夫对事件的记忆）和同样报告这个发展过程的文献进行比较性评价；二是检验阿西莫夫（Asimov, 1963）是否在记述中遗漏了什么对未来发展可能很重要的内容。图 8.8 表示了加菲尔德的策略使用阶段。

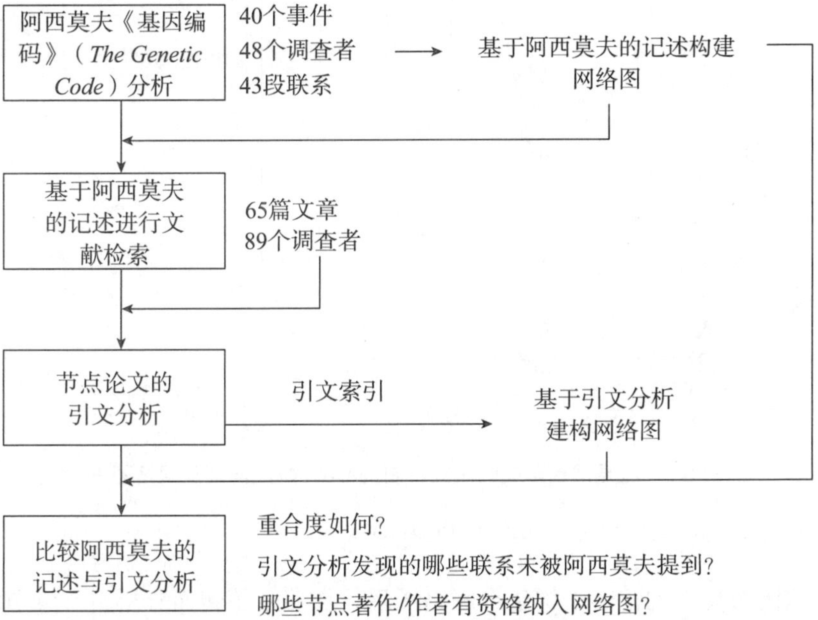

图 8.8　加菲尔德就 DNA 编码理论的发展过程及其证实的绘图策略

据阿西莫夫的研究（Asimov, 1963），DNA 理论的发展与证实经历了 274

1820—1962 年这一漫长时期。图 8.9 是根据阿西莫夫的研究而绘制的 DNA 发展网络图，包括了 40 个事件，其中 36 个事件提到了调查者的名字。阿西莫夫也找到了调查者与事件之间的 43 段关键联系，图 8.9 呈现了加菲尔德以网络图复现的结果。每个节点都标了序号，以辨认该阶段研究的调查者、研究开展的时间和研究类型。节点沿着三栏大致归类，展示了三个最古老的研究领域的发展过程：蛋白质化学、基因学和核酸化学。在 19 世纪早期显现的这些单独的研究路线在 20 世纪 50 年代中期开始有综合的迹象——合成了分子生物学。

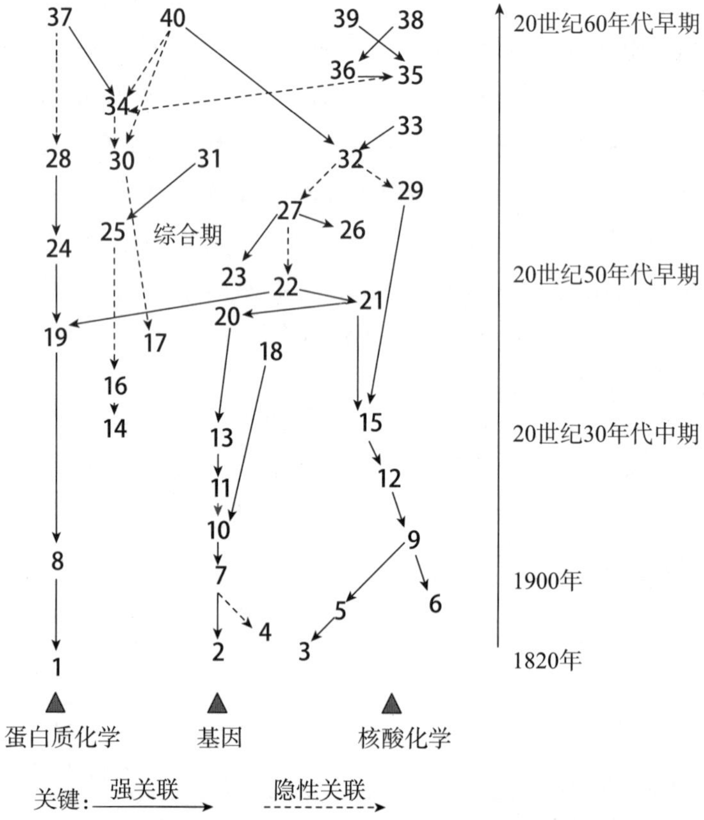

图 8.9　根据阿西莫夫的研究绘制的 DNA 发展与证实网络图[①]

来源：加菲尔德的研究（Garfield，1979：84）。

275　从阿西莫夫的记述中构建出网络图后，加菲尔德转而分析引文索引和相关摘要。他的目的是看阿西莫夫的记述是否准确，找出他是否遗漏了什么。

① 每个数字代表一个节点，每个节点都有对应的研究事件。——译者注

这需要根据阿西莫夫给出的姓名和主题检索文献。加菲尔德面临的主要问题是如何从文献中选择相关论文。1945 年之后，在多个期刊或以系列形式发表研究发现、在科学发展的每个阶段都产出一篇专门的论文，这成为一个惯例。因此，一些科学的进展产生了一系列的论文。

加菲尔德在阿西莫夫确定的论文中进行了选择，这一策略有很大的好处，因为最初的理论宣告并没有很多参考文献，我们通常可以发现，它们只是简短的报告，在之后的阶段出现的文章会有全面的记述和更长的参考文献列表。加菲尔德的检索定位了 65 篇论文，报告了 89 位研究者兼作者的节点事件，然后使用引文索引对这些论文进行了引文分析。

加菲尔德使用这 65 篇论文的参考文献作为主要索引来源进行检索，找到了论文之间的联系，构建了另一个网络图，见图 8.10。节点的编号是阿西莫夫标注的，但连接它们的箭头来自加菲尔德的引文分析。

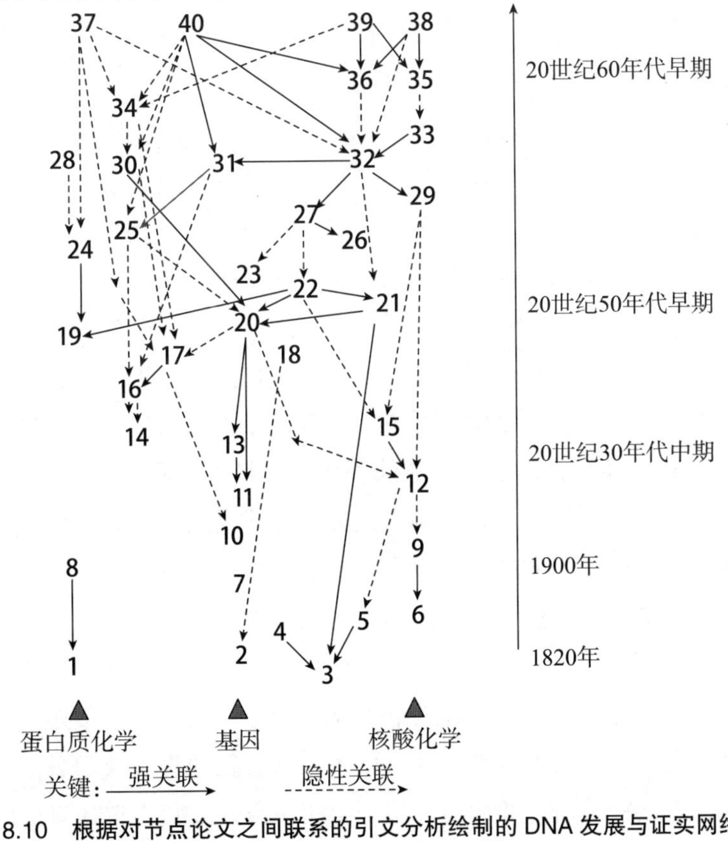

图 8.10　根据对节点论文之间联系的引文分析绘制的 DNA 发展与证实网络图

来源：加菲尔德的研究（Garfield，1979：88）。

图 8.10 中表示的联系代表了与 DNA 理论发展相关的节点事件的全部文献的一小部分。加菲尔德所做的文献筛选说明，我们在选择代表一个主题的核心知识的文献时，需要设定选择标准并严格执行。我们在图 8.10 中看到的是代表论文相互联系的最小化网络，即使如此，我们仍找到了 58 组联系。扩大论文范围后，图表也可能扩大，也许还会显示出其他的联系。

比较阿西莫夫绘制的图和加菲尔德建构的图是很有用的，这种比较也许
277 可以使用一系列标准，比如被复制引文的基础、对各引文相对重要性的判断、对唯一最重要的研究发展的确定。如果应用这些标准，我们可以看到这两种记述在很大程度上是互相确证的。加菲尔德的分析显示，阿西莫夫的记述是 DNA 理论发展的可靠文献，他确定了很多重要的事件，而且将其按照与引文索引十分相似的方式进行了重要性排序。然而，其中的差别也很有意思，加菲尔德的引文分析揭示了阿西莫夫没有找到的 31 条参考文献。正如他的分析所示，其中一些对 DNA 理论发展很重要。

加菲尔德对阿西莫夫关于 DNA 理论发展和证实的记述的分析是引文分析的一个很好的例证，它展示了可以怎样验证像阿西莫夫这样一位作者的著作。在这个例子中，加菲尔德证实了 72% 阿西莫夫找到的事件，但仅仅重复这项工作是远远不够的。加菲尔德的分析还找出了阿西莫夫没有提到的新的联系和研究者，其中四位研究者在 DNA 理论发展中扮演了重要角色。这说明即使像阿西莫夫这样一位有着超强记忆力的科学家也可能忘记提到一些事情。因此，引文分析可以补充科学家对于一项理论或方法的发展的叙述：它可以展现那些看起来很重要，但与之前的著作没有被确定联系的新关系和事件。在时间线以外寻找文献是一种找到可能处于范式最边缘的文献的方法，它可以揭示关于原创性本质的内容。引文分析也是一种可以将传统历史性研究提升到主题研究史中的方法，这是因为引文索引的编撰十分彻底，会留下永久的记录供以后不断参考。此外，它还有建构引文网络图的功能。建构网络图虽然有难度，但它远胜于对主题发展的文本叙述，比起文本叙述，通过网络图人们可以更容易地看到事件之间的联系。通过在图表中绘制联系，知识结构得以显露，该领域研究的核心和边界也得以显现，我们选择自己的研究空间成为可能。

对被撤回文章的引文分析

以上讨论的三个例子都是引文分析的正面使用。引文分析还有另一种可能的用途，就是寻找对已撤回研究的引用。盖布哈特（Gabehart，2005）查找了四篇被刊登期刊撤回的文章的引文频率，盖布哈特的目的是： 278

> （1）检查科学、技术和医学文献中的被撤回的文章是否依然被引；（2）查看对四篇被撤回文章的引用，了解这些引用的语境是正面的还是负面的。

如果一篇文章被撤回，这就意味着其中存在严重的错误。作为研究者，我们在文献综述中不应该引用已被撤回的文章。这一问题常出现在纸质期刊中，撤回声明通常出现在文章发表之后，研究者引用时可能并不知道它被撤回了。此处的重点是，检索文献要尽量当心，如果你在另一位研究者的出版物，例如学位论文中找到了看上去有用的引文，尤其是一篇报告研究结果的论文，那么你就要对照电子数据库检查它们是否已被撤回。

盖布哈特（Gabehart，2005）指出了引用被撤回文章的另外一些问题：很多作者是在何时引用了被撤回的文章？一篇被撤回的文章对于后续出版物有什么影响？为了调查这些问题，盖布哈特对 PubMed 收入的 MEDLINE 数据库进行了检索和分析。她将检索范围限制在 1994—2000 年，搜索带“医学主题被撤出版物”标签的文章。她将检索时间范围定在 2000 年是为了保证有足够的时间可以让被撤文章被引并记入引文索引。为了对数据库进行补充，盖布哈特“也在研究诚信办公室（ORI）的简讯和美国国立卫生研究院（NIH）基金与合约资助指南的网站中检索了这些年的文献，以确保没有文章被 PubMed 遗漏，用这种方式只找到了一篇额外的论文”（p. 11）。

盖布哈特发现了 211 篇被撤文章，并用 PubMed 找到了它们的出版日期和撤回日期，然后用科学引文索引（SCI）寻找每篇文章撤回之后的引用。她从这 211 篇文章中选择了 4 篇作为个案进行深度分析。这四篇文章被选的原因是“撤回后有大量被引”（p. 12）。将引用这 211 篇文章的文章下载到

Endnote[①] 中之后，盖布哈特（p. 13）发现：

> （它们）一共被引 7937 次，其中 2393 次是在文章撤回后被引的。这些文章在撤回后平均被引 11.3 次，总共平均被引 37.6 次，这表示大约 30% 的文章被引是发生在撤回后的。

在检查这 4 篇被选的论文时，盖布哈特（Gabehart，2005）写了一些关于撤回的有趣且重要的事。在其中 2 个个案研究中（Sparks et al.，1999a，1999b），
279 论文被撤回是因为错误使用商标，这 2 篇论文的作者没有正确地标出文章中提到的化学物品的商标，因此，除了没有正确使用有商标的化学物品属性词以外，这两篇文章没有任何错误，是商标的所有者提出反对才导致论文被撤回。

在第 3 个个案研究中，盖布哈特（Gabehart，2005：15–16）选择了布克丹戈等人（Buchdunger et al.，1995）的研究作为因为"实验的某方面不能被复制或证实"而被撤回的例子。盖布哈特（Gabehart，2005）发现布克丹戈等人的文章（Buchdunger et al.，1995）被引了 148 次，其中 100 次发生在撤回之后，而这其中有 6 次是布克丹戈在后续出版物中的自我引用。

在第 4 个个案研究中，盖布哈特将舍恩等人（Schön et al.，2000）的研究作为案例，舍恩等人有多篇文章被撤回。舍恩的个案研究引起了很多关注，更多细节可以在互联网上找到。盖布哈特（Gabehart，2005）发现了对舍恩等人研究（Schön et al.，2000）的 60 次引用，其中 19 次是在撤回之后。盖布哈特的分析揭示了另外一个有趣的发现，即舍恩的文章被另外 2 位作者引用了多次，这可能意味着这 2 位作者引用了一些被证明是无效的著作。盖布哈特（p. 18）提出："在这些个案中很容易发现，对不诚信研究的引用会污染后续论文的结果。"

---

① 一个文献管理软件。

结论

为文献体系中的思想、论证和概念进行绘图是文献综述中一个重要的部分，有很多不同的方法，分析者可以用其认为恰当的任何方式使用这些方法。这些方法的使用可以使分析者在文献中找到分析路径，辨认关键的标志性研究和概念，同时能够从基础开始来建构各项研究之间的关系图。所有的研究都是基于某种分类体系的，可能是方法论的分类或者现象的分类。我们不必在已有的分类体系或新的分类体系中选择一个接受，使用他人的分类体系时需要慎重。这是因为，事物分类的方式经常会导致特定的解读而排除了其他选择。为文献中的思想进行绘图的目的是使用分析技巧来批判性地评价分类方法的有效性，并发展你自己的分类体系。

总结 280

- 我们需要为思想绘图，看它们之间如何相互联系，找出他人使用了哪些分类来开展研究。
- 即使经验丰富、受人尊重的研究者也可能提出错误的分类体系。因此，不要害怕挑战任何分类。
- 对研究进行分类将有助于我们理解不同研究者所用的方法论假设和研究技巧。这意味着你需要掌握有关方法论传统的知识，尽量抛开偏见，充分理解研究者选择使用特定方法论的原因。
- 在文献绘图中，参考文献列表和引文工具可能很有用，知道如何使用它们很重要。

第9章

撰写综述

关键问题

- 文献综述可以如何用来证明主题?
- 组织文献综述有哪些有用的格式?
- 批判是什么意思?你在批判性分析中如何保持公正?
- 如何开始撰写一篇文献综述?

核心技能

- 管理大量、复杂的信息以准备写作
- 针对不同的读者群体,规划和起草不同的文档
- 为不同的目的构建有效、系统和结构化的论证
- 以清晰的方式传达你的想法和论点

282

导语

文献综述并不是仅仅在学位论文（或研究报告）中占据一章的单独部分，文献综述的作用和目的贯穿整篇论文——它为研究的起因和研究问题提供依据，给出研究主题的背景和历史，提供方法论的参照体系，指导数据收集方法的选择，并且一旦数据收集完毕，它能使你有机会展示你的研究如何为现有文献体系做贡献。

文献综述作为一个写作文本必须清晰、有逻辑结构，能展示你已经在适当的水平上掌握了足够的技巧和能力。撰写好的学位论文（或研究报告）会被视为你作为一名研究者的能力的依据。当你准备好撰写你的研究，你就要正确地、恰当地、有趣味地描述、解释和证明你所做的事和发现的结果。这个过程的主要载体是学位论文和循证研究报告，所以在这最后一章的开头，我们要将前文提出的很多看法重述为以下定义。

定义：学位论文

学位论文不仅是研究完成的记录，更是一篇被分成几部分、未必以线性形式表达连贯论证或调查的文档。学位论文是研究者的研究技巧与思维能力的整体展示，必须能显示研究所基于的思想和推理结构。它的内容必须基于现有的知识——用论证、依据、批判和反思性的立场发展知识并展示学术性。

定义：循证研究报告

循证研究报告能够呈现对某个问题的研究文献的全面综述，在可行范围内尽量涵盖更多的方法论途径。这类报告不只包含对相关文献的概述，它也是评价现实中的干预措施或为其提供理由的一篇文档。因此，它必须基于对学术标准的透彻理解，清楚地解释和描述研究过程和方法，包括文献的纳入和排除标准。包括统计方法的应用在内的数据提取标准以及图表呈现的方法都必须清晰准确，表现出一种基于透明化呈现所有信息的批判性和反思性立场。

循证研究报告除了这些功能以外，其文献综述应当表现出它已经找到和 283
分析了所有已出版和未出版的相关文档，即要展示它已找到、理解和批判性评价了所有与主题相关的主要概念、理论、理论家及方法论途径。由此，其中的文献综述并不是一篇连续的文本：它完全可以处于不同的结构位置，表现为不同长度的几个小节。

其主要的挑战是，确保所有这些要求在文献综述中都能够得到满足，引导读者从一组内容转向另一组，以为你给自己的研究项目确定的主题提供系统推理。

我们在这一章要做的是，通过展示文献综述作为你的研究提案的作用，和作为确定及证明你研究主题的手段的作用，了解可用于建构文献综述的各个元素。

文献综述及其作用

一路走来，我们展示了综述文献的原因、可用于提取和组织信息的方法，以及如何通过绘图表达不同的思想以建立它们之间的联系。文献综述的目的并不单一，它大部分取决于你想做的研究类型。你可以开展的部分研究种类在第 3 章已有所概述。不管怎样，所有文献综述共有的关键目标是，提供一个当前与研究主题或内容相关的重要概念、理论和数据的清晰且平衡的蓝图。

这一基本要求并不是目的而是一个起点，促使我们思考和规划整篇文献综述。因此，我们首先要了解的是文献综述的论证功能，然后才是写作过程中的一些技术或技巧。

文献综述与开题报告

撰写文献综述的主要原因之一是，为你要做的研究开题，这意味着文献综述必须为你的研究提供方法论上的合理性。你需要展示你已经理解了该研究主题的历史，所谓历史，就是其他研究者在研究该主题时已经采用的假设和定义。

284

研究的文献综述 vs 为研究综述文献

当你着手撰写文献综述时，至关重要的一点是，清楚你的写作目的。如果你需要为研究开题写文献综述，就要记住第2章是如何区分撰写一个主题“的”文献综述和“为”一个研究项目写文献综述这两件事的。

你需要调查研究主题的历史，以讲述其是如何被定义、确立和发展的。我们在前一章中提到，按时间顺序叙述是最为普遍的呈现方法论故事的方式，因为它最容易使用，遵循的是我们很多人都熟悉的那种故事结构——一件事发生了，然后另一件事，再一件事，等等。然而，故事结构在学术写作中是需要被改编的，在本章稍后的部分我们将看看做到这一点的一些方法。

在方法论故事的每一部分，你的目的都是为你的研究提出建议，既是建议，你的文献综述就需要是一个结构化的论证，并能以最简单的格式满足以下要求：

知识元素

• 描述该主题的以往研究，找出重要概念、定义和理论

• 考虑在以往研究中，定义是如何被发展和操作化，进而成为问题的解决方案的

- 找到和描述其他研究者认为重要的事情

论证元素

- 描述你在该主题的以往研究中发现的错误
- 提出能解决问题的行动方案，即你的研究
- 解释采用这种方案可能产生什么好处
- 驳斥该方案可能面对的反对意见

在文献综述中，以何种方式、在什么地方强调以上这些，是你自己决定的。不过，要完成这项任务，你必须要有足够的材料。你在阅读文献时完成的分析应能提供足够的材料及对材料的理解，这样，你的研究提案才能完成。你应当从笔记中获得的三种资源是：

- 相关词汇和对词汇与概念的多种定义
- 在关键文本中找到的对方法论论证的总结
- 你对关键定义和方法论假设如何操作化的评估

你的分析结果也可能会为你提供关于文献综述结构的思路。当你对关键 285
文本进行论证分析时，你很可能会意识到大多数作者采用了类属结构呈现观点，这经常会包括我们刚提过的论证元素。这一结构可以用在你的文献综述结尾，以总结你前面的分析。你也可以在文献综述中的不同地方应用这一元素，以表述你的观点，这就为你的论证方向提供了总结性的路标。结果是，当你给出结论，将你的每一个表述整合起来时，你的论证也就更加结构严谨。

因此，你要做的是为你的研究的开展提供不可抗拒的理由，即它将以某种方式对我们理解某个现象做出贡献。这可能意味着很多事情，但都取决于你想做的是哪种研究。例如，你也许会为一种另一学科使用过的方法论途径而申辩，那么你的开题就是开展一项以方法论为基础的研究，这就要为该方法论途径的有用性提供例证。或者，你也许对前人解决一个实践性问题的尝试感兴趣，你的兴趣点可能在于找出前人研究成败的关键因素，那么你的

目的就是做一项以评价为基础的研究。当然，还有很多你也许想要做的其他类型的研究。这个阶段的要点是：所有的研究都有历史，正是这段历史为进一步研究提供了先例，它也成了你开题报告的起点。下面这个选自阿特金森（Atkinson，1982）的例子，讨论的就是使用文献综述确定研究主题和证明其合理性的这一研究过程。注意它是如何以非线性方式确定研究主题的，以及当在文献中找到进一步信息时，它是如何重新定义研究主题的。

扩展示例：证明你的课题

多年来，阿特金森与他的搭档一直在研究自杀，并且在《发现自杀》（*Discovering Suicide*）一书中，他证实其研究成果是合理的。这或许并不足以引起关注，但考虑到在 1927 年以前，已经有超过 4000 项关于自杀的研究，到 1961 年又增加了 2000 项研究（Atkinson，1982：189），任何研究这个课题的人都需要提供明确的理由说明自己为何再次探讨这个已经被太多人研究的内容。我们想详细了解阿特金森研究自杀的逻辑依据，因为他条理清晰地说明了他是如何选择课题的，以及他如何创造了一种与以往不同的研究方法。在阅读具体章节之前先对《发现自杀》的结构进行概述，可能会有所帮助。这本书的全称是《发现自杀：猝死的社会系统性研究》（*Discovering Suicide*：*Studies in the Social Organisation of Sudden Death*），我们可以从书前面的目录了解它的结构：

286 第一部分：自杀与社会学

1. 研究背景与导论
2. 社会学中的自杀问题
3. 官方来源的自杀研究和数据
4. 自杀的非传统性社会学研究方法

第二部分：自杀与猝死的社会系统

5. 记录猝死：官方定义与步骤

6. 导致自杀的一些相关因素
7. 关于自杀的常识性理论
8. 常人方法论与分类问题

如我们所见，该专著分为两个部分。第一部分为自杀研究提供了理由，第二部分主要是研究本身。在225页的书中，阿特金森用了将近一半的篇幅来解释为什么要做这个研究，这表明他敏锐地意识到了有必要解释为何选择一个熟悉的主题。我们来看：

- 他是如何选择自杀作为研究课题的
- 他对文献资料的批判态度
- 他如何证明对一个似乎被过度研究的课题进行研究是合理的，并找到研究空白

我们可以从第2章结尾的结论部分开始。阿特金森认为，社会学对自杀的关注可以描述为：

> 来自远方的极大吸引力，……因为它是涂尔干在一本书中提出的问题，而这恰好是关于自杀本身的，而不是关于自杀现象的，这激发了大部分社会学研究者的兴趣。（1982：31）

阿特金森在第二章的开头阐述了他的部分主张。他说涂尔干选择将自杀作为一个课题是为了发展他的社会学理论。因此，我们可以推断，阿特金森对研究自杀这一课题本身很感兴趣，这也是他的研究成果与涂尔干的不同之处。阿特金森补充说，尽管对于自杀有大量的社会关注，但很少有研究解决自杀的实证研究中固有的问题。他声称，他将要论述的方法论难题，是从未被面对过的，因为很少有人对自杀进行实证研究。因此，阿特金森说，他的研究不同于涂尔干的工作以及其他几千项研究。从这些主张和上下文中，我们可以提取出阿特金森构建他的论点所用的论证。从序言开始，阿特金森为他的读者提供了他选择这个话题的理由及其处理方法的全面总结。

287

开明的态度

很少有研究者告诉读者他们是如何选择课题的。在这本书的前言中（他在第一章进行了详述），阿特金森说明了他是如何以他的方式开始自杀研究的。他可能觉得有必要用前言来说明这个课题的合理性，同时也证明他研究自杀的方式是合理的。他的研究具有强烈的常人方法论的色彩。

阿特金森告诉我们，方法和方法论上的争论给实证研究带来了艰巨的挑战，例如，关于数据验证和可靠性的争论，数据与假设之间的关系，以及相互矛盾的数据说明及解释。本着学术精神，他主要通过阅读，但也通过与参与争论的一些主要理论家和研究人员的个人接触来探索这些争论。通过阅读和与这些人交谈，阿特金森开始了一段旅程，这段旅程让他了解了社会科学中的主要研究范式，让他接触了有关理论和实证研究关系的主要争论和问题。作为一名实证研究者，阿特金森说他反对使用传统方法，因为他发现这些方法与对现实世界活动的描述相差甚远。

这本书的结构表明，阿特金森打算进行两个项目——综述关于自杀的文献和进行关于死亡如何被定义为自杀的实证研究。阿特金森告诉我们，文献综述表明，这两个项目不能简单地割裂开。阿特金森说：

> 走到这一步……我发现，我再也无法令人满意地区分这两个项目，因为我对关于自杀的文献的看法与一个非常特殊的实证问题密切相关，而这个问题支撑了社会学家对自杀的大量研究，……即用于检验假设的数据的状态。（p. xiii）

因此，他的文献综述使社会学中主要方法论上的争论变得清晰易懂，例如，心理学与社会学之间、实证主义与非实证主义之间的争论。借鉴像涂尔干《自杀论》这样的研究，使阿特金森对这个课题采用了自己独特的方法。这来自文献综述。正是通过综述，他才能重新评估传统的范式，发现这些是对自杀的争论而不是研究。他想要用一种方法，让他能详细描述社会是如何将一种死亡定义为自杀的（即通过自杀来实现死亡），诸如通过验尸法庭这样的机构。现有的方法没有一种能够完全实现这一目标。在正确的时间、正确的地点（并通过阅读），阿特金森遇到了常人方法论。对真实环境中详细记录的活动进行严格的细节和描述性分析是常人方法论的一个主要特征。从内部而不是从外部描述经验活动的常人方法论为阿特金森提供了他需要的方法——它是不同的、独特的，并且具有可吸纳不同观点的吸引力。

为何选择此课题？

288

和许多研究者一样，阿特金森是在一门本科教学课程中开始研究他的课题的。他被要求准备关于以下课题的论文："有多少种偏差？"查看了有关偏差的统计数据和定义后，他开始质疑它们。

> 当我研究这些被推崇的资料之后，我突然意识到，很明显，它们只是在不同程度上讲述了事情的一部分。同样明显的是，社会学家似乎对这些数字的性质完全不关心，并且不受抑制地根据犯罪率、自杀率等做出影响深远的概括。（p. 3）

阿特金森试图解释这个问题集为什么不能用现有的数值数据和定义来回答。他告诉我们，他的老师对他的论文感到相当不高兴。他被指责关注了那些已知的、与社会学家无关的普通问题。这一回应让阿特金森更想要探索他关注的问题。尽管教科书提倡谨慎概括并强调严谨的必要性，但在实践中，社会学家的做法有所不同。他们似乎不太关注数据的完整性，尽管在方法论上存在困难，但他们仍过于愿意概括（p. 42）。因此，阿特金森将形式理论和主体态度之间的这种不一致视为一种"发现"。

通过改变焦点来拓展课题

阿特金森告诉我们，他是从阅读有关异常行为的社会学研究开始的。他的目标是关注与自杀作为一种社会现象的数据相关的比率问题。然而，文献远比他想象的多。他也意识到它涵盖了很多学科并且学科之间以及学科内部存在许多关于自杀率的争论。他的实证主义方法很快就被互动主义方法取代了。在阅读了符号互动主义方法的作品后，阿特金森开始探求有关异常行为的标签。像贝克尔（Becker，1963）和莱默特（Lemert，1951）这样的互动主义者的作品似乎比实证主义的研究更“实证研究”。他现在的计划是对自杀进行互动主义研究。然而，在他阅读文献的过程中，他偶然发现了一篇论文就是这样做的。道格拉斯（Douglas，1966）已经从互动主义的角度对涂尔干的《自杀论》进行了详细的批判，并检验了自杀统计的社会建构。阿特金森最初的反应是停止研究这项课题，但他意识到有人也在以类似的方式思考，这鼓励他继续研究下去。

借鉴道格拉斯的工作，阿特金森试图模拟自杀过程。利用他收集到的资料，他尝试了一系列研究策略，试图发展道格拉斯所做的工作。阿特金森意识到道格拉斯的工作存在错误。这些都集中在道格拉斯如何处理官方（例如，验尸官）对自杀的定义上。道格拉斯曾专注于探讨自杀的意义，以了解自杀
289 率是如何在社会上构建的。他没有考虑验尸官和其他官员是如何为尸体定义类别的。此外，道格拉斯对如何进行定义的研究并没有提出具体建议。这使阿特金森对道格拉斯的研究成果给予了彻底的批判性分析。由此，我们可以看出，对文献的一般性综述是如何产生具体的评论，以及从中展示和讨论主要议题并突出先前研究的主要问题的。

阿特金森对道格拉斯工作的批判性评价并未表明下一步他应该做什么。似乎没有人对这个课题的研究采取超越互动主义者的处理方式。因此，阿特金森开辟了新天地。在现有范式内开始的研究，结果可能是使用非常不同的范式的新事物。因为阿特金森已经完成了主要部分，所以大部分研究也已经在这个阶段完成。对文献的查找和综述做好了，大量的实证数据也已经收集好了（来自剪报和在验尸法庭的观察）。他的问题是接下来该怎么做。这是机会发挥作用的地方，尽管阿特金森在某种程度上自己创造了机会。在研究标签理论时，他记得遇到过一个由被称为常人方法论学家的研究者组成的小组的工作。

因此，阿特金森在研究中面临着一个问题。他必须重新评估他迄今为止所做的工作。这意味着要评价他早期关于该主题的一些著作。他必须学会自我评价以及承认自己在理解和解释上所犯的错误。但是，同样重要的是，他不得不重写他的论文——他现在的一些观点已经与他最初设想的完全不同了。

阿特金森的经历展现了研究的非顺序性结构。很少有研究项目按照推荐的阅读—研究—写作的结构进行。阿特金森的结构是这样的：阅读—写作—

研究—写作—研究—写作—阅读—研究—写作（p. 6）。这种结构在大多数研究项目中更常见。它表明了我们作为研究者实际遇到的一些过程，因为我们进行了全面思考，而不是把事情看作理所当然的，或者毫不怀疑地接受其他研究者做的解释。这种课题的发展性和自我反思的态度体现在阿特金森的书中。阿特金森是这样描述的：

> 因此，对于最初选择的课题我已经从互动主义的角度进行了一定程度的研究。在检查对这个问题的各种反应时，从设计实证研究的角度看，吉濑和西库雷尔（Kitsuse & Cicourel，1963）、西库雷尔（Cicourel，1968）以及苏德诺（Sudnow，1965）的方法似乎是最有用的。……后来我发现这些作者通常被称为常人方法论学家而不是普通的互动主义者。按照那些提倡使用顺序模型的人（例如：Becker，1963）提出的思路来做研究，或者只关注社会意义，也存在很大的实证困难。……对自杀官方定义的初步研究，再加上先前与验尸官接触时产生的问题，促使我随后提出了这样一个问题："如何将死亡归类为自杀？"这是制定研究问题最恰当的方式。……这个问题是后来才出现的，它与常人方法论学家可能提出的问题并没有什么不同。鉴于此，在试图寻找答案时我所获得的各种结 290
> 果……后来被发现与常人方法论学的一些重要观点一致，这也许不足为奇。（p. 7）

通过评论文献来证明研究的合理性

该研究的第二章"社会学中的自杀问题"细分为以下几个部分：2.1 序言；2.2 致敬涂尔干；2.3 实证主义；2.4 社会学；2.5 功能主义；2.6 结论。正是通过这几个部分，阿特金森试图证明他对自杀的研究是合理的。我们已经说明了原因，但是他是如何做到的呢？首先要注意的是使用子标题的惯例。他将任务分解成符合逻辑且连贯的类别。这些可能不是每个人都会选择的类别，但是它们确实实现了阿特金森的目标——为他的主张提供充分的学术依据。正如你所料，阿特金森的研究涉及以下主要方面，自杀研究的传统方法——涂尔干的工作，实证主义和功能主义的观点，以及社会学和心理学的差异。然而，阿特金森方法的要点和结构可以从他如何清楚地表明他的工作与涂尔干的工作的截然不同中看出。所以，我们将会把注意力集中在这一部分。

如果阿特金森想宣称他的研究对我们有关自杀的认识有着开创性的贡献，那么他就应该证明他是如何做到的。这通常被认为包含了对他的作品与涂尔干的作品有何不同的清晰解释。因此，阿特金森关注的问题之一是涂尔干《自杀论》的地位和作用。阿特金森指出，在孔恩学派看来，涂尔干对自杀的研究是一种范式创新，因为它创造了一种看待事物的新方式。阿特金森认为，涂尔干的研究为社会学的独特价值提供了一个清晰的范例。涂尔干展示了社会学研究是如何开展的。这也被用来说明社会解释相对于心理解释的地位：即使最看似个人主义的（或心理上的）行为也有社会原因而不是心理原因。

阿特金森指出了涂尔干《自杀论》研究的地位，他试图说明后来关于自杀的社会学著作是如何在涂尔干的理论框架中进行的，而这些随后的研究并没有提出任何不同的东西。他们使用了相同类型的数字数据（自杀率），并且得出了确凿的证据。阿特金森指出，任何效仿涂尔干的人都不会产生意外的结果。阿特金森说，他们可能做出一个重复的研究，但是“可能会因为不得不与像涂尔干这样杰出的人竞争这一设想而推迟发表，而且社会学内部反对开展自杀研究的内部结构压力看起来相当大”（pp. 12–13）。

阿特金森将他研究的理由集中在了方法论上。对涂尔干的研究着迷之后，阿特金森试图寻找这种着迷的原因。其中一些是我们刚才已经提到过的。《自杀论》也是一种方法论研究，因为它基于一系列方法论假设，提出了独特的社会学解释。这些假设包括整体主义的和结构主义的，它们通过参考发生在更大的社会结构中的过程，将注意力集中在行为解释上。因此，人们对自杀
291 持久的兴趣一直是方法论的和理论性的。后来的研究都是在对涂尔干的原始研究进行精炼或对其优缺点进行辩论。在阿特金森看来，它们已不是“一种由社会成员称为自杀的现象”。阿特金森认为，涂尔干对把自杀作为课题并不是很感兴趣，而是将其作为一种资源来证明一种方法论和理论论证。他用自杀率来证明社会事实的存在，并将其视为具体的事物。涂尔干认为，社会群体的特性，例如凝聚力，可以用数字指标来衡量。因此，涂尔干能够辩称，社会科学就像自然科学一样，不是以主观的方式，而是以客观的方式看待事实的。阿特金森没有质疑涂尔干的目的，也没有批评他所获得的成就。但是，

他的确强调了自己的主要观点。

> 社会学对自杀的广泛普遍兴趣对想要研究自杀的人毫无帮助。因为无论从哪个立场做研究，都要面对根本性的、尚未解决的方法论问题，这些问题如此明显以至于在最初看来似乎很奇怪：过去对它们的关注如此之少。也就是说，无论一个人的兴趣是否在社会学和心理学模式之间的关系上抑或是失范理论中，无论一个人是否认为自己是实证主义者、功能主义者、冲突理论家等等诸如此类的人，他都必须就选择用于分析的数据的状态和充分性做出重要决定。不仅社会学家对自杀的广泛兴趣对解决经验导向的研究人员所面临的方法论问题几乎没有帮助，而且这种兴趣的特征可能解释了为什么这些基本和明显的问题被忽视了这么长时间。因为这些困难只有在设计或尝试进行实证研究时才可能显现出来，因此在哲学家、理论家和教师的眼中是隐藏的，他们把自杀仅仅作为思想辩论中的一个“实质性”的例子。（p. 32）

阅读该示例后，你应该注意以下几点，这些要点简要总结了阿特金森的理由：

- 阿特金森的序言和文献综述为他的课题提供了清晰的理由。
- 他使用最简单但非常通俗易懂的叙述方式来论证。
- 他提供了一个序言来说明对该课题的兴趣。
- 他让读者了解他对于这个课题的问题与疑惑以及其他研究者如何定义与研究。
- 他对文献的分析是用来找出前人研究成果的不足之处的。
- 他的分析还被用于提出需要替代方法的建议，最重要的是，他知道这种替代方法是什么样的。

正如阿特金森的研究所表明的，在许多研究中，起点和终点是两件完全不同的事情。他首先从一个实证主义研究的想法开始，但在常人方法论的启发下，以质性研究结束。这一方面是因为研究的偶然性，另一方面是由他的 292

学术工作导致的。作为一名研究者，你必须期待机会出现，因此，你必须为意料之外的事情做好准备。这意味着遇到问题时不要放弃。这也意味着要准备好去追踪那些最初看起来难以理解，甚至持不同观点的线索，即使这不是研究的常用方式。阿特金森在他关于这项工作如何发展的方向上对所有关键细节都做了描述。

学术性结构

我们已经指出，文献综述有多种功能，在第 2 章中，我们较详细地讨论了学术性的问题。在本节当中，我们将要关注一篇好的文献综述有哪些学术性特征。这一讨论取决于什么是恰当的学术风格。在阿特金森提供的例子中，我们可以看到一些文献综述中强调的争论的一面，以及他对更具思想包容性的立场的追求。在本节当中，在了解如何进行批判时，我们将继续解释这一态度意味着什么。

什么是批判？

前几章的一个主要的主题就是批判。当我们谈论分析、理解论证和给思想绘图时，提倡采取批判性立场。就你的研究而言，不论是应用研究还是理论研究，论文中都应当显示你应用了批判的态度。有效批判的标志性要点有：

- 通过评价一种立场的优缺点对它表示赞同或反对，或为其辩护，或确认其有用性
- 承认一种现有方法或观点有一些有用的价值，但其他方面需要予以拒绝

- 聚焦于思想、理论和论证，而不是这些论证的作者，以产生谨慎、深思熟虑和公正的评价
- 意识到你自己的批判性立场，找出你选择某个著作进行批判的理据，并认识到你的批判中的缺陷
- 从现有论证中挑选元素，将其重组、综合，形成有关某个研究内容的新观点
- 通过辨认谬误、不足之处、依据或可信度缺乏等问题，找到论证中的错误
- 辨认他人所做的批判中的错误，进行纠正并做出公平的批判，从而拥护原作的价值以及说明拒绝批判的原因

当你批判一项论证时，要避免犯下一些逻辑谬误。你也许记得第5章中 293
讨论的论证中的谬误，它提到，有一些观点建立在对事情本身或其依据的错误信念的基础之上。批判一个论点时，很容易犯下一些损害论证力度的逻辑谬误。例如，你可能强烈反对他人说的话或说话的方式，但对他们个人进行攻击并不能驳倒他们的话。要攻击他们的想法和论点，而不是犯骂人这种错误。与此相关的另一个逻辑谬误是：攻击作者的动机就是在批判他的论点。你也许想指出某人提出论断时的动机，但这并不能驳倒他们的话，甚至可能给你的对手的观点加码。最后，如果你认为一个论点很荒谬，那么仅仅提出一个同样荒谬的反论点是不够的，一个逻辑同样有问题的论点不能驳倒一个靠不住的论点。

公平公开地批评

当你对他人的著作撰写批判性评价时，有一个惯例是对待他人的著作时你需要有基本的尊重——就像你希望别人如何对待你的作品一样。你也许感觉这种态度在学术作品里不总是很明显，但这是正确的行为，也是学习良好学术标准的一个好起点。下面列出了一些关于处理他人著作时怎样做到公平对待的基本建议。

一个主要的要求就是，总结他人的观点和论证时应当显示出开放和公平

的态度，这意味着不要默认读者对于你所讨论的著作很熟悉，也意味着在恰当的时候承认你赞同某个理论拥护者著作中的哪些观点。这并不仅仅是在通过为自己树立一个学者形象来表示你有多么理性，这事关为你的写作找到一些思维上的价值和一些建议。这样良好的做法还表明，你能够提取有用的信息，能够创造新的综合性观点。要避免的是过多表达观点的做法，虽然你需要陈述在某个论点中你发现了什么缺陷，但仅仅列出缺陷是不够的，你需要给予解释。为了让你的批判有合理性，你需要对你在论点中发现的错误做出结构化的解释，即要集中关注论证的主要方面而不是微小的细节。我们在后文很快能看到，这意味着你要对论证的主要元素进行系统分析。这样做的时候，你必须避免做出未经证实的批判或使用假想的例子，否则，你的分析就会失去价值。

294

批评的结构

因此，驳斥一个论点或一系列论点不是轻而易举的，它要求你在分析性评价的基础上进行结构化的思考。在第5章，我们讨论了你可以对分析和评价论证进行系统性思考的一些方法。在本节中，我们要讨论的是，在驳斥一个论点时，什么叫作系统性。下面的列表是第5章解释过的由图尔敏（Toulmin，1958）提出的论证结构，其中每个元素都有评价标准以使读者能够评估作者应用论证的正确性。要注意的是，对于采用这种结构的论证，我们可以系统地分析其中的各个元素。正如下面的列表所示，图尔敏的结构可以作为我们的分析指南，同时为我们自己的写作提供结构。

论断——清晰性、合理性、说服力、后果、实用性
依据——数量、相关性、可靠性、可复制性、可信度
信息——细节、来源、关系、时间段
理由——坚实度、联系程度、假设、语言运用
支撑——问题意识、可容许性、力度、效度
结论——逻辑、证实、后果、合理性

首先要说的是，我们有以下目的：（1）展示他人采用的推理结构，

（2）找到这一推理的部分或全部错误，然后（3）展示我们自己观点的可能性。这一看似简单的故事结构可以非常有效，它将让你以系统的方式进行论证，而且如果足够注意细节，你还可以在最后建立连贯一致的观点。一种思考的方式就是，你的任务是带领你的读者从某个观点的提倡者在论证中持有的观点转向你所提倡的另一观点。进行论证时，我们也许会考虑通过表达论证本身来撰写分析，也就是，说出论证的内容及其构成。通过这样做，我们表达了一个论证的立场，表示了该论证的所有人在一件事上的态度。这也许意味着要分析此人做出的论断、提供的依据，然后再检查其所给出的任何隐含的或明确的理由，然后，如果该论证被加诸某个限制范围，还要再对其进行描述。在此之后，你就可以开始你的批判了。

以“论断”为例，你可以从多个不同的立场对它进行批判性的评估。人们在提出论断时可能会犯一些错误，你可以去寻找，然后将其指出。首先，
人们往往对于自己的论断含糊其词，也许是因为缺少清楚的定义或误用了概 295
念，不论原因为何，你都可以从论证中将其摘出来，展示它的模糊之处。同样还有过度陈述的问题。一些观点提倡者在说服他人相信自己的论证时会使用过度陈述这一小把戏，他们相信如果一件事重复次数够多，其他人就会相信它。你可以展示论断在论证中重复了多少次，如果一个论断重复多次，也可以节选出来，以展示每次之间是否有任何区别，尤其是每次都使用同样的依据时。你也可以揭露论断的任何道德或政治内含，它们经常是最模糊的，因为最难以定义。基于政治建议、价值或解读的论断经常是逻辑荒谬的（可以使用归谬法），也就是说，如果按逻辑推理，它的结论就是胡说八道。例如，犯罪是基因组成的表现，因此犯罪的人都无法自控，所以不应被惩罚，所以唯一能采取的措施是……，这就是归谬法的使用。

一旦你分析完论断，接下来就要检查支撑这些论断的依据。要做到的关键一点是，揭示该依据在某个方面是不足的，即证明该依据是不充分的、偏颇的或与论断无关的。一个观点提倡者使用的所有依据都需要被推敲、审查。你需要将观点提倡者使用的依据进行总结，然后细致地检查每个类别。目标是表现出你理解这些依据的本质，而且知道如何对他人获得和采用依据的方式进行评价。依据有很多种形式，比如以下这些：

统计数据——原始的，二手的，描述性的，分析性的

证词——个人的，专业的，原始的，二手的，历史性的

例证——一手的，宽泛的，细节的

假设性例证——不可能的，可提取的，可信的

假设性场景——因果关系的，过程导向的

个人经历——逸事，叙事，近期的，历史的

如果采用了统计数据，那么就要调查清楚它们的来源，找到其出处，提问它们被选择的原因。如果你没有找到充分的原因，那么就关注数据本身，系统地分析它们与论证的相关性。你需要继续寻找使用这些统计数据收集方法的原因，和采用具体方法论假设的原因。你要表现出你质疑那些被广泛认可的统计数据的意愿，尤其是那些用来支撑对某个情景的定义的统计数据。要记住的是，统计数据是分类和决策的结果，它们是创造出来的，而不是自
296 然存在的或放之四海而皆准的。这同样也适用于解读的使用。所有的数据都需要解读，没有数据——尤其是统计数据——能不言自明。你要讨论观点提倡者们对依据所做的解读：他们怎样使用依据支持自己的论断？你也要试着评估他们所用的统计测试的恰当性。

在某些情况下，你可能发现你对数据本身没有什么异议，但不同意对它们意义的解读。你需要指出任何不一致或不重要，然而却被用作论证的中心支撑的数据。如果你能使用与对方相同的依据，但展示出不同的——甚至是相反的——结论，你的驳斥就会非常有力。这是因为你能用对方的逻辑指出对方所犯的错误。这样做并不需要长篇累牍，在马克思那个示例中（见第3章），我们可以看到他如何用短短几百字就推翻了长久以来被广泛接受的传统观念。如果你彻底地检查了对方论点背后的假设，你就能更好地质疑其推理过程。指出一个作者所依赖的政治、道德或价值判断，你就能展示依据可以如何用于支持一个得到重复定义的观点，换句话说，就是对方怎样积极地寻找依据来支持一个先入为主的观点。这可能也意味着要检查对方在著作中所用的引言和摘录。对依据的审视将会是对观点提倡者的一次谨慎的鉴别，因此，你可以讨论其选择的依据，展示该领域的专家之间的矛盾和对应的观点。你也可以看看其他人怎样将同样的依据用于不同的目的。因此，你可以引入

引用了相同依据的其他研究，来展示一个概念或一项研究不止一种使用方法。在这一阶段，你的最后一步可能是要总结你所批判的观点的长处，这也许是必不可少的，因为你可能想要使用文献中的一些内容来发展你自己的观点。

那么，最后一个阶段就要展示你分析的论证当中的问题，也就是要展示推理过程、依据使用、依据来源、假设的影响、解读的逻辑以及结论中的漏洞。在这一阶段所用的材料种类和结构由你自己决定，但记住要遵循图尔敏设定的基本准则，使用他认为对分析论证有用的那些成分。下面是对合理论证的一些要点的总结：

结构——使用明晰可靠的结构

定义——谨慎地使用清晰的例子来定义你要用的术语

原因——为你用来支撑论文的观点提供理据

假设——证实你的假设（不用隐晦的方式），只使用脱离价值判断或基于有效推理的可靠假设 297

谬误——避免谬误，如泛化、抽象化、将抽象误置为具体

依据——只使用公共领域中合法的、相关的、重要且可靠的、有记录的依据

权威——避免诉诸权威、惯例和传统

合法性与学术风格

使用一个主题的文献时，你其实是在使用他人的思想、概念和理论，因此，你的责任是以合理、公平和合法的方式使用他人的著作。这要求你保证能正确地引用文献，在必要时，不侵犯版权，甚至不违反数据保护法令。在本节中，我们将简要讨论以下两个方面，它能帮助你遵守学术惯例和法律。

合法性——创造合法作品

风格——运用学术写作的惯例

为了避免你的文献综述受到批评，你必须正确地使用文献，不违反学术研究的标准和价值观。你采取的一系列行为可能会让你的研究受到质疑，以下列出的是其中一部分：

歪曲——错误呈现他人的著作
虚构——将猜测呈现为事实
粗心——未提供正确的引文
以私害公——引用与你的研究无直接关联的同事的文献
剽窃——知晓使用的是他人的研究，却假装是自己的

以上所有行为只要注意细节都很容易避免，这意味着你记录文献时要一丝不苟，保证你使用的著作的所有细节都被充分、正确地引用。这一切都要求我们注意管理出版物的知识产权法，以及为电子媒体，如互联网上的著作而制定的任何法律。

知识产权

虽然知识产权方面的法律一直在发展变化，我们仍可以将其现在的观点总结为以下内容。知识产权法给特定种类著作的创造者以法律的保护，使他们能控制自己著作的被使用方式。知识产权保护是自动产生的，一旦一项著
298 作生产出来，它就拥有了知识产权，不需要正式注册。所以，知识产权适用于任何呈现于书籍、期刊、报纸、音乐、照片、插图、表格、视频和电视广播等事物之中的任何内容。图书馆对于研究者可以复制的或从复制文件中所能得到的材料数量有限制，然而图书馆和研究者都被允许拥有一定的知识产权特权，这些特权被称为“公平交易”，这就允许研究者从期刊、报纸、书籍等处复制有限数量的内容，但仅能用于研究目的。人们认为这意味着，只要没有侵犯知识产权所有者的经济权，为个人用途而复制是可以被接受的。

学术风格

除了知识产权和合法性，另一个重要的问题是学术风格。我们说的风格是指时态、语态和语法结构的使用等方面。虽然一些风格元素往往是特定学科的特色，但也有一些是大部分学者都要遵守的惯例，同时，学位论文也有着自己的惯例，下一段对此进行了概括。

就时态而言，大部分论文的第一章通常都用现在时撰写，引用文献时用过去时。关于文献综述、研究方法和数据收集的章节往往用过去时，因为是关于已经做过的研究的。研究发现、解读和结论等章节经常混合使用过去时和现在时。指向你自己的研究时，用过去时；而讨论你的研究发现意味着什么时，用现在时。

语态

就主动语态和被动语态而言，在学位论文中变换使用语态是有帮助的。当描述，例如你怎样选择研究主题时，使用主动语态（我，我们）通常是可以的，它可以为读者提供一种更个人化的维度，帮助他们理解你的研究，让他们有设身处地的体会。然而有时候（不带个人色彩的）被动语态（“研究完成”而不是“我做完了研究”）会比较有用，它不但能在长文本中增加丰富性，还能保证调查对象的匿名性，因为你并没有指称他们的名字，例如“不清楚的是……”或“我被告知……”。

语言得体性

最后，日常语言中常见的部分词或词组是不适合用于学术论文的。例如，“很明显的是”“受欢迎的是”“事实是”“所有人都可以看到”是价值性判断，不应使用；“非常”“太棒了”“关键”“独特”“等等”等词也应该避免，因为这些词或词组是不必要、不准确的。还要记住慎重使用一些词，例如“正常情况下”，或者可以完全不用。别忘了你不是在为一本流行杂志写观点专栏，而是在报告一项研究、一个逻辑上令人信服的论证。这类写作不允许你使用歧视性的语言（如性别歧视），除非为了举例。大部分专业协会，如英国社会学学会都出版了语言使用指南，建议你以此为参考。下面是一些歧视性语言 299

的例子和建议使用的替代词。

歧视性语言	替代词	
workman	worker	工人
ladies	women，females	女人，女性
man-hours	work hours	工作时间
laymen	lay people，general public	外行，普通公众

撰写综述

在研究者撰写研究时，很多关于通用写作技巧的书可能会有帮助。我们这里要做的是给出关于综述写作的思维过程的一些基本知识。看待这一任务的一种方式是，将其视为展示你所研究和所学的一次机会，将它看作为你的读者提供信息的一种行为。读者从你的写作中能获得的益处很多，他们会看到你如何从文献中提取要点、开展分析，如何用你自己的语言重构文献大意，产生批判性综合。你的读者从而能比以前更加了解这个研究主题。从你撰写的论文的角度，它很有可能成为你进入学术圈的门票。我们希望，你从将自己的研究写成一篇连贯的文本当中获得的满足感能够胜过你在这一过程中自然会经历的困难。因此，我们想要强调，所有的写作都有困难，它不是只有个别人才能做的事。写作是我们大多数人都能做到的，我们能忍受和克服这些困难，最终完成工作，我们需要决心和忍耐力。也许你会发现少量多次的写作对你有所帮助。

300 问题与原因

没人会认为写作容易，大多数人觉得写一篇连贯的文章是有挑战性的。

对于一些人而言，写作需要的时间精力可能成为不写或写得很少的一个借口。写作的讽刺之处在于，你写得越多，就会写得越好，而且要相信，你会越享受写作，有越多的东西想要写。然而，我们在将想法写成文字供他人阅读时仍然会存在问题。人们在写作时会经历一些共同的问题，表9.1呈现了其中三种，并给出了相关原因和一些可能的解决方案。

表9.1 写作时会遇到的一些问题、原因与解决方法

问题	可能的原因	解决方法
缺乏时间	· 尤其对非全职研究者而言，生活繁忙。	· 管理时间。 · 让家人和朋友认识到你的研究很重要。 · 使论文写作成为你利用个人闲暇时间的一部分。
不熟悉不同的风格，尤其是学术风格	· 只熟悉自己工作中使用的语言风格。 · 缺少学术背景。	· 阅读不同风格的文章。 · 努力理解不同情景中的不同写作惯例。
不习惯写长而复杂的文档	· 习惯面对面交流。 · 很少用写作进行论证和劝说，因此不熟悉词语的时态、所有格和其他语法惯例。	· 阅读和学习。 · 写短篇文档。 · 将文章分成可以掌控的小节。

关于学生如何写作和管理研究工作与时间，已有一些很好的指导书，因此，本章后面的内容会专注于组织写作的过程和阶段。

文献综述是一篇正式陈述你的分析结果的结构性文章，因此是对研究主题当前进展和议题的描述。它的首要目标是提供充分必要的信息，以展现你已经仔细地思考过文献中包含的与研究主题相关的知识。这一目标可以用一系列格式、呈现信息与分析的一系列技巧来达成。例如，文本、图表都可以用来表达你的分析。你需要记住的一件事是，你的论文是你的研究的正式记录，因此是一份公开的文档，一份对研究主题的研究历史的记录，它可能是你对自己的研究的唯一记录。这一点暗示了，你的论文也许是你被认可为进行这项研究的人的唯一公开载体。此外，你的论文还有可能成为他人进一步 301
研究的基础。正是因为这些原因，在规划论文写作时投入精力与时间是值得的。对于文献综述这一章，同论文的其他章一样，你需要提前做好规划。

制定规划

重要的一点是，在你研究的初期，你要设定一个指导你工作的模式，这一模式从你对研究的全盘规划开始，是对整个研究的规划，通常也是开题报告的一部分。尽量遵循你的规划，但要预料到意外的发生，随时准备随机应变。也就是说，可能有事情会延误你的计划，你需要加以克服。有时，不论一个发现是如何获得的——往往是以一种完全偶然的方式——它都是改变研究的一个机会。可能是你获得了一些你不知道或没想到能获得的数据，也可能是你忽然欣赏到一种在你的研究领域中不被关注的方法的价值。所以，你需要决定如何去做，是忽略你的发现还是将它利用起来。在大多数情况下，这些发现都会被认为是对原定规划的威胁，于是研究者就会经历一次干扰工作节奏的小危机。你不应将这种事情视作问题，而应将之视为挑战。问自己，跟从这种意外的机会有什么好处？尽量想清楚这个机会将引你去往何处，对你的主题理解产生什么影响。用这种方式，你就能继续你的研究。更重要的是，你将会根据自己的发现评价你所读的文献，那么即使写作过程被暂时拖延，你的知识和分析能力也会增长。

当然，你要做的是把你的发现写到纸上，只要你认为已经抓住了该发现的意义，就需要这样做。你可以边思考边写，记下粗略的笔记可能是一种很好的边想边写的方法，它可能会为你书写自己的想法提供结构上的提示。因此，花时间琢磨自己的想法可能会很有帮助，如果这件事是你用笔和纸来做的，那么它对系统辨别思想之间的关系这一分析过程可能是一个很大的助力。正是在你把想法写下来的这个阶段，这种做法才是有用的。也就是说，如果每次都用同样的方式写作，你很快就会熟悉这个过程，从而知道会发生什么。通常，写作过程包括一些基本环节（见图 9.1），我们将一一讨论这些环节。

302

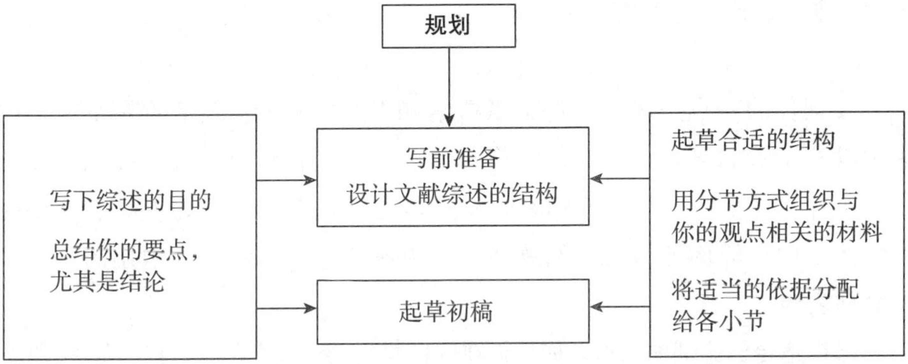

图 9.1　思考如何开始写作

写前准备：设计文献综述的结构

定好规划之后，你需要考虑如何设计你的综述结构，以备撰写初稿。这一阶段你要界定自己的目的，选择合适的论证结构。

界定目的。在这一步，你要清楚地阐明自己想要达到的目的。这需要用几句简短的话做一个声明。如果你将综述目的写下来，并将它写进这一章的前言，会很有帮助。这些目的是文献综述的主要参照点，文献综述的内容应该以清晰、系统和直接的方式实现这些目的。要做到这一点，你需要思考文献综述这一章如何组织。稍后我们将看到三种文献综述章的组织方式。但在这一阶段，你要记住，你的笔记需要根据综述目的进行组织。尽量将你的材料分成以下三个基本的分区（你需要决定每一个分区分成几个小节）：

1. 对该主题已有研究的总结：这包括研究的不同方式（方法与方法论）、不同作者在研究中强调的不同问题。要辨识关键术语和概念被定义或使用的不同方式。

2. 对前人研究的批判性评价：评估前人采用的研究该主题的方法论和方法，评价文献的相对优缺点。在这一分区，关键的是要显示出文献中的方法论假设的全貌。

3. 该主题迄今已有的一些普遍和具体的结论：普遍的结论可能与该领域早期基础性研究的总体方向有关，具体的结论特别要包含前人研究中的漏洞、谬误和失败，从而显示你自己的方法的合理性。

303 要记住的一点是你无法将文献检索和综述中的所有内容都写下来，因为你没有足够的篇幅。因此，当你为这一章组织材料时，要仔细思考什么是达到你目的所必需的。任何在这个标准之外的都应该置之一旁、不要收入综述之中，但你可以将它们放在一个被参考过但未在正文引用的总参考文献列表当中。

选择适合你论证的结构。如果你在安排材料的时候有一个可以遵循的结构，那么你就有了写作的起点。有多种结构可以使用，表 9.2 展示了其中三种。

表 9.2 提出观点的三种结构

问题意识模式（总结性评价）	因果关系模式（分析性评价）	可能的解决方法模式（形成性评价）
描述问题的本质。 举例说明问题的严重程度。 给出问题存在的依据。 提出对问题的定义。 展示问题与读者的相关性。 提供负面影响的具体依据 / 论证。 解释无所作为或现状继续下去的后果。 提供起效果 / 当前做法的依据。 总结问题的情况。 概述问题的参数（定义性论证）。 概述解决问题现状的方法（建议）。	确立问题的存在（问题意识）。 提出可能导致问题的原因。 展示这些原因背后的主要因素。 澄清任何混乱的内容：排除任何不可能的、无关的原因 / 定义，并提供依据。 专注于提出的原因 / 定义。 为你提出的原因 / 定义提供依据，总结论证。 为解决问题的行动过程提供建议。	考虑已有的定义和解决方案。 举出已有解决方案的相关例子，展示它们为何失败或不正确以及导致失败的因素，提供关于因素的依据。 考虑可能的替代方案。 区别替代方案的优劣。 对替代方案可能的效果进行总结，通过排除法选择替代方案，为排除和选择提供依据。 总结问题、已有解决方案，以及这些方案为何失败，提出建议的替代方案。

每一个模式中的元素都可以被提取出来，但如果你要提出建议，那么在
304 任何情况下你都需要解释这些建议的益处。以下组织方式是撰写建议最常见

的方式：

- 描述什么是错的——问题是什么
- 对解决问题提出建议
- 分析如果建议被采纳会产生什么好处
- 了解和驳斥任何可能针对建议提出的反对意见

建议应是清楚的、系统的，使用上述结构可以帮助你达到这个目的，它也能让你清楚，你提出的建议有什么潜在的好处。这意味着你要使用文献中的依据说明你找到的那些失败的研究当中的优点。当展示以往研究的缺点时，你也是在表明这些失败对你的研究是有利的，这是因为它们能让你为自己研究这个主题的方法找到理由。这当中的一个主要元素就是依据的使用，它们可能是其他研究中的引语或数据，不论是什么，你的建议都会十分依赖于其他文献，所以正确使用文献非常重要。

仔细看这三种结构，记住，它们不是规范，只是帮助你思考如何写作的建议。重要的是，将它们视作资源，以你认为适合你目的的方式加以利用。在结束本节之前，让我们看涂尔干在他的经典著作《自杀论》中所用的一个结构的例子（见表 9.3）。

在第 7 章，我们讨论了埃米尔·涂尔干关于自杀这一主题的著作，我们展示了他的目的是定义社会学的研究内容以及这个学科怎样才能更科学——涂尔干的目的是论证。使用分析模式，我们可以总结他的文献综述的主要元素（见表 9.3）

表 9.3 《自杀论》的分析模式

模式中的元素	《自杀论》中的元素
提出可能导致问题的原因	涂尔干将自杀描述为一种社会行为，而不是个人行为，从而挑战了传统的视角与观点。他认为自杀受到一个人对其所在社群的依恋程度的影响，所以他论证（假设）的一个起点就是，一个人越依恋自己的社群，就越不可能自杀，反之亦然。这就是他逐步发展定义的开端。

续表

模式中的元素	《自杀论》中的元素
305 描述问题的本质	涂尔干引入统计数据说明一些欧洲国家自杀的程度和模式，然后通过对自己假设的一系列细微的表达进一步发展定义。他通过与自己对话，让自己的定义可以解释特殊的个例。
展示所提出的原因背后的要素	从数据的模式当中，涂尔干开始找到与他的主论点相关的若干变量，将宗教信仰、婚姻和经济状况确定为理解（解释）数据模式的重要因素。
澄清所有混乱的内容	涂尔干在论证的第一部分不断总结定义，这一做法增强了他的观点，而且经常被用来加强他所提供依据的重要性、削弱反对观点。
排除所有替代性的原因	涂尔干系统地排除了替代性解释和定义，他的方法是，表明以往记录的自杀案例与当前的解释方式之间没有实质联系。
专注于提出的原因 / 定义	涂尔干的主张的激进性保证了他的观点会引起关注。他通过反复和重新表述，不断地将他的论点置于论证的最前沿，并在他的整个论述中使用依据来排除其他观点。由此，他的演绎式方法——在著作开头陈述论点，然后通过使用依据发展论点——帮助他有力地证明了社会事实的存在性是社会学的研究内容。

使用结构呈现推理

我们之前强调过，好的学术写作需要连贯、系统和清晰（见第 1 章、第 2 章）。连贯意味着作为一个整体，它要从头到尾用同样的方式讨论一个主题，而且不跑题。不同的章节也许内部是一致的，但这些章节需要相互之间有充足的联系才能使整体连贯。不同的章节应该被视为构成论证的不同部分。每一章节，当以一种恰当的结构组合时，都包含论证所需的充足且必要的信息。我们在本书使用的很多例子中已经看到了这一点，在阿特金森与涂尔干的著作举例中也看到了这一点。他们两位都研究自杀，都必须解释自己对这一主题特定的定义，并就这一定义给出足够的理据。像大多数作者一样，他们通过使用结构性论证和对文本的组织做到这一点。

306 在阿特金森的例子中，我们看到他怎样使用结构性文本传达想法和论证。对结构和文本组织方式的强调是很重要的，因为当我们进行论证时，写作任务迫使我们仔细思考我们的主张是什么。在一定程度上，将论证付诸笔端避免了口语当中常见的逻辑问题，也促使我们谨慎地关注论证的线性组织，帮助我们澄清我们希望别人能理解的意思和意图。如果有了一个结构来指导论证的呈现，我们就能更好地看清自己的主张是什么、哪里是要点、需要强调什么关系，以及在哪里重申观点可以帮助读者跟上我们的论证，还能帮助我们将这篇论文与整个研究领域相结合。上文的三种结构（问题意识、因果关系、可能的解决方法）让我们看到可以怎样思考以系统地组织自己的想法。不管怎样，我们也能从思考逻辑顺序这件事中获益，并在写作中使用。

有很多可以使用的组织方式。例如，如果想要展示对一个主题的研究的历史性发展，我们可以使用时间顺序。在社区概念的例子中（见第 2 章），作者就使用了时间顺序结构作为论证的一部分，社区的不同定义根据不同研究的出版日期一一呈现。此处要注意的是，时间顺序只能用作论证的一部分，而不是论证本身。它是一种对特定读者比较熟悉的材料进行组织的方法，作者可能假设他的读者熟悉他所列的大部分甚至是所有文献，这关系到另一种可以使用的方法，叫作“熟悉到陌生”的顺序。

社区材料的读者首先看到的是他们熟悉的材料，是关于这个主题和概念的知识库，在这种情况下，这种方法可以很有效，尤其是在介绍一个你认为会对读者造成理解困难的争议性提议或论证的时候。通过以熟悉的内容开头，对读者可能不熟悉的内容进行分析和观察，就能通过使用读者已经熟悉的知识增进读者的理解。当然，他们可能不同意作者对社区研究的常见方法论所做的观察，但这会引起他们的思考。你可能也注意到，这个例子使用了归纳式结构，即从具体到一般的顺序。

时间顺序和熟悉到陌生的顺序都可以并入归纳式或演绎式结构，我们所举的涂尔干《自杀论》的例子展示了演绎式结构的使用。他的论证从一般性
陈述（论点）发展到具体的细节和例证。演绎式推理是与经典逻辑学家有关 307
的，如古希腊的亚里士多德和柏拉图。这种推理形式的经典例子是：

1. 所有的人都会死［大前提］
2. 简（Jane）是人［小前提］
3. 所以，简也会死［结论］

就研究方法而言，我们经常能看到论证撰写方式和作者在研究中所用研究方法之间的关系，如表 9.4 和表 9.5 所示。

表 9.4 演绎式写作结构

演绎式研究程序	演绎式写作结构
研究者检验一个理论	前言：理论与论点陈述
从理论中得出假设或研究问题	来自理论与论点的关键问题 说明导致问题的原因的具体例证
将概念和变量操作化	讨论关键概念的定义 讨论对可能的替代性定义的排除
使用研究工具测量理论中的变量	采用的数据收集方法 讨论数据细节
验证假设	讨论与假设和理论相关的研究发现

表 9.5 归纳式写作结构

归纳式研究程序	归纳式写作结构
收集信息和数据	前言
提出关于研究现象的问题	具体例子 将对例子之间关系的尝试性解读作为问题提出
对数据进行分类	给出更多例子并根据研究问题对其分类；发展并重申观点
寻找数据的模式，提出潜在理论	给出更多例子并将其分类以检验类别的适配性和有用性 进一步发展并重申观点
检验和发展理论，将所提出的模式与其他模式和理论相比较	给出模式的主结论 建构合理的理论以解释模式中的关系

撰写初稿 308

不论你在自己分配的写作时间里做什么，你都必须真的去做！我们很容易被甚至是最微不足道的事情分散注意力——几乎其他任何事都比写论文更有吸引力。你需要养成写作的习惯，这意味着你要明显突出这件事，比如设置一个固定的白天或晚上的时间进行写作。即使你只是潦草地做做笔记，画画图表，你也能很快习惯写作这个任务。这样的自律会很快让你发展出花时间写作或思考写作的需求。很多研究者在写完论文之后才意识到这一点，他们错过了发展写作需求的机会，经常发现自己不知道该怎样利用时间。在写作阶段，一些输出是必不可少的。这里有一些系统性思考写作内容的方法供你参考：

- 考虑读者的需求：他们会寻找什么？想要读什么？
- 考虑章的结构：应该怎样分节？
- 考虑前言：你可以怎样宣布自己的研究目的和主题？

考虑读者的需求

这并不是让你为整篇论文设计一个结构，而是将论文的每一部分提取出来，决定哪种结构最适合你决定放在这一章的材料。在这个阶段，你依旧需要编辑自己的材料，同时思考写作的内容。一种有用的方法是，提出一系列问题，这被称为作者的问题。它的理念是，如果你意识到谁将阅读你的作品，他们需要了解什么，那么你就能为生成适合读者的作品而努力。要考虑的问题有：

1. 读者有多少知识？
2. 读者想了解什么？
3. 他们会怎样阅读我的论文？
4. 对于可能提出的问题，我需要提供什么样的回答？

如果你是一名学生，你的导师将阅读你的论文，你可以推测他对你的研究主题和你采用的研究方法有所了解。然而，其他的导师也可能阅读你的论文，你就不能默认他们熟悉你或你的研究。所以，要确保所有的事情都被解释清楚了，所有的概念都有定义。你还应该确保所有的参考文献都是正确的，而且你已经引用了所有你用过的文献。

309 你的导师会期待看到一篇符合一定标准的学术文章，它需要清晰、系统、连贯。必须描述你是如何使用他人的研究的，并且需要解释和证明你使用何种方法分析他人的思想。你的分析需要保持平衡，用论证和依据进行支撑。读者将根据以下标准来评估你的论文：

1. 你完成了研究项目。
2. 你彻底、清楚地综述了与研究主题相关的文献。
3. 你从文献中找到了重要的思想、概念和研究方法。
4. 你采取了跨学科的方法。
5. 你准确一致地记录了你的文献。
6. 你的分析系统、全面并具有强相关性。

考虑章的结构

使用小标题将一章分成几个小节是很有用的做法。一旦你对于整章需要写些什么有了大体的想法，就要思考你如何以符合逻辑的方式引导读者从一条信息和分析转向下一条。你可以在章的开头写描述性信息，然后进行分析，最后以某种形式的正面或评价性批评作为结论。这样你就有三个大的部分，每一个都可以进一步分节。当然，你需要一段前言（我们稍后会说如何写前言）。一旦你有一个指示性结构，那你就可以开始用材料填充各个小节了。你不需要按顺序做这件事，除非这样做符合你的工作方式。大部分作者都是在不同时候写不同的小节。这有两个原因：第一，这提供了一种处理艰巨任务的方式，即不要试图从头到尾按顺序完成写作任务，而要将它分解，随机地完成不同小节，使任务看起来不那么令人生畏。第二，有的作者发现这种工作方式能帮助他们持续地回顾写作内容，这种方法鼓励他们对自己所写的内容来回检查，于是，修订成了这个过程的一部分。第三，一旦你写了什么，不要无休止地检查、力求完美。返工和改错几乎总是不可避免的，校对是必经的阶段。如果别人为你这样做，积极地接受批评。简单地说，你的目标就是将研究写出来，而不是创作经典。

撰写前言

写前言是大部分作者表达想法时最普遍面临的问题。很多人往往将前言拖到文献综述主体写完之后再写，这样他们就对自己想要告诉读者什么有更清楚的想法了。然而，在开始写作之前，你需要知道写作的目的。因此，一个前言的初稿对指导文献综述的主体很有用。开头的一个好方法是先写你综述的目标是什么，把你想要达到什么目标以及原因写下来。在本书中，我们给出了文献综述应当完成的多种目标及其解释，用任何你认为适合你研究的方式使用这些目标。 310

规划前言的时候，要将文献综述看作一个整体。用操作性语言来说，你的文献综述应该有两个维度：一是提供信息，二是说服你的读者你有充足的研究理由，即你在现有研究中找到了可以用你的研究进行填补的空白之处。前言也应该表示这两个目的。你可以做一些事来达到这两个目的。为了说服他人你有一个值得考虑的研究理由，就要选择一种适合你的目的和材料的论证结构，前文讨论了其中一些。为了满足读者的信息需求，你要思考以下问题：

1. 读者需要多少信息?
2. 他们已经了解了多少信息?
3. 你希望他们如何使用这些信息?

考虑这些问题会帮助你选择足够和必要的信息数量和种类来撰写前言。记住你不需要把你找到的每条材料都放在参考书目中，在这个过程中选择和编辑文献与综述文献一样重要。如果你只呈现相关信息，读者就会觉得你更值得尊敬。所以，先规划好文献综述的主体，将它分解为小节、配上恰当的小标题，然后再写前言，经常是更有效的做法。用这种方法，前言就是最后撰写的部分。

当你将材料分节时，你要思考什么支持方式更适合你的信息。你可以提供两种支持方式帮助读者理解你要说的话：信息支持和兴趣支持。信息支持是你提供的信息片段，而兴趣支持能让你的读者保持注意力（这并不是说你的写作要有娱乐性）。表 9.6 总结了两种支持的构成元素。

表 9.6　信息支持与兴趣支持

信息支持	兴趣支持
事实——陈述与数据	逸事——故事和个人经历
专家证言——引语与摘录	视觉辅助——图表
示例：案例——事例与例证	列表——要点清单
解释——讨论	反问——促使读者思考的提示

在前言中，你可以同时采用信息支持和兴趣支持，这会让前言变成一个难写的小节，因为你还要纳入表 9.7 中所示的五个主要成分。

表 9.7　前言的五个主要成分

目的	手段
宣布综述的主题	一句清晰、谨慎的陈述
陈述综述的目的	对你要达到的目的进行谨慎解释
解释主题的相关性	表明你所选文献的重要性
确立你的可信度	表明关于为什么你可以被认为有能力撰写有关这个主题的信息
预告你将在文献综述主体中提出的要点	提前引起读者对文献综述结构的注意，可能要包括你的主旨陈述

311 除此之外，你的前言还有一个任务。你也许研究的是一个历史悠久的主题，你的读者也许会以为你没有什么新的内容可写。所以，在前言中你需要从一开始就攫取读者的注意力，让他们知道并非如此。你可以通过几种方法实现这一目的，例如你可能会做出一个与对该主题的先入为主的预期相反的

大胆陈述，或者给出令人惊讶的数据。不论你用哪种手段，它都需要与主题高度相关，将读者的注意力集中在随后的信息之上。

修改初稿

初稿应该是这样的：基于一种结构，对你想要说的话做一个初步、尝试性的概括。不要试图一次性做到所有。每个作者都要经历数稿，才能逐渐靠近他们满意的程度。因此，一旦你有了具备内容和结构的材料，就要开始思考如何把它们写出来。在这个阶段，你需要从清晰度、结构和连贯性等方面分析它，寻找主要思想之间的分割点，问自己，论证是否有逻辑，表达方式 312
是否清楚易懂。要意识到你也许不能保证整篇文章都很清晰，看看哪些部分清楚而哪些不清楚，然后重写需要进一步解释的地方。检查你对依据和修辞的使用。思考你是否做出了没有适当依据支撑的论断。

编辑是改善文章的必要步骤，可以使文章更清楚、简单、前后一致。以下建议也许能帮助你进行编辑：

1. 找出不清楚或过长的句子，重写为较短的句子。
2. 检查每一段，确保它只讲一个主题。
3. 检查某些重要的段落是否需要重写，以使之更有效。
4. 列出每段的主题来保证它们之间是前后相联系的。
5. 将专业术语替换成日常用词，或解释专业术语的意思。
6. 核实动词都是主动而非被动形态的。
7. 寻找非必要的形容词，删除“非常”等程度词。
8. 寻找你用过的比喻，检查它们是否恰当。
9. 寻找浮夸的多音节词，将其替换成更简单更合理的词。

这几点中的一些我们在讨论作者风格的时候已经提过。就连贯性而言，要看前言与结论和主体是否有充分的联系，这要求你反思整个文献综述的结构。你可以总结每一段的大意，检查这些大意之间是否有逻辑联系，每一个是否都以某种方式从前一个发展而来。所以，编辑时，你应将任何不是论证必需的内容剔除。你还要检查文章中从句的排列和顺序，以及你用来支持这些句子的依据。有一些呈现手段可能会有帮助，而有一些你应该避免，以使你的写作更加连贯。下面是你需要记住的一些要点。

- 句子。一句只表达一个含义，确保所有的句子都有主语、谓语动词和宾语。
- 段落。将表达和扩展同一主题的句子组合在一起。当你要介绍另一主题或该主题的另一方面时，另起一段。
- 语法一致。正确使用逗号、冒号和分号。
- 过渡词。使用词语连接段落，以在论证中表示对比和发展，比如“那么”“所以”“结果”“但是”“于是”。

313 分析自己的作品并不容易，但这是必要的。使用我们在这一节中所说的方法应该能帮助你变得更具反思性和更擅于分析，从而提高你的写作水平。但是记住，理解如何写作的最有效方法之一，就是尽可能广泛地阅读。寻找好的文章和不好的文章的例子，尽量找到其他作者安排论证结构和使用各种技巧表达思想的方式。结构和风格等的使用不涉及版权，因此，你可以在自己的作品里借用别人的用法，就像他人可以借用你的一样。

结论

本章对于如何撰写文献综述提供了建议和指导。我们用很多方式试图将这些建议与全书的主题与论证相联系。你要意识到，所有类型的研究都得益于一篇合格的文献综述。本书也呈现了分析思想和论证的很多不同的方法。这些方法，如思想绘图，本身并不足以构成文献综述，它们只是理解文献内容和各个作者在研究中想要产生什么结果的一些手段。所以，我们强调要思考别人的观点，反思一个作者开展研究的理由，以及这项活动要求怎样的态度。我们思索了在解读和评价研究时保持宽容、理解和开放的重要性。简言之，当你做文献综述时，你需要确保你的文献综述：

1. 表现出对研究主题的清晰理解。
2. 包括所有重要的标志性研究。
3. 通过逐步打磨，发展出清晰的研究问题。
4. 使用恰当依据陈述有关前人研究的明确结论。
5. 展示主题领域中定义和方法的多样性。
6. 使用基于依据的连贯论证以得出合理的建议。
7. 指出现有知识中的空白。

总结

- 不论研究项目开展的原因或使用的方法论传统是什么，文献综述在一个研究项目中都发挥了多重作用。
- 研究者需要充分了解不同类型的文献在研究项目中的作用。 314
- 所有的文献综述都是独一无二的，因为没有相同的研究问题，而且研究情境会随时间而变。
- 有不同的方法可以安排文献综述的结构。要熟悉这些方法，发展适合你自己的研究的结构。
- 不是只有杰出的研究者才可以写文献综述，但你需要理解文献综述的作用、如何以符合逻辑的顺序安排你的材料，以实现你的目的。

参考文献

Afolabi, M. (1992). 'The review of related literature in research'. *International Journal of Information and Library Research*, 4(1): 59–66.

American Education Research Association (2006). 'Standards for reporting on empirical social science research in AERA publications'. *Educational Researcher,* 35(6): 33–40.

Anderson, R. J., Hughes, J. A. and Sharrock, W. W. (1985). *The Sociology Game: An Introduction to Sociological Reasoning*. London: Longman.

Archer, M. (1995). *Realist Social Theory*. Cambridge: Cambridge University Press.

Asimov, I. (1963). *The Genetic Code*. New York: New American Library.

Atkinson, J. M. (1982). *Discovering Suicide: Studies in the Social Organisation of Sudden Death. London*: Macmillan Press.

Ayer, A. J. (1946[1936]). *Language, Truth and Logic*. London: Victor Gollancz.

Barnes, D. (1994). 'Stimulus equivalence and Relational Frame Theory'. *The Psychological Record*, 44: 91–124.

Barnett-Page, E. and Thomas, J. (2009). *Methods for the Synthesis of Qualitative Research: A Critical Review*, NCRM Working Paper Series Number (01/09). London: EPPI. Available at: http://eppi.ioe.ac.uk/cms/Default.aspx?tabid=188.

Barthes, R. (1967). *Elements of Semiology*. London: Jonathan Cape.

Becker, H. (1963). *Outsiders: Studies in the Sociology of Deviance*. New York: Free Press.

Becker, H. S. (1986). *Writing for Social Scientists: How to Start and Finish Your Thesis, Book, or Article*. Chicago: University of Chicago Press.

Beloff, H. (ed.) (1980). 'A balance sheet on Burt'. Supplement to *The British Psychological Society*, 33.

Berger, A. A. (1972). *Ways of Seeing*. London: BBC and Penguin Books.

Berger, A. A. (1995). *Cultural Criticism: A Primer of Key Concepts*. London: Sage.

Bhaskar, R. (1978). *A Realist Theory of Science*. London: Verso.

Blunkett, D. (2000). *Influence or Irrelevance: Can Social Science Improve Government?* Swindon/London: UK Economic and Social Research Council/ Department for Education and Employment.

Boaz, A., Ashby, D. and Young, K. (2002). *Systematic Reviews: What Have They Got to Offer Evidence Based Policy and Practice?* Working Paper 2. London: ESRC UK Centre for Evidence Based Policy and Practice.

Bodanis, D. (2000). *$E=mc^2$: A Biography of the World's Most Famous Equation*. London: Macmillan.

Boote, D. N. and Beile, P. (2005). 'Scholars before researchers: On the centrality of the dissertation literature review in research preparation'. *Educational Researcher*, 34(6): 3–15.

Brewer, J. and Hunter, A. (2005). *Foundations of Multimethod Research.* Thousand Oaks, CA: Sage. Campbell Collaboration. Available at: http://campbell.gse.upenn.edu.

Brockman, J. (2013). *This Explains Everything: Deep, Beautiful, and Elegant Theories of How the World Works*. New York: HarperCollins World.

Buchdunger, E., Zimmermann, J., Mett, H., Meyer, T., Müller, M., Regenass, U. and Lydon, N. B. (1995). 'Selective inhibition of the platelet-derived growth factor signal transduction pathway by a protein-tyrosine kinase inhibitor of the 2-Phenylaminopyrimidine Class'. *Proceedings of the National Academy of Sciences*, 92(7): 2558–2562.

Button, G. (ed.) (1991). *Ethnomethodology and the Human Sciences*. Cambridge: Cambridge University Press.

Buzan, T. (1995). *The Mind Map Book.* London: BBC Books.

Cakir, M. (2008). 'Constructivist approaches to learning in science and their implications for science pedagogy: A literature review'. *International Journal of Environmental and Science Education*, 3(4): 193–206.

Calvillo, E. R. and Flaskerud, J. H. (1993). 'The adequacy and scope of Roy's adaptation model to guide cross-cultural pain research'. *Nursing Science Quarterly*, 6: 118–129.

Carnap, R., Hahn, H. and Neurath, O. (1973[1929]). 'The scientific conception of the world'. In M. Neurath and R. S. Cohen (eds), *Empiricism and Sociology*. Dordrecht: Reidel.

Carr, S., Lhussier, M., Forster, N., Geddes, L., Deane, K., Pennington, M., Visram, S., White, M., Michie, S., Donaldson, C. and Hildreth, A. (2011). 'An evidence synthesis of qualitative and quantitative research on component intervention techniques, effectiveness, cost-effectiveness, equity and acceptability of different versions of health-related lifestyle advisor role in improving health [Briefing paper]'. *Health Technology Assessment*, 15 (9): 1–284.

Catt, H. (2005). 'Now or never – electoral participation literature review'. Paper delivered at *Citizenship: Learning by Doing. Children and Young People as Citizens: Participation, Provision and Protection*, Sixth child and family policy conference, University of Otago, Dunedin. Available at: http://www.elections.org.nz/sites/default/files/plain-page/attachments/Youth%20Participation.pdf.

Cha, K. Y. and Wirth, D. P. (2001). 'Does prayer influence the success of in vitro fertilization-embryo transfer?'. *Journal of Reproductive Medicine*, 46: 781–787.

Chen, D. (2003). 'A classification system for metaphors about teaching'. *Journal of Physical Education, Recreation & Dance*, 74(2): 24–31.

Cho, K. W. and Neely, J. H. (2012). 'Is Hirsch's H the best predictor of the number of a researcher's extremely highly cited articles?' *Measurement*, 10: 157–160.

Chung, C. J. and Park, H. W. (2012). 'Web visibility of scholars in media and communication journals'. *Scientometrics*, 93(1): 207–215.

Ciapponi, A. (2011). *Systematic Review of the Link Between Tobacco and Poverty*. Work conducted for WHO by the Institute for Clinical Effectiveness and Health Policy (Instituto de Efectividad Clínica y Sanitaria – IECS), Argentine Cochrane Centre IECS, Iberoamerican Cochrane Network. Available at: http://www.cochrane.org.

Cohen, L. J. (1986). *The Claims of Reason*. Oxford: Oxford University Press.

Coleman, E. G. (2010). 'Ethnographic approaches to digital media'. *Annual Review of Anthropology*, 39(1): 487–505.

Connelly, J., Duaso, M. and Butler, G. (2007). 'A systematic review of controlled trials of interventions to prevent childhood obesity and overweight: A realistic synthesis of the evidence'. *Public Health*, 121: 510–517.

Cooper, H. M. (1984). *The Integrative Research Review: A Systematic Approach*, Applied Social Research Methods Series (Vol. 2). Beverly Hills, CA: Sage.

Cooper, H. M. (1988). 'Organising knowledge synthesis: Taxonomy of literature reviews'. *Knowledge in Society*, 1: 104–126.

Cooper, H. and Hedges, L. V. (1993). *The Handbook of Research Synthesis*. New York: Russell Sage Foundation.

Cooper, J. (2007). *Cognitive Dissonance: 50 Years of a Classic Theory*. London: Sage.

Cornelissen, J. P., Oswick, C., Christensen, L. T. and Phillips, N. (2008). 'Metaphor in organizational research: Context, modalities and implications for research'. *Organization Science*, 29(1): 7–22.

Cuff, E. C. and Payne, G. C. F. (1984). *Perspectives in Sociology*, 2nd ed. London: Allen & Unwin.

Davies, H. T. O. and Nutley, S. M. (2000). 'Healthcare: Evidence to the fore'. In H. T. O. Davies, S. M. Nutley and P. C. Smith (eds), *What Works? Evidence-based Policy and Practice in Public Services*. Bristol: Policy Press.

Daykin, N., Evans, D., Petsoulas, C. and Sayers, A. (2007). 'Evaluating the impact of patient and public involvement initiatives on UK health services: A systematic review'. *Evidence & Policy,* 3(1): 47–65.

Design-Based Research Collective (2003). 'Design-based research: An emerging paradigm for educational inquiry'. *Educational Researcher*, 32(1): 5–8.

Dicks, B., Mason, B., Coffey, A. and Atkinson, P. (2005). *Qualitative Research and Hypermedia: Ethnography for the Digital Age*. London: Sage.

Douglas, J. (1966). 'The sociological analysis of the social meaning of suicide'.

European Journal of Sociology, 7: 249–298.

Dowden, C. and Andrews, D. A. (1999). 'What works for female offenders: A meta-analytic review'. *Crime and Delinquency*, 45(4): 438–452.

Durkheim, E. (1984 [1893]). *The Division of Labour in Society*. London: Macmillan.

Durkheim, E. (1952/1970 [1897]). *Suicide: A Study in Sociology*. London: Routledge.

Dymond, S., May, R. J., Munnelly, A. and Hoon, A. E. (2010). 'Evaluating the evidence base for Relational Frame Theory: A citation analysis'. *The Behavior Analyst*, 33(1): 97–117.

Erikson, K. T. (1966). *Wayward Puritans*. New York: Wiley.

Evans-Pritchard, E. (1937). *Witchcraft and Oracles among the Azande*. Oxford: Oxford University Press.

Fawcett, J. (1990). 'Preparation for caesarean childbirth: Derivation of a nursing intervention from the Roy adaptation model'. *Journal of Advanced Nursing*, 15: 1418–1425.

Fischer, F. and Forester, J. (eds) (1993). *The Argumentative Turn in Policy Analysis and Planning*. Durham: Duke University Press.

Fisher, A. (1993). *The Logic of Real Arguments*. Cambridge: Cambridge University Press.

Fishman, J. A. (1956). 'An examination of the process and function of social stereotyping'. *Journal of Social Psychology*, 43: 1.

Fitt, M. H., Walker, A. E. and Leary, H. M. (2009). 'Assessing the quality of doctoral dissertation literature reviews in instructional technology'. Paper presented at the Annual Meeting of the American Educational Research Association, San Diego, CA, April.

Flint, K. (1993). *The Woman Reader, 1837–1914*. Oxford: Oxford University Press.

Fossey, E., Harvey, C., McDermott, F. and Davidson, L. (2002). *Understanding and Evaluating Qualitative Research*. Australasian Society for Psychiatric Research and the Research Board of the Royal Australian and New Zealand

College of Psychiatrists. Available at: http://pathways.bangor.ac.uk/fossey-et-al-evaluating-qual-research.pdf.

Francis, D. (1986). 'Advertising and structuralism: The myth of formality'. *International Journal of Advertising*, 5: 197–214.

Francis, D. (1987). 'The great transformation'. In R. J. Anderson and W. W. Sharrock (eds), *Great Debates in Sociology*. London: Allan Unwin.

Francis, J. R. D. (1976). 'Supervision and examination of higher degree students'. *Bulletin of the University of London,* 31: 3–6.

Frankel, S. and West, R. (1993). *Rationing in the National Health Service*. Basingstoke: Macmillan.

Frankfort, H. (2005). *On Bullshit*. Princeton: Princeton University Press.

Gabehart, M. E. (2005). 'An analysis of citations to retracted articles in the scientific literature'. Unpublished Master's Paper, School of Information and Library Science, University of North Carolina at Chapel Hill.

Gall, M. D., Borg, W. R. and Gall, J. P. (1996). *Educational Research: An Introduction*. London: Longman.

Garfield, E. (1979). *Citation Indexing, Its Theory and Application in Science, Technology, and Humanities*. Philadelphia: ISI Press.

Garfinkel, H. (1991). 'Respecification: Evidence for locally produced, naturally accountable phenomena of order, logic, reason, meaning, method, etc. in and as of the essential haecceity of immortal ordinary society (I) – an announcement of studies'. In G. Button (ed.), *Ethnomethodology and the Human Sciences*. Cambridge: Cambridge University Press.

Gaventa, J. and Barrett, G. (2010). *So What Difference does it Make? Mapping the Outcomes of Citizen Engagement*. Brighton: IDS.

Geertz, C. (1980). 'Blurred genres: Refiguration of social thought'. *The American Scholar* (Spring).

Gentner, D. (1982). 'Are scientific analogies metaphors?' In D. S. Miall (ed.), *Metaphor: Problems and Perspectives*. Hemel Hempstead: Harvester.

Giltrow, J. (1995). *Academic Writing*. Cardiff: Broadway Press.

Goldman, L. (1964). *The Hidden God*. London: Routledge & Kegan Paul.

Gould, S. J. (2003). *The Hedgehog, the Fox, and the Magister's Pox*. New York: Harmony Books.

Grahame-Smith, D. (1998). 'Evidence-based medicine: Challenging the orthodoxy'. *Journal of The Royal Society of Medicine Supplement*, 91(35): 7–11.

Gray, J. A. M. (2001). *Evidence-based Healthcare: How to Make Health Policy and Management Decisions*, 2nd ed. London: Churchill Livingstone.

Greenberg, D. N. (1995). 'Blue versus gray: A metaphor constraining sensemaking around a restructuring'. *Group Organization Management,* 20(2): 183–209.

Gross, A. and Fox, E. J. (2009). 'Relational Frame Theory: An overview of the controversy'. *The Analysis of Verbal Behavior*, 25: 87–98.

Guba, E. and Lincoln, Y. (1994). 'Competing paradigms in qualitative research'. In N. Denzin and Y. Lincoln (eds), *Handbook of Qualitative Research*. Thousand Oaks, CA: Sage.

Guerrero de, M. C. and Villamil, O. S. (2001). 'Metaphor analysis in second foreign language instruction: A sociocultural perspective'. Revised version of paper presented at the Annual Meeting of the American Association of Applied Linguistics, St. Louis, MO, 24-27 February.

Hammersley, M. (2002). 'Systematic or unsystematic, is that the question? Some reflections on the science, art, and politics of reviewing research evidence'. Text of a talk given to the Public Health Evidence Steering Group of the Health Development Agency. Available at: www.nice.org.uk/download.aspx?o=508244.

Hanson, S. and Jones, A. (2015). 'Is there evidence that walking groups have health benefits? A systematic review and meta-analysis'. *British Journal of Sports Medicine*, 49: 710–715

Hart, C. (1993). 'The social production of an advertisement'. Unpublished PhD Thesis, Manchester Metropolitan University.

Hart, C. (1994). 'By gum pet you smell gorgeous: Representations of sexuality in perfume advertisements'. British Sociological Association Annual Conference: Sexualities in Social Context, University of Central Lancashire, 28-31 March.

Hart, C. (2001). *Doing a Literature Search: A Comprehensive Guide for the Social Sciences*. London: Sage.

Hart, C. (2005). *Doing your Masters Dissertation: Realising your Potential as a Social Scientist*. London: Sage.

Haug, W. F. (1987). *Commodity Aesthetics, Ideology and Culture*. Paris: International General.

Hayes, S. C. and Hayes, L. J. (1989). 'The verbal action of the listener as the basis for rule governance'. In S. C. Hayes (ed.), *Rule Governed Behavior: Cognition, Contingencies and Instructional Control*. New York: Plenum.

Hayes, S. C. and Wilson, K. G. (1996). 'Criticisms of Relational Frame Theory: Implications for a behavior analytic account of derived stimulus relations'. *The Psychological Record*, 46: 221–236.

Hayes, S. C., Barnes-Holmes, D. and Roche, B. (2003). 'Behavior analysis, Relational Frame Theory, and the challenge of human language and cognition: A reply to the commentaries on Relational Frame Theory: A Post-Skinnerian Account of Human Language and Cognition'. *The Analysis of Verbal Behavior*, 19: 39–54.

Hayes, S. C., Bunting, K., Herbst, S., Bond, F. W. and Barnes-Holmes, D. (2006). 'Expanding the scope of organizational behavior management: Relational frame theory and the experimental analysis of complex human behavior'. *Journal of Organizational Behavior Management*, 26: 1–23.

Hempel, C. G. (1965). *Aspects of Explanation*. New York: Free Press.

Henderson, W., Dudley-Evans, T. and Blackhouse, R. (eds) (1993). *Economics and Language*. London: Routledge.

Hicks, D. (1999). 'The difficulty of achieving full coverage of international social science literature and the bibliometric consequences'. *Scientometrics*, 44(2): 193–215.

Higgins, J. P. T. and Green, S. (eds) (2011). *Cochrane Handbook for Systematic Reviews of Interventions*. Version 5.1.0 [updated March 2011]. The Cochrane Collaboration. Available at: www.cochrane-handbook.org.

Hinderer, D. E. (1992). *Building Arguments*. California: Wadsworth Publishing Company.

Hoffmann, K. and Doucette, L. (2012). 'A review of citation analysis methodologies for collection management'. *College and Research Libraries*, July: 321–335.

Hospers, J. (1988). *An Introduction to Philosophical Analysis*. London: Routledge.

Huedo-Medina, T., Sanchez-Meca, J., Marin-Martinez, F. and Botella, J. (2006). 'Assessing heterogeneity in meta-analysis: Q statistic or I2 index?' *CHIP Documents*, Paper 19. Available at: http://digitalcommons.uconn.edu/chip_docs/19.

Hyman, R. T. (1973). 'Leadership and metaphors in teaching'. *Notre Dame Journal of Education*, 4: 80–88.

Jackson, L., Langille, L., Lyons, R., Hughes, J., Martin, D. and Winstanley, V. (2009). 'Does moving from a high poverty to lower poverty neighborhood improve mental health? A Realist review of "Moving to Opportunity"'. *Health & Place*, 15: 961–970.

Jacob, E. K. (2004). 'Classification and categorization: A difference that makes a difference'. *Library Trends*, 52(3): 515–540.

Jacobs, K., Kemeny, J. and Manzi, T. (1999). 'The struggle to define homelessness: A constructivist approach'. In S. Hutson and D. Clapham (eds), *Homelessness: Public Policies and Private Troubles*. London: Cassell.

Jadad, A. R., Moore, R. A., Carroll, D., Jenkinson, C., Reynolds, J. M., Gavaghan, D. J. and McQuay, H. J. (1996). 'Assessing the quality of reports of randomized clinical trials: Is blinding necessary?' *Controlled Clinical Trials*, 17: 1–12.

Jhally, S. (1987). *The Codes of Advertising*. London: Francis Pinter Ltd.

Johnson, D. E. (1980). 'The behavioral system model for nursing'. In J. P. Riehl and C. Roy (eds), *Conceptual Models for Nursing Practice*, 2nd ed. New York: Appleton-Century-Crofts.

Jonassen, D. H., Beissner, K. and Yacci, M. (1993) *Structural Knowledge: Techniques for Representing, Conveying, and Acquiring Structural Knowledge*. New Jersey: Lawrence Erlbaum.

Jones, K. (1997). 'Community as a documentary reality'. Unpublished PhD, UCE, Birmingham.

Judge, T. A., Cable, D. M., Colbert, A. E. and Rynes, S. L. (2007). 'What causes a management article to be cited – article, author, or journal?' *Academy of Management Journal*, 50(3): 491–506.

Justus, R. (2009). 'A guide to writing the dissertation literature review'. *Practical Assessment, Research & Evaluation,* 14(13). Available at: http://pareonline.net/getvn.asp?v=14&n=13.

Kanekar, A. and Sharma, M. (2007). 'Tobacco prevention interventions in adolescents'. *Californian Journal of Health Promotion,* 5(3): 120–130.

Kantar, L. (2014). 'Incorporation of constructivist assumptions into problem-based instruction: A literature review'. *Nurse Education in Practice*, 14(3): 233–241.

Kappeler, S. (1985). *The Pornography of Representation* (Feminist Perspectives). Bristol: Polity Press.

Kimball, R. (2008). *Tenured Radicals: How Politics Has Corrupted Our Higher Education*. New York: HarperCollins.

Kruszewski, A. Z. (1999). 'Psychosocial adaptation to termination of pregnancy for fetal anomaly'. *Dissertation Abstracts International*, 61: 194B.

Kuhn, T. (1970). *The Structure of Scientific Revolutions*. Chicago: University of Chicago Press.

Kumar, M. (2014). *Quantum: Einstein, Bohr and the Great Debate about the Nature of Reality*. London: Icon Books.

Landes, D. (1969). *The Unbound Prometheus: Technological Change and Industrial Development in Western Europe from 1750 to the Present.* Cambridge: Cambridge University Press.

Law, J. and Lodge, P. (1984). *Science for Social Scientists*. London: Macmillan Press.

Lemert, E. M. (1951). *Social Psychology*. New York: McGraw Hill.

Levine, G. (2010). *Dying to Know: Scientific Epistemology and Narrative in Victorian England*. Chicago: University of Chicago Press.

Levine, M. E. (1991). 'The conservation principles: A model for health'. In K. M. Schaefer and J. B. Pond (eds), *Levine's Conservation Model: A Framework for Nursing Practice*. Philadelphia: F.A. Davis.

Levi-Strauss, C. (1958/1963). *Structural Anthropology*. New York: Basic Books.

Levi-Strauss, C. (1964/1972). *Mythologies*, 3 vols. Paris.

Lindholm-Romantschuk, Y. and Warner, J. (1996). 'The role of monographs in scholarly communication: An empirical study of philosophy, sociology and economics'. *Journal of Documentation,* 52(4): 389–404.

Lippmann, W. (1922). *Public Opinion*. New York: Harcourt Brace.

Lock, S. and Wells, F. (eds) (1997). *Fraud and Misconduct in Medical Research*, 2nd ed. London: BMJ Books.

Lodenstein, E., Dieleman, M., Gerretsen, B. and Broerse, J. E. W. (2013). 'A realist synthesis of the effect of social accountability interventions on health service providers' and policymakers' responsiveness'. *Systematic Reviews*, 2: 98. Available at: www. systematicreviewsjournal.com/content/2/1/98.

Magenta Book (2003). *The Magenta Book: Guidance Notes for Policy Evaluation and Analysis*. Background paper 2: What do we Already Know? Harnessing Existing Research (updated October 2007). London: Government Social Research Unit, HM Treasury.

Malinowski, B. (1922). *Argonauts of the Western Pacific*. No. 65 in the series of Monographs by writers connected with the London School of Economics and Political Science. Available at: https://archive.org/stream/argonautsofthewe032976mbp/ argonautsofthewe032976mbp_djvu.txt.

Malinowski, B. (1989 [1967]). *A Diary in the Strict Sense of the Term*. Stanford: Stanford University Press.

Mandelbaum, S. J. (1990). 'Reading plans'. *APA Journal*, Summer: 350–358.

Masters, K. S., Spielmans, G. I. and Goodson, J. T. (2006). 'Are there demonstrable effects of distant intercessory prayer? A meta-analytic review'. *The Society of Behavioral* Medicine, 30(21): 609–610.

Marx, K. (1950 [1898]). 'Value, prices and profit'. In K. Marx and F. Engels,

Selected Works in Two Volumes. London: Lawrence and Wishart.

Mayo, E. (1933). *The Human Problems of Industrial Civilisation*. New York: Macmillan.

McCloskey, D. N. (1994). 'How to do rhetorical analysis, and why'. In R. E. Blackhouse (ed.), *New Directions in Economic Methodology.* London: Routledge.

McFarlane, A. (1979). *The Origins of Modern English Individualism*. Cambridge: Cambridge University Press.

McGlone, M. S. (2007). 'What is the explanatory value of a conceptual metaphor?'. *Language & Communication,* 27: 109–126.

McLellan, A. (2010). 'A systematic review of the corticosteroid regime for pediatric patients with steroid-responsive nephrotic syndrome'. *Health Sciences Library*, 20 October, McMaster University.

McMahon, T. and Ward, P. (2012). 'HIV among immigrants living in high-income countries: A realist review of evidence to guide targeted approaches to behavioural HIV prevention'. *Systematic Reviews*, 1: 56.

Merton, R. K. (1938). 'Social structure and anomie'. *American Sociological Review*, 8: 672–682.

Merton, R. K. (1957). 'The role-set: Problems in sociological theory'. *British Journal of Sociology*, 8: 106–120.

Merton, R. K. (1967). 'On sociological theories of the middle-range'. In R. K. Merton, *On Theoretical Sociology: Five Essays Old and New*. New York: Free Press.

Miles, M. and Huberman, M. (1994). *Qualitative Data Analysis: An Expanded Sourcebook*. Thousand Oaks, CA: Sage Publications.

Mills, J., Bonner, A. and Francis, K. (2006). 'The development of constructivist grounded theory'. *International Journal of Qualitative Methods*, 5(1): Article 3. Available at: www.ualberta.ca/~iiqm/backissues/5_1/html/mills.htm.

Mills, S. (1995). *Feminist Stylistics*. London: Routledge.

Mills, S. L., Pumarino, J., Clark, N., Carroll, S., Dennis, S., Koehn, S., Yu, T., Davis, C. and Fong, M. (2014). 'Understanding how self-management interventions work for disadvantaged populations living with chronic conditions: Protocol for a realist synthesis'. *BMJ Open*, 4: e005822. doi:10.1136/bmjopen-2014-005822.

Moodie, C., Stead, M., Bauld, L., McNeill, A., Angus, K., Hinds, K., Kwan, I., Thoma, J., Hastings, G. and O'Mara-Eves, A. (2012). 'Plain tobacco packaging: A systematic review'. Evidence for Policy and Practice, Information and Co-ordinating Centre. Available at: http://eppi.ioe.ac.uk.

Morgan, G. (1980). 'Paradigms, metaphors, and puzzle solving in organization theory'. *Administrative Science Quarterly*, 25(4): 605–622.

Morgan, G. (2006). *Images of Organization*, 4th ed. London: Sage Publications.

Moustakas, C. (1994). *Phenomenological Research Methods*. Thousand Oaks, CA: Sage Publications.

Neuman, W. L. (1994). *Social Research Methods: Qualitative and Quantitative Approaches*. Boston, MA: Allyn and Bacon.

Nichols, B. (1981). *Ideology and the Image*. Bloomington, IN: Indiana University Press.

Nikitina, L. and Furuoka, F. (2008). '"A language teacher is like...". Examining Malaysian students' perceptions of language teachers through metaphor analysis'. *Electronic Journal of Foreign Language Teaching*, 5(2): 192–205.

Northcote, M. (2012). 'Selecting criteria to evaluate qualitative research'. In M. Kiley (ed.), *Narratives of Transition: Perspectives of Research Leaders, Educators & Postgraduates*. Proceedings from the 10th Quality in Postgraduate Research Conference. Adelaide: The Centre for Higher Education, Learning and Teaching, The Australian National University.

Northern California Training Academy (2007). 'Recruitment and retention of child welfare social workers in rural communities – literature review'. Northern California Training Academy: The Center for Human Services Recruitment.

Nosek, B. A., Graham, J., Linder, N. M., Kesebir, S., Hawkins, C. B., Hahn, C., Schmidt, K., Motyl, M., Joy-Gaba, J. A., Frazier, R. and Tenney, E. R. (2010). 'Cumulative and career-stage citation impact of social-personality psychology programs and their members'. *Personality and Social Psychology Bulletin*, 36(10): 1283–1300.

Novak, J. D. and Gowin, D. B. (1984). *Learning How to Learn*. New York, NY: Cambridge University Press.

Noyes, J., Popay, J., Pearson, A., Hannes, K. and Booth, A. (2013). *Qualitative and Implementation Evidence and Cochrane Reviews*. Available at: http://methods.cochrane.org/sites/methods.cochrane.org.qi/files/public/uploads/Handbook52_QQ_Qualitative_web%20update%20Oct%202015.pdf.

Oakes, P. J., Haslam, S. A. and Turner, J. C. (1994). *Stereotyping and Social Reality*. London: Blackwell.

Ogawa, R. T. and Malen, B. (1991). 'Towards rigor in reviews of multivocal literature: Applying the exploratory case method'. *Review of Educational Research*, 61: 265–286.

Otte-Trojel, T., de Bont, A., Rundall, T. G. and van de Klundert, J. (2014). 'How outcomes are achieved through patient portals: A realist review'. *Journal of the American Medical Informatics Association*, 21: 751–757.

Oxford, R., Tomlinson, S., Barcelos, A., Harrington, C., Lavine, R. Z., Saleh, A. and Longhini, A. (1998). 'Clashing metaphors about classroom teachers: Toward a systematic typology for the language teaching field'. *System*, 26(1): 3–50.

Parsons, T. (1951). *The Social System*. London: Routledge.

Pattern, M. (1990). *Qualitative Evaluation Methods*. London: Sage.

Pawson, R. (2006). *Evidence-based Policy: A Realist Perspective*. London: Sage.

Pawson, R. (2013). *The Science of Evaluation: A Realist Manifesto*. London: Sage.

Pawson, R. and Tilley, N. (1997). *Realistic Evaluation*. London: Sage.

Pawson, R. and Tilley, N. (2004). *Realist Evaluation*. London: British Cabinet Office.

Pawson, R., Greenhalgh, T., Harvey, G. and Walshe, K. (2005). 'Realist review: A new method of systematic review designed for complex policy interventions'. *Journal of Health Service and Research Policy*, 10 Suppl(1): 21–34.

Payne, G. (1993). 'The community revisited: Some reflections on the community study as a method'. British Sociological Association Annual Conference, Essex,

5–8 April.

Phillips, E. and Pugh, D. S. (1994). *How to Get a PhD: A Handbook for Students and Supervisors*, 2nd ed. Buckingham: Open University.

Piaget, J. and Inhelder, B. (1955). *The Growth of Logical Thinking from Childhood to Adolescence*. London: Routledge & Kegan Paul.

Pollock, S. E. (1993). 'Adaptation to chronic illness: A program of research for testing nursing theory'. *Nursing Science Quarterly*, 6: 86–92.

Popper, K. (1959 [1934]). *The Logic of Scientific Discovery*. London: Hutchinson.

Prewitt, K., Schwandt, T. A. and Straf, M. L. (2012). *Using Science as Evidence in Public Policy*. Washington: National Academic Press.

Putman, H. (1981). *Reason, Truth and History.* Cambridge: Cambridge University Press.

Radcliffe-Brown, A. R. (1952). *Structure and Function in Primitive Society*. London: Cohen and West.

Rainbow Framework (2014). *Better Evaluation.* Available from: http://betterevaluation.org/sites/default/files/Rainbow%20Framework%20-20compact%20version.pdf.

Richardson, R., Trépel, D., Perry, A., Ali, S., Duffy, S. and Gabe, R. (2015). 'Screening for psychological and mental health difficulties in young people who offend: A systematic review and decision model'. *Health Technology Assessment*, 19(1).

Ried, K. (2006). 'Interpreting and understanding meta-analysis graphs: A practical guide'. *Australian Family Physician,* 35(8): 635–638.

Roy, C. (1976). *Introduction to Nursing: An Adaptation Model*. Englewood Cliffs, NJ: Prentice-Hall.

Roy, C. (1988). 'An explication of the philosophical assumptions of the Roy Adaptation Model'. *Nursing Science Quarterly*, 1: 26–34.

Russell, C. A. (1983). *Science and Social Change: 1700–1900*. London: Macmillan.

Ryle, G. (1949). *The Concept of Mind*. Harmondsworth: Penguin.

Sapir, E. (1985). *Selected Writings of Edward Sapir in Language, Culture and Personality* (D. G. Mandelbaum, ed.). Berkeley, CA: University of California

Press.

Saussure de, F. (1966). *Course in General Linguistics*. New York: McGraw-Hill.

Savage, M., Devine, F., Cunningham, N., Taylor, M., Li, Y., Hjellbrekke, J., Le Roux, B., Friedman, S. and Miles, A. (2013). 'A new model of social class: Findings from the BBC's Great British class survey experiment'. *Sociology*, 47(2): 219–250.

Schlick, M. (1974[1918]). *General Theory of Knowledge: Introduction.* Vienna, (A.E. Blumberg, trans.). New York: Springer.

Schön, J. H., Kloc, C. and Batlogg, B. (2000). 'A light-emitting field-effect transistor'. *Science,* 290(5493): 963–966.

Schutz, A. (1967). *Collected Papers. Vol 1. The Problem of Social Reality*. The Hague: Martinus Nijhoff.

SCONUL (2011). *The SCONUL Seven Pillars of Information Literacy: A Research Lens for Higher Education*. Available at: www.sconul.ac.uk/sites/default/files/documents/ coremodel.pdf.

Seale, C. (1994). 'Quality in qualitative research'. In N. Denzin and Y. Lincoln (eds), *Turning Points in Qualitative Research: Tying Knots in a Handkerchief.* Walnut Creek: AltaMira Press.

Shapin, S. and Schaffer, S. (1985). *Leviathan and the Air Pump: Hobbes, Boyle and the Experimental Life*. Princeton: Princeton University Press.

Shields, V. R. (1990). 'Advertising visual images: Gendered ways of seeing and looking'. *Journal of Communication Inquiry*, 14(2): 25–39.

Simon, H. A. (1957). *Models of Man*. New York: Wiley.

Smith, D. R. and Hazelton, M. (2008). 'Bibliometrics, citation indexing, and the Journals of Nursing'. *Nursing & Health Sciences*, 10(4): 260–265.

Snow, C. P. (1963 [1960]). *The Two Cultures*. Cambridge: Cambridge University Press.

Sokal, A. D. (1996). 'Transgressing the boundaries: Towards a transformative hermeneutics of quantum gravity'. *Social Text,* 46/47: 217–252.

Sokal, A. D. (1997). 'Response to Vincent Fleury and Yun Sun Limet'. *Times*

Literary Supplement, 17 October: 17.

Sokal, A. D. and Bricmont, J. (1997). *Impostures Intellectuelles*. Paris: Editions Odile Jacob.

Sparks, L. E., Guo, Z., Chang, J. C. and Tichenor, B A. (1999a). 'Volatile organic compound emissions from Latex Paint – Part 1. Chamber experiments and source model development'. *Indoor Air,* 9(1): 10–17.

Sparks, L. E., Guo, Z., Chang, J. C. and Tichenor, B. A. (1999b). 'Volatile organic compound emissions from Latex Paint – Part 2. Test house studies and indoor air quality (Iaq) modelling'. *Indoor Air*, 9(1):18–25.

Spencer, H. (1969 [1884]). *The Man Versus the State*. London: Penguin.

Spencer, L., Ritchie, J., Lewis, J. and Dillon, L. (2003). *Quality in Qualitative Evaluation: A Framework for Assessing Research Evidence*. London: Government Chief Social Researcher's Office.

Squire, C. (2008). 'Approaches to narrative research'. Unpublished Discussion Paper, The National Centre for Research Methods (NCRM). Available at: www.ncrm.ac.uk/.

Stein, M., Rees, G., Hicks, L. and Gorin, S. (2009). *Neglected Adolescents – Literature Review*. London: DCSF.

Strauss, A. (1987). *Qualitative Analysis for Social Scientists*. Cambridge: Cambridge University Press.

Sweet, M. and Moynihan, R. (2007). *Improving Population Health: The Uses of Systematic Reviews*. Atlanta, GA/New York: Milbank Memorial Fund and Centers for Disease Control and Prevention.

Tesch, R. (1990). *Qualitative Research: Analysis, Types and Software Tools*. London: Falmer Press.

Thouless, R. H. and Thouless, C. R. (1990). *Straight and Crooked Thinking*, 4th ed. Sevenoaks: Hodder and Stoughton.

Throgmorton, J. A. (1991). 'The rhetoric of policy analysis'. *Policy Science*, 24: 153–179.

Tonnies, F. (1957 [1887]). *Community and Society*. London: Routledge & Kegan

Paul; East Lancing, MI: University Press.

Toulmin, S. (1958). *The Uses of Argument*. Cambridge: Cambridge University Press.

Treadwell, J. R., Singh, S., Talati, R., McPheeters, M. L. and Reston, J. T. (2011). *A Framework for 'Best Evidence' Approaches in Systematic Reviews*. Rockville, MD: Agency for Healthcare Research and Quality. Available at: www.ncbi.nlm.nih.gov/ books/NBK56660/.

Trigg, R. (1993). *Rationality and Science*. London: Blackwell.

Trowler, V. (2010). 'Student engagement literature review'. *The Higher Education Academy*. Available from: www.heacademy.ac.uk.

Tsai, P-F. (2003). 'A middle-range theory of caregiver stress'. *Nursing Science Quarterly*, 16: 137–145.

Tulman, L. and Fawcett, J. (2003). *Women's Health During and After Pregnancy: A Theory-Based Study of Adaptation to Change*. New York: Springer.

Turnbull, C. (1971). *The Mountain People*. London: Jonathan Cape.

Turner, B. S. (1984). 'Orientalism and the problem of civil society'. In A. Hussain (ed.), *Orientalism, Islam and Islamists*. Brattleboro, VT: Amana Press.

Victor, L. (2008). 'Systematic reviewing'. *Social Research Update*, Issue 54, University of Surrey. Available at: www.soc.surrey.ac.uk/sru/.

Walkup, L. E. (1967). 'Creativity in science through visualisation'. *Journal of Creative Behavior*, 1(3): 283–290.

Wallas, G. (1926). *Art of Thought*. New York: Harcourt, Brace & Company.

Weber, M. (1965a [1930]). *The Theory of Social and Economic Organisation*. Oxford: Oxford University Press.

Weber, M. (1965b). *The Protestant Ethic and the Spirit of Capitalism*. London: Allen & Unwin.

Whittemore, R. and Roy, C. (2002). 'Adapting to diabetes mellitus: A theory synthesis'. *Nursing Science Quarterly,* 15: 311–317.

Williams, R. (1980). 'Advertising: The magic system'. In R. Williams, *Problems in Materialism and Culture*. London: Verso.

Williamson, J. (1979). *Decoding Advertisements*. London: Marion Boyears.

Wittgenstein, L. (1953). *Philosophical Investigations*. Oxford: Blackwell.

Wittgenstein, L. (1972 [1921]). *Tractatus Logico-Philosophicus*. London: Routledge.

Wong, G., Westhrop, G., Pawson, R. and Greenhalgh, T. (2013). *Realist Synthesis*, RAMESES training materials. London: National Institute for Health Research Health Services and Delivery Research Program (NIHR HS&DR).

Wright-Mills, C. (1978 [1959]). *The Sociological Imagination*. Oxford: Oxford University Press.

Yanni, D. A. (1990). 'The social construction of women as mediated by advertising'. *Journal of Communication Inquiry,* 14(1): 71–81.

Zerubavel, E. (1993). *The Fine Line: Making Distinctions in Everyday Life*. Chicago: University of Chicago Press.

Ziebland, S. and Wyke, S. (2012). 'Health and illness in a connected world: How might sharing experience on the Internet affect people's health?'. *Milbank Quarterly*, 90(2): 219–249.

索　引

各词条后所列数码为英文版原著页码，即本书边码。

出 版 人　郑豪杰
责任编辑　赵琼英
版式设计　杨玲玲
责任校对　贾静芳
责任印制　叶小峰

图书在版编目（CIP）数据

学做文献综述：释放研究想象力：第2版 /（英）克里斯·哈特（Chris Hart）著；陈芳，唐萌萌译. —北京：教育科学出版社，2023.2
ISBN 978-7-5191-3197-5

Ⅰ. ①学…　Ⅱ. ①克…　②陈…　③唐…　Ⅲ. ①论文—写作　Ⅳ. ①H152.3

中国版本图书馆CIP数据核字（2022）第122386号
北京市版权局著作权合同登记　图字：01-2022-6620号

学做文献综述：释放研究想象力（第2版）
XUEZUO WENXIAN ZONGSHU：SHIFANG YANJIU XIANGXIANGLI（DI 2 BAN）

出版发行	教育科学出版社		
社　　址	北京·朝阳区安慧北里安园甲9号	邮　　编	100101
总编室电话	010-64981290	编辑部电话	010-64981280
出版部电话	010-64989487	市场部电话	010-64989009
传　　真	010-64891796	网　　址	http://www.esph.com.cn
经　　销	各地新华书店		
制　　作	北京京久科创文化有限公司		
印　　刷	三河市兴达印务有限公司		
开　　本	720毫米×1020毫米　1/16	版　　次	2023年2月第1版
印　　张	24.25	印　　次	2023年2月第1次印刷
字　　数	362千	定　　价	75.00元

Doing a Literature Review: Releasing the Research Imagination, 2nd Edition
By Chris Hart